# 知识学原理

何立民　著

北京航空航天大学出版社

## 内容简介

本书从现代计算机知识革命出发，回顾人类知识发展的全过程，从中探索人类知识的本质与发展规律。全书共分四篇，即“导论”、“人类知识的基本概念”、“人类知识的发展规律”、“知识革命与人类未来”。

“导论”讲述创建知识学的重要性与紧迫性、鲜为人知的人类知识。

“人类知识的基本概念”讲述人类起源与进化的三元生态体系、知识起源与人类三种知识形态、工具起源与人类工具发展史、人类智力的知识行为本质与特点。

“人类知识发展规律”讲述二元化基因与人类知识发展规律、人类知识的分离性发展规律、人类知识的集成性发展规律与人类知识的非线性发展规律。

“知识革命与人类未来”讲述集成电路的现代计算机知识革命、数字化革命与数字化知识形态、现代计算机知识革命与人类未来。

**图书在版编目(CIP)数据**

知识学原理 / 何立民著. --北京 ：北京航空航天大学出版社，2012.4

ISBN 978-7-5124-0745-9

Ⅰ. ①知… Ⅱ. ①何… Ⅲ. ①知识学 Ⅳ. ①G302

中国版本图书馆 CIP 数据核字(2012)第 041062 号



**知识学原理**

何立民 著

责任编辑 一 莳

*

北京航空航天大学出版社出版发行

北京市海淀区学院路 37 号(邮编 100191) http://www.buaapress.com.cn

发行部电话：(010)82317024 传真：(010)82328026

读者信箱：bhpress@263.net 邮购电话：(010)82316936

涿州市新华印刷有限公司印装 各地书店经销

*

开本：700×960 1/16 印张：17 字数：314 千字

2012 年 4 月第 1 版 2012 年 4 月第 1 次印刷 印数：2 000 册

ISBN 978-7-5124-0745-9 定价：48.00 元

---

# 前　言

## ▶ 我为什么要写《知识学原理》

20 多年前我在大学任教期间，便被卷入计算机应用的大潮。在集成电路与单片机(微控制器)的科技领域中，亲自经历了从一个电子技术弱者到电子技术应用强者的蜕变过程。我在大学学习的是与电子技术无关的工艺类学科，毕业后转向测试技术领域。我的模拟电路、数字电路基础极差，十分羡慕教研室中电子技术专家高超的电子系统设计能力。1985 年，单板机、单片机在国内迅速普及，出于另找出路的心理，我投身于单板机、单片机的应用热潮，并发现，自己可以避开传统电子技术的弱势，走智能化电子系统的道路，设计、制作出比电子技术专家更加优异的电子系统。

为什么一个电子技术的弱者，可以设计、制作出传统电子技术专家都难以实现的电子系统？这是因为出现了单片机基础上的智能化电子系统。集成电路中隐含了电子技术专家的知识成果，使用集成电路时，不必掌握专家的知识成果，就能实现专家知识成果的应用。我从中体会到了集成电路的神奇力量，这种神奇力量源自于从依靠专家变革到依靠集成电路的"器件解决"办法。

电子技术应用的"器件解决"办法，突破了传统的"学用一致"、"理论联系实际"的知识观念，引发了我对这种新型知识观念的探索。随后在智能化电子系统设计中，我尝试将一些最新的知识原理"打包"，使学生从复杂的知识原理中解放出来，在简单的应用规则基础上实现最新知识成果的傻瓜化应用。典型的案例是虚拟 $I^2C$ 总线软件包。$I^2C$ 总线是集成电路间的总线，其原理与协议十分复杂，每次学生毕业设计时都要为其开设 $I^2C$ 总线讲座，即使他们弄清了 $I^2C$ 总线的原理与协议，要实现其应用也十分不易，而且经常会出错。后来我设计了一个虚拟 $I^2C$ 总线软件包，将 $I^2C$ 总线的原理与协议"打包"，设置了三条命令的应用界面。有了虚拟的 $I^2C$ 总线软件包，所有的学生在使用 $I^2C$ 总线时不再需要了解 $I^2C$ 总线的原理与协议，只要了解软件包应用界面中的三条命令，就能实现 $I^2C$总线快速、可靠的傻瓜化应用。我还观察到 VCD 行业中传统的产业模式与新兴的 IT 产业模式的较量：具有雄厚技术实力的燕舞电子集团，在 VCD 创新知识成果的基础上，创造出 VCD 机，却在与无任何 VCD 技术的乡镇企业的竞争中遭遇失败。这种新兴的 IT 产业模式就是产业领域中的“器件解决”模式。半导体厂家将 VCD 创新知识成果转化成 VCD 软硬件套件，所有的乡镇企业在 VCD 套件基础上实现了 VCD 机的傻瓜化生产。

可以看出，集成电路诞生后，开启了现代计算机知识应用领域的革命。无论是集成电路器件、虚拟 $I^2C$ 总线软件包，还是 VCD 软硬件套件，都出现了在创新知识成果基础上的傻瓜化应用模式。因此，可以将集成电路器件、虚拟 $I^2C$ 总线软件包、VCD 软硬件套件看成是一个“知识平台”。该知识平台中集成了创新知识原理与知识行为能力，并具有独立的应用界面。创新知识应用者只需购买知识平台商品，就可以在创新知识应用界面上实现创新知识的傻瓜化应用。

## ▶ 知识经济时代人类的遗憾

20 世纪 70 年代，阿尔文·托夫勒敏感地意识到一个新时代的来临，喊出了震撼人心的“第三次浪潮”的口号。他在《第三次浪潮》[1]一书中阐述，20 世纪 60 年代前后，人类社会开始了一个新的浪潮，并把它看成是可与农业革命、工业革命相提并论的人类社会的第三次浪潮。托夫勒十分可贵地指出了人类社会三次浪潮变革周期的非线性发展态势。他在书中写到：“第一次浪潮——农业革命——经历了几千年才结束。第二次浪潮——工业文明的崛起——只有 300 年的寿命。今天的历史速度更快，很可能第三次浪潮将会横扫历史，在几十年内结束。”在其 28 年后又出版的《财富的革命》[2]中，托夫勒将第三次浪潮明确地界定为“知识经济”时代。他敏感地意识到必须用知识的基本原理来诠释知识经济的诸多社会现象。在该书第五章“知识的深层原理”中，他将“知识原理”提升到十分重要的高度。然而，人们在该章中，只能看到托夫勒的呐喊，随后便是失望、迷茫与无奈。英明的托夫勒无法从困境中解脱，因为他无法摆脱传统知识观念的束缚。

在《财富的革命》中，托夫勒还无情地鞭挞了经济学家，指出了他们在知识经济面前的无知与无能。他在书中写道：“这场革命开始了半个世纪之后，他们还没有提出一套有条理、完整的理论来论述经济发展这一具有历史意义的时期，还不能帮助我们来理解我们在扮演什么角色，我们将走向哪里。”“许多经济学家没能抓住今天革命变化深奥之处，这真具有讽刺意味。”托夫勒的责难确有道理。然而，当我们深入分析知识经济革命浪潮与工业革命浪潮的巨大差异时，便能谅解这些经济学家的难处。

蒸汽机工业革命浪潮是一种宏观的产业革命，在此期间出现了机械化工具、大型厂房、工业化大生产、产业大军、城市化建设，以及工人、资本家、资本运行等等。人人都能看到产业革命的全局，马克思则看到了产业革命背后的资本运行规律，写出了《资本论》。

知识经济革命浪潮，是半导体集成电路基础上现代计算机的微观知识革命。它的基础是数字时空量子化革命，由此形成全方位的产业革命、智力革命、信息革命、数字化革命与社会生活方式的革命。在微处理器基础上，现代计算机知识革命的微观性、隐蔽性，使不具备专业知识、囿于传统知识观念的人很难窥见知识经济的奥秘。要了解知识经济的深层原理，除了要深入到半导体集成电路、微处理器、现代计算机的知识领域外，还要突破传统知识观念的桎梏。

## ▶《知识学原理》的知识观念

半导体集成电路、微处理器基础上的现代计算机知识革命打破了传统的知识观念。这些全新的知识观念，有助于从根本上解释知识经济时代诸多的经济现象与社会现象。这些全新的知识观念如下。

### (1) 以知识为中心的人类抗争性进化道路

人类脱离动物界以后，便走上了以"认识世界与改造世界"为中心的人类抗争性进化道路，并以此作为人类的原始任务，确立了知识在人类发展史上的源动力作用。经济学家、社会学家总是从社会生产力的角度，研究经济、政治与社会现象。殊不知，从资本经济时代到知识经济时代，当知识从社会生产力的后台走上前台时，用生产力的观念已无法诠释知识经济，人们必然要求从知识学原理的高度来理解知识经济时代的诸多经济现象与社会现象。

### (2) 人、知识、工具的人类进化环境

当人类走上认识世界与改造世界的抗争性进化道路后，便逐步远离自然生态环境。在人类认识世界与改造世界的进化道路上，形成人、知识、工具的三元化人工生态体系。传统观念认为，人类创造知识与使用工具，形成了以人类个体为中心的人类进化历程。然而，当人们了解到人类个体能创造知识却没有知识遗传性状，无法实现人类知识发展的传承与积累作用时，便会发现工具在人类诞生、发展、演化进程中的独特地位。人类个体能创造知识，却必须依靠工具来实现人类知识的传承与积累，从而形成人、知识、工具三元化缺一不可的人工生态体系。从人类知识发展的角度来看，没有工具，便不可能有原始人类的诞生。

### (3) 人类工具中的第三种知识形态

人类个体没有知识的遗传性状，却能实现人类知识的不断积累与传承。这一现象表明，人类个体必须在外部寻找可以实现知识积累与传承的介质。传统

观念认为这一介质是文字与纸张。然而在几百万年人类发展史上，文字与纸张的发明不过是近几千年的事。在文字、纸张发明前的几百万年间，人类创造的知识只能依靠工具来积累与传承，由此形成了人类的第三种知识形态，即工具中的集成态知识。承认工具中的第三种知识形态；了解原始工具、手工工具的泛性知识集成，机械化工具的归一化知识集成，半导体集成电路的知识行为集成，便可拥有诠释知识经济的金钥匙。

**(4) 人类智力的知识行为本质**

人类在认识世界与改造世界的道路上与其他高智商动物分道扬镳，形成了人类智力的知识行为特征。人类与其他所有动物智力上的本质差异，是人类智力表现为知识基础上的行为能力，即知识行为能力，而其他所有动物的智力只表现为感觉基础上的条件反射。人们常常以某些高等动物也会使用"工具"，来混淆人类与某些高智商动物在智力上的本质差异。人类使用工具时带有明显的知识印记，如寻找带有斜刃的天然石块，或打造带有斜刃的石刀，并会思考如何展现出工具的知识行为力量。而所有其他动物使用的"工具"，都是纯天然的物体，没有任何知识印记。

**(5) 集成电路的知识与知识行为集成**

人类的智力是在大脑记忆态知识基础上形成的知识行为。工具中有集成态知识，也可能产生相应的知识行为。实现了一维知识行为集成的是自动化工具，实现了多维知识行为集成的是智能化工具。例如，一个日历时钟芯片中，不仅有日历时钟电路的知识成果，还有日历时钟计时的知识行为能力。给日历时钟芯片上电后，它便会出现计时的一维知识行为。内嵌有微处理器的工具，则是具有人类智力特征的多维知识行为集成的智能化工具。

**(6) 微处理器智力内核的智力革命**

人类的知识行为，是一种复杂状态的多维知识行为。集成电路中的知识行为是一维知识行为(即预先给定的线性行为进程)，是一种自动化行为。因此，人们无法直接在半导体集成电路器件基础上，实现人类工具的普遍智能化。半导体微处理器诞生后，迅速化解了这一难题。半导体微处理器是一个可以实现知识存储、信息处理、外部交互、多种进程选择、中断应急处理，体现多维知识行为能力的归一化智力内核。因此，在半导体微处理器基础上可以实现人类工具的普遍智能化。微处理器基础上实现智能化工具的途径有两个，即通用计算机基础上的智力平台与嵌入式系统基础上的智力嵌入。

**(7) 人类知识发展的三大规律**

知识经济时代，是人类知识发展的巅峰时代。在这一时代，人们可以回顾人类知识发展的全过程，总结出人类知识的发展规律。人类知识发展规律包括，分离性发展规律、集成性发展规律与非线性发展规律。

分离性发展规律是人类知识发展的基本规律。分离性发展规律表明，人类在实现认识世界、改造世界的原始任务中，会出现人类主体中的分工性分离，认识世界的知、识分离，以及改造世界的知、行分离。在知识经济时代，以知识平台方式引发了知识创新与创新知识应用的彻底分离。知识创新者将创新知识成果转化成知识平台；创新知识应用者在知识平台基础上，实现创新知识的傻瓜化应用。

知识集成性发展规律表明，人类工具会不断集成人类的知识成果与知识行为，从泛性知识集成到归一化知识集成，从知识集成到知识行为集成。世界上没有无知识的工具。原始工具、手工工具实现了泛性知识集成；机械化工具实现了归一化动力机械内核的知识集成；智能化工具以微处理器智力内核方式，实现了归一化的多维知识行为集成。

知识非线性发展规律表明，人类知识总量呈指数式增长的发展态势。人类社会形态的更迭周期证实了这一规律：百万年的史前社会、几万年的原始社会、几千年的封建社会、几百年的资本主义社会。阿尔文·托夫勒的三次浪潮周期、人们普遍认可的摩尔定律，都佐证了人类知识的非线性发展规律。

## ▶ 从知识学高度看世界

知识是人类进化、社会发展的源动力。摒弃社会生产力的观点，从知识学原理的高度来观察人类发展史，就可以深入事物的本质，深层次地了解人类社会的经济现象与社会现象。有了崭新的知识学观念，便可以从本质上诠释知识经济时代诸多的经济现象与社会现象，使人们对知识经济从感性认识上升到理性认识。

### (1) 用确定性的知识原理诠释知识经济

阿尔文·托夫勒在《第三次浪潮》中，提出了诞生于 20 世纪 60 年代前后的第三次浪潮。28 年后他在《财富的革命》中，又明确指出第三次浪潮为知识经济时代，并企图用知识的深层原理来诠释知识经济。但托夫勒囿于传统的知识观念，感叹人类两种知识形态的不确定性与错误百出，因而他无法走出知识的困境。当人们突破传统观念，确认了工具中的第三种知识形态——集成态知识后，便找到了一种具有空前确定性与可靠性的知识形态。工具中集成态知识的发展、演化，以及知识平台的商品化行为，都确保了工具中知识、知识行为的确定性与可靠性，形成了规范、科学、准确的知识内涵。这种内涵基础上的知识学原理，无疑是诠释知识经济的金钥匙。

**(2) 用知识平台观念揭示全球化本质**

托马斯·弗里德曼在《世界是平的》[3]一书中,用大量栩栩如生的翔实资料,向我们描述了一个平坦的全球化世界,让我们看到了一个无限通达、充满平等机遇的世界。但弗里德曼没有进一步阐明:为什么世界是平的? 世界是怎样变平的? 世界变平的规律是什么? 这些都是知识经济时代,研究知识经济不可回避的问题,都可以从《知识学原理》中求解。我们可以从现代计算机的智力革命、信息革命、数字化革命、产业革命中,看到全球化的无限通达与平等机遇;还可以从全球化市场经济最大化利润追逐中,看到全球化的波状扩展效应。

**(3) 用巅峰时代的知识变革警示世人**

知识经济时代,是人类知识发展的巅峰时代,所有经济现象、社会现象都遵循三大知识发展规律,呈现出从量变到质变的特征。

人类在认识世界、改造世界的社会发展历程中,不断改变自己在改造客观世界中的地位与作用。在劳动生产力时代,劳动者处于主导地位;在资本生产力时代,知识、工具、劳动者被资本整合,劳动者被工具驱使;在知识生产力时代,人类工具普遍智能化,知识创新与创新知识应用出现了彻底分离,劳动者在社会生产中被傻瓜化、边缘化;当知识非线性发展到超高水平、超高速度时,人类社会便会进入全面动荡时代。

人类知识发展在知识经济时代走向巅峰,预示着人类"认识世界、改造世界"任务的终结,人类将开始"认识生命、改造生命"的新长征。

**(4) 用非线性发展规律求解霍金难题**

人类知识呈现出指数式的非线性发展规律。然而任何一个指数式非线性发展的事物,都不可能持续发展下去。最终只有两种可能:在阻尼作用下趋于稳定,或任其发展走向崩溃。知识经济时代,是人类知识遵循三大发展规律走向极致化发展的阶段。受利润驱使,现代市场经济依然疯狂地拉动科技迅猛发展,致使知识经济时代逐渐呈现出全面动荡的特征。全面的社会动荡引发了众多学者的关心,其中著名的有斯蒂芬·霍金 2006 年在网上求解的世纪难题:"在一个政治、社会、环境动荡的世界里,人类如何才能继续生存 100 年?"只有批判现代市场经济,遏制疯狂发展的现代科技,才能在后知识经济时代实现人类社会的理性发展。

**(5) 在知识平台基础上诠释山寨化现象**

山寨手机横空出世,震动了整个 IT 产业界。人们终于窥见了知识平台的山寨化威力。借用山寨手机的"山寨"用语，可以通俗地诠释在知识创新与创新知识应用彻底分离后，知识平台巨大扇出能力下的傻瓜化应用模式。

山寨化现象源于半导体集成电路技术。有了半导体集成电路，电子工程师可以实现电子技术成果的傻瓜化应用；有了半导体厂家的 VCD/DVD 套件，乡镇企业可以在没有 VCD/DVD 技术的基础上，实现 VCD/DVD 机的大批量生产；PC 机生产商并不需要了解通用微处理器与视窗操作系统的知识原理，便可以生产出 PC 机。这些都体现了知识经济时代 IT 产业中普遍存在的山寨化现象。

山寨化现象是一种精英与草民捆绑后，草民的特定行为现象。它泛指某个知识、科技、产业领域中，普通百姓或弱小企业突然显现出专家及精英企业所拥有的知识、科技、产业能力的一种现象。山寨化革命经历了"器件解决"、"知识平台"阶段，即将步入"云计算"时代。山寨化的根本原因，是知识创新与创新知识应用的彻底分离，少数精英从事知识创新，并将创新知识转化成集成电路、知识平台、云世界，"草根"们则在其上实现傻瓜化应用。

## ▶ 关于本书

笔者是现代计算机知识革命的最大受益者。借助于半导体集成电路的"器件解决"办法，我这个电子技术知识极其薄弱的年青教师迅速成长为电子技术应用中的强者。其后，虚拟 $I^2C$ 总线软件包的软件平台效应与 VCD 套件的产品平台效应，引起了笔者深入的思考，随后提出了"知识平台"的概念。由此上下追踪，向上追溯到半导体集成电路的时空量子化技术基础，向下追寻到知识平台的产业分工、以知识平台为媒介的扇形产业模式、全球化产业的波状扩展等。所有这些都表明，人类社会已进入一个超越 18 世纪工业革命深度与广度的现代计算机知识革命时代。由于现代计算机知识革命技术的专业性、微观性与隐蔽性，不在现代计算机知识革命旋涡中摸爬滚打的人，很难窥知其中的奥秘。因此，笔者的历史责任感油然而生，1995 年着手准备，2000 年开始撰写《知识经济学基础》。在撰写过程中，笔者对知识本身的理性认识不断提升，深感在知识经济时代，要阐明知识经济的真谛，必须从知识的源头上求解。其后便于 2010 年在北京航空航天大学出版社出版了由"知识学基础"、"知识经济探索"、"社会问题思考"三篇构成的《从资本经济到知识经济——现代计算机的知识革命》[4]一书。此书出版后，笔者又开始了一个新的长征，即将此书中的三篇继续深化，本书便是在第一篇"知识学基础"上深化的产物。

本书共分四篇。第一篇讲述了创建知识学的必要性与紧迫性，以及鲜为人知的人类知识；第二篇讲述了人类起源、知识起源、工具起源、智力起源等基本概念；第三篇讲述了知识的二元化基因与人类知识的分离性、集成性、非线性发展规律；第四篇讲述了现代计算机知识革命、数字化革命与人类未来。为了使本书中的观念更加清晰、简明，附录给出了相关词语解释。

《知识学原理》是一本偏重于理论的著作。其所有理论都是从实践而来，具有充分的实例基础。为了防止篇幅过大，笔者在书中没有过多举证，读者可以从身边寻找到无数的例子来证实本书中的基本原理。

人类知识具有时代特征，而知识学原理则是永存的。

何立民

2011 年 6 月

# 目 录

## 第一篇 导 论

# 第二篇 人类知识的基本概念

## 第三篇 人类知识的发展规律

# 第四篇 知识革命与人类未来

# 第一篇　导　论

在人类发展的历史长河中，没有任何事物具有“知识”那样的普遍性，并且与人类始终相伴。正因为如此，人们常常会对其视而不见，又常常会提及它；在知识的基础上，人类不断从事各种专题的自然科学、社会科学、哲学的研究，唯独没有开创“知识学”的研究。

古代知识阶层最先进入的研究领域，便是“知识”，却一直停留在“认识论”、“知识论”等哲学领域。毛泽东将“认识论”大众化到“实践论”，阐明了认识与实践、感性知识与理性知识的关系，以及真理的实践检验标准等，但仍止于大众哲学。人类对“知识”的研究在哲学领域中戛然而止。

在经济领域，人类崇尚对“社会生产力”的研究。经济学家满足于“生产力”对社会形态、经济模式、上层建筑的完满诠释，将它奉若神明，却在知识经济时代碰得头破血流。因为在知识经济时代，“知识”走上了前台，必须从“知识学”的角度来诠释社会现象、经济现象、产业现象。

阿尔文·托夫勒是20世纪的伟大学者。他把人类社会划分成三个浪潮时代，并把今天的时代界定为知识经济时代，指出了“知识”对于深入诠释知识经济的必要性与不可替代性。遗憾的是，托夫勒未能突破“知识”的壁垒。

# 第一章　创建知识学的重要性与紧迫性
## ——三位学者的启示

笔者在2010年出版的《从资本经济到知识经济——现代计算机的知识革命》中，曾提到过三位学者和三本书。三位学者是，未来学家阿尔文·托夫勒、《纽约时报》专栏作家托马斯·弗里德曼和著名的宇宙学家斯蒂芬·霍金。三本书是，托夫勒跨越26年推出的《第三次浪潮》[1]与《财富的革命》[2]、弗里德曼于2004年推出的《世界是平的》[3]。

托夫勒在1980年出版的《第三次浪潮》中，提出了人类社会三次浪潮的概念，并指出，我们正在经历第三次浪潮；2004年弗里德曼在《世界是平的》中描述了第三次浪潮，指出这是一个被铲平了的世界；2006年，托夫勒在《财富的革命》中明确了第三次浪潮是知识经济时代，并试图从推进力强大的知识入手，探索知识经济的奥秘。

霍金有许多宇宙学的著作，其中著名的有《时间简史》。这是一本有分量的科普名著，展示了作者正从宇宙学的象牙塔中出走，开始关心社会现实的心理历程。处于对知识经济疯狂性发展的悲观感受，他于2006年在网上发表了著名的世纪难题求解。

所有这些都说明一个问题，即从20世纪60年代前后，人类开始进入一个伟大的变革时代。这就是托夫勒的“第三次浪潮”、弗里德曼“被铲平的世界”。面对种种“混乱”，2006年托夫勒在《财富的革命》一书中，指出了诠释知识经济的正确方向，即寻找强大的知识推动力。然而，囿于传统的知识观念、荒芜的知识学领域，最终没有任何结果。因此，创建知识学是知识经济时代人类重要而紧迫的任务。

## 1.1 托夫勒的先知与困惑

托夫勒的先知
托夫勒的呐喊
托夫勒的迷茫
托夫勒的无奈

1980 年，托夫勒在《第三次浪潮》一书中，将现代人类社会划分为三个浪潮时期，即农业革命浪潮、工业革命浪潮和始于 20 世纪 60 年代前后人类社会的第三次浪潮。托夫勒没有给第三次浪潮命名，却在 26 年后出版的《财富的革命》一书中，不断为第三次浪潮的知识经济呐喊。然而，囿于传统的知识观念，托夫勒无法走出知识的困境，对未来充满了迷茫与无奈。

### ▶ 托夫勒的先知

托夫勒在《第三次浪潮》中的著名论点是："到目前为止，人类经历了两次重大的变化浪潮，每一次都抹杀了早期的文明，以前人不能想象的生活方式取而代之。第一次浪潮——农业革命，经历了几千年才结束。第二次浪潮——工业文明的崛起，只有 300 年的寿命。今天的历史速度更快，很可能第三次浪潮将会横扫过历史，在几十年内结束。生存在这个爆炸性时刻的我们会感受到第三次浪潮对这个时代的全面影响。"托夫勒说的是一个什么性质的浪潮呢？

- 这是一个堪比农业革命、工业革命的第三次浪潮；
- 这是一个会出现文明变革、生活方式变革的时代，以前人不能想象的生活方式取而代之；
- 人类社会三次浪潮的变更速度呈指数式发展规律，即几千年的第一次浪潮、300 年的第二次浪潮、几十年的第三次浪潮；
- 告诫人们第三次浪潮是一个爆炸性的时刻，会在不到百年的时间内结束。

### ▶ 托夫勒的呐喊

《第三次浪潮》出版的 26 年以后，在《财富的革命》一书中，人们看到了一个力图为第三次浪潮明确界定，并努力为知识、知识经济呐喊的托夫勒。请看：

“知识(革命性财富的又一个深层原理)已经成为我们经济和社会环境中变化最快的组成部分之一。”

“我们正在急剧地改变着我们创造与存储知识的方式,改变着知识衰败的速度,改变着我们判断知识有效性的方法,改变着我们用于创造更多知识的工具,改变着知识被表达的各种语言,改变着知识的专业化程度和抽象性,改变着我们所依靠的类比,改变着被量化了的量,也改变着传播知识的媒体。”

“知识的所有这些方面都在同时发生变化,其变化速度也是史无前例的,而且给我们开辟了创造财富的无数新方法。”

“尽管对新兴的知识经济有着数千种的分析和研究,但是,知识对创造财富的影响却一直被低估了,而且现在仍然在被低估。”

“知识长期以来一直被他们(经济学家)所压制,现在仍然是,甚至比以往更厉害。因此,为了了解明天经济的核心,对于知识受到的这种不公正的待遇,我们需要给予补偿。”

“在知识的深层原理中正在发生着革命性的变化,这些变化之剧烈就连‘革命’这个词也略显苍白。”

## ▶ 托夫勒的迷茫

在知识经济的伟大变革之中,托夫勒提出了许多严肃的问题,亟待后人解决。托夫勒本人也无法摆脱传统知识观念的桎梏。他在书中写道:

“知识是无形的,试图给其下定义往往会使你进入迷宫,令你很难体面地从里面出来。”

“地球上几乎各种语言都使用了数十亿的单词就‘知识经济’这一题目来进行写作、谈论、数字化处理与辩论。然而,关于知识与其他进入财富创造中的几种资源或者资产相比到底有什么本质上的不同,这些词汇没有多少能够说得清楚。”

“自从‘知识经济’开始半个世纪以来,关于知识经济背后的‘知识’我们却了解得很少,简直少得让我们感到尴尬。”

“如果按照许多人说的那样,知识就是明天的‘石油’,那么,有谁知道这种无形的石油一共有多少呢?……有谁知道世界的知识货源在怎样变化呢?又有谁知道有多少知识是值得知道的呢?知识又有什么价值呢?”

“如果有什么东西能够证明我们对知识的无知的话,那就是这个事实:我们人类物种历史中的这个真正重要的变化无人知晓,或者说被人类忽略掉了。”

托夫勒是伟大的学者,在《财富的革命》中他不仅为知识、知识经济大声疾呼，也毫不掩饰人类对知识无知的尴尬境地。

### ▶ 托夫勒的无奈

深陷于迷茫之中的托夫勒对经济学家寄予了深切的希望。托夫勒指出："在一个越来越基于知识和创新的经济里，不仅给经济学家提出了一个富有挑战性的问题，对经济学本身也极具挑战性。"

那么面对知识经济，我们经济学家的表现又如何呢？在《财富的革命》中，托夫勒对经济学家的失望之心油然纸上，请看：

"这场革命已经开始了半个世纪之后，他们还没有提出一套有条理、完整的理论来论述经济发展这一具有历史意义的时期，还不能帮助我们来理解我们在扮演什么角色。我们将走向哪里。"

"许多经济学家没能抓住今天革命变化的深奥之处，这真具有讽刺意味。"

"在大学课堂里所学过的许多思想在新兴的财富革命时代的经济工作中却有误人子弟之嫌。尽管聪明的经济学家们在忙于将这些思想与已经死亡的思想埋葬在一起，但是没有埋葬的却还有许多许多。"

"昨天的经济学家也并不是没有注意到无形东西的重要性，但昨天经济的知识密集度却和今天知识密集度有着天壤之别。"

## 1.2 无法解决的难题在哪里?

---

传统经济学家的困境

囿于知识的两种形态

问题出在何处?

---

笔者在前面不厌其烦地列举了托夫勒的智慧、困惑与失望，是因为迄今为止，只有托夫勒在30多年前明确地提出了第三次浪潮的革命性概念，明确地提出了知识经济的观念，并锲而不舍地追寻至今。

托夫勒的智慧在于他尖锐地提出了研究知识本身的重要意义，也揭示了经济学家的无能，但是，这一切都无法使托夫勒脱困。我们再来解读一下托夫勒为什么难以走出困境。

## ▶ 传统经济学家的困境

托夫勒为传统经济学家的失望与无奈找出了以下的理由：

“今天为什么这么多的传统经济学家都显得那么毫无关系或者给人以误导……首先，他们正在努力理解的经济要比过去伟大的经济学家们所面对的经济复杂得多……其次，而且更重要的是，他们现在所研究的交易和变化速度是史无前例的……有用的数据和调查结果(以及它们的相互联系)的寿命只有萤火虫寿命的一半那么长……再次，还有一个更大的问题，正如工业革命早期的经济学家要超越农业时代的思维，并且摒弃再也不适用的东西那样，今天的经济学家也面临着相类似的挑战。他们必须超越工业时代的思维，才能理解最近一次财富革命浪潮的骤变性影响。”

然而，当托夫勒企图以知识的深层原理来摆脱传统经济学原理的束缚，厘清超越工业时代的思维，摒弃再也不适用的东西时，却发现“知识是无形的，试图给其下定义往往会使人进入迷宫，令你很难体面地从里面出来”，从而使托夫勒深陷知识的泥塘之中。

## ▶ 囿于知识的两种形态

使托夫勒深陷知识泥塘的一个重要原因，是其囿于知识的两种形态。托夫勒只承认两种知识形态。请看：

“所有这些知识都以两种不同的方式存储。一部分知识资源存在于我们人类的头脑里。”“但是世界上绝大多数的知识资源却是储存在大脑以外的地方。这就是多少个世纪以来(以及现在)所积累的知识，它被储存在人脑以外的任何地方，从古代洞穴的墙壁上到最新的电脑硬盘和 DVD 上无所不在。”

这两种知识形态的非可靠性、非稳定性，使得经济学家很难从知识的角度来诠释当今的经济现象。请看：

“有些不用言明的知识微不足道，但是有一些对我们的日常生活和生产却至关重要。简单地说，这就是我们都依靠脑袋深处的知识，我们甚至不知道我们拥有这些知识。正因为这类知识的多种多样而且是那么不露山水，所以它也往往被经济学家所忽视。”

这两种知识形态的非可靠性、非稳定性也引起了托夫勒的质疑，并提出了辨清知识真伪的六个过滤器。请看：

“知识或许是财富革命的深层原理之一。但是，即使我们把陈旧过时的知识放在一边，我们关于货币、商业和财富(就此而言可以包括一切)的知识中到底有多少是纯粹的谬论呢？或者是纯粹的虚构呢？我们被告知的东西我们能够相信多少？我们怎么来决定？”

“在我们的日常生活中，‘知识’这个词代表着我们认为真实的所有意义。在我们个人的知识基础(或者整个人类的知识基础)范围内，在我们决定某件事情是‘真的’还是‘假的’时，至少有6个相互对抗的标准来作为我们的依据。这些都是我们用于区别真与假的过滤器。”

试想一下，被托夫勒列为财富革命三个深层原理之一的知识，即知识经济中的知识基础，竟然是一个虚无缥缈、毫不确定、真伪不辨的东西，谁会把它作为自己的理论基础呢？难怪连托夫勒对自己都失去了信心。

### ▶ 问题出在何处？

托夫勒与所有经济学家的悲哀在于：看不到人类知识的第三种形态，不知道知识的力量在哪里？

当前，决定知识经济中各种经济现象、社会生活现象本质的“知识”，既不是人类头脑中的知识，也不是存储在各种介质（纸张、磁盘、硬盘……）中的知识，而是集成在工具中的知识，称之为“人类的第三种知识形态”。这种形态的知识虽然是隐含的，但却是确定的、可靠的，是经实践检验过的人类积累的成果知识，并且具有“工具”的形态。

在资本经济时代，诞生了现代文明后，人们喊出了“知识就是力量”的口号，进入知识经济时代，人们干脆喊道“知识就是财富”。人们并没有对“知识就是力量”、“知识就是财富”进一步诠释，只是模糊地感觉到知识有一个真实存在的力量。但是，从众所周知的概念上讲，知识只是对外部世界的认知，知识本身不是“力量”，只有在知识基础上产生知识行为时，才形成知识的力量。这个力量的基础，是工具中的知识与知识行为。

## 1.3 世界为什么突然变平了？

---

弗里德曼眼中的世界

铲平世界的根源何在？

---

半导体集成电路诞生25年后，托夫勒写出了《第三次浪潮》；又过了25年，弗里德曼写出了《世界是平的》。弗里德曼见证了托夫勒关于“第三次浪潮”时代

的“无限通达”与“平等机遇”。弗里德曼在《世界是平的》一书中，以一个新闻记者的敏锐眼光与高度的综合能力，看到了一个被铲平的世界，喊出了“世界是平的”口号，并找出了铲平世界的十大动力。

## ▶ 弗里德曼眼中的世界

弗里德曼以一个记者的身份在全球“游荡”，给我们讲述了许多第三次浪潮变革的纪实故事。弗里德曼看到了计算机、互联网、计算机软件带来全球化的无限通达与平等机遇，找出了铲平世界的十大动力，得出了“世界是平的”结论。但是，弗里德曼没能看到计算机、互联网、计算机软件背后的集成电路与微处理器，只能停留在“世界是平的！”的惊叹之中。

看看弗里德曼给我们讲述了哪些事情？

哥伦布的探险航行发现了地球是圆的，弗里德曼在印度发现了“地球是平的”：“我虽然到了真正的印度，但却发现在这里遇到的很多人，更像美国人。在印度，很多人取了美国名字，在印度呼叫中心听到的都是美国口音，在印度的软件实验室里看到的都是美国的技术。”“印度软件公司 Infosys 的员工在给美国或欧洲的公司编写软件程序，而在另外一些办公楼中，他们的同事在给欧美跨国公司运作后台支持系统：从计算机维护、特定的研究项目到回答世界各地的电话，他们几乎什么都做。”“我发现这个世界是平的。”

在被铲平的世界里，弗里德曼发现世界竞技场已被夷为平地，人们的机遇将越来越平等：“计算机变得越来越便宜、越来越普及。软件的发展也突飞猛进。像 Google 这样的搜索引擎，以及能够分解工作环节的软件，工作环节被分解后，一部分发给波士顿，一部分发给班加罗尔，一部分发给北京，远程开发变得更加得心应手……‘他们创造了一个可以将知识工作和知识资本自由传送的平台。’”“世界竞技场已被夷为平地……人类历史上从来未有这样的时刻：人们将和世界各地越来越多的人竞争与合作，人们的机遇将越来越平等。将他们联系在一起的是计算机、电子邮件、网络、远程会议和各种新软件。”

弗里德曼在书中给我们讲述了在一个无限通达的世界里，人人享有平等机遇的众多真实故事。

他讲述了印度班加罗尔的孟菲斯（Mphasis）公司承接美国各州和联邦政府众多的财务外包工作：“2003 年美国大约有 2.5 万项税收返还是在印度完成的。2004 年这一数字达到了 10 万项。2005 年有望升至 40 万项。10 年以后，你也许会发现美国的会计师们将最基本的税收申报工作都外包出去了。”

他讲述了日本公司将一些工作外包给中国大连的故事。大前研一先生告诉弗里德曼："很多公司都愿意到这里（大连）来。""大前研一的公司外包的主要是数据输入工作，他们将手写的日本文件通过扫描、传真或电子邮件从日本发到大连，当地雇员用日文把这些资料录入数据库……大前研一的公司甚至和7万多个家庭妇女签订了这种用工合同。""日本建筑公司在和顾客商讨设计方案时，大多是在纸上画出平面图，这些手绘的设计图首先传送到中国，转换为数字版后再发回到日本建筑公司，最后形成建筑蓝图。""日本企业在本国雇佣一个软件工程师的工资，在大连除了可以雇佣3个软件工程师外，还可以雇佣一屋子呼叫中心的接线员。这就不难解释为什么会有大约2800家日本公司选址在大连。"

弗里德曼还讲述了这些外包的服务业岗位如何在全球自由流动："赫肯斯汀在美国建立了一家数据录入公司，同时在金边设立了一个工作间……赫肯斯汀说，这种数据录入工作很久以前被转移到印度和加勒比海地区。目前柬埔寨所做的工作是从上述地区再次转移过来的。"

### ▶ 铲平世界的根源何在？

弗里德曼在《世界是平的》一书中，以在印度班加罗尔的感受，产生了"世界是平的"灵感。继而以记者的身份，在世界各地印证了一个可以无限通达并给人人以平等机遇的世界，坚定了作者关于平坦世界的理念。在综合各种事例的基础上，提出了铲平世界的十大动力。每个现象都有看似圆满的结论，弗里德曼似乎找到了答案。

然而，许多读者在感受"世界是平的"震撼后，自然会问许多"为什么？"，为什么个人计算机、光缆、工作流软件有如此巨大的动力？是什么工具将艺术创作演变成香草冰激凌生产？制造业全球化转移仅仅是因为制造业成本的因素么？工作流软件有什么魔力使普通家庭妇女可以参与全球范围的岗位竞争？如此等等，弗里德曼未能给出答案。

## 1.4 霍金对人类生存的担忧

相对于乐观看世界的弗里德曼，霍金教授显然是个悲观主义者。弗里德曼看到了无限通达的世界和给了普通人群的平等机遇。霍金看到的却是托夫勒关于不到百年的第三次浪潮的动荡不安。

回顾历史，人们会认同托夫勒关于三次浪潮的年代划分，也会从几万年原始社会、几千年封建社会、几百年的资本经济社会中，理解不到百年的第三次浪潮的观念。按照托夫勒的说法，第三次浪潮始于20世纪60年代前后。如今，人类社会正处于非线性发展的巅峰时期，处于指数曲线的发散阶段。任何指数式发展的事物，其未来的前途只有两个，一个是崩溃，一个是在阻尼作用下趋于平衡。

眼下人们看到的既是一个“平坦的世界”，又是一个十分动荡的世界。人们在动荡面前束手无策，现代市场经济无情地将人类推向深渊。指数式曲线发散阶段的动荡惊动了霍金。2006 年，他在网上向人们提出了一个世纪难题：“在一个政治、社会、环境动荡的世界里，人类如何才能继续生存 100 年？”惊世骇俗的语言显示了一个大科学家的绝望与无奈。2010 年 8 月，霍金在接受 BigThink 网站采访时表示了他的绝望心情：“地球迟早要毁灭，而人类继续生存的唯一机会是移居外太空。”且不说人类能否在毁灭前找到移居外太空的现实道路，即使有移居外太空的现实可能性，也无法实现如此巨大的人口转移。霍金的说法无疑是给人类一个绝望的判决。

## 1.5 托夫勒指出了知识革命的方向

---

第三次浪潮的财富革命
财富革命的深层原理
以知识为中心的财富革命

---

1980 年托夫勒在《第三次浪潮》中，提出了人类社会发展的三次浪潮的观念，又于 2006 年推出的《财富的革命》中，将第三次浪潮确定为知识经济时代，并确定知识经济时代财富体系的时间、空间、知识三个深层原理，从而为人类诠释知识经济指明了“知识革命”的方向。

### ▶ 第三次浪潮的财富革命

托夫勒认为，人类社会的三个浪潮时代是人类创造社会财富（注意：托夫勒所指的财富包括有形财富与无形财富）的三个不同的财富体系时代。在农耕时代之前的社会没有剩余产品可言，只不过是一个生存体系。在农耕时代，有了剩余产品，才有可能出现财富生产体系。托夫勒以三个工具作为三个财富体系中的代表，指出：“三种截然不同的创造财富的体系，分别由犁、生产线和计算机为代表。”托夫勒认为：“第三次即最近的一次财富浪潮向所有工业主义原理提出了挑战。它用愈加精深的知识替代着工业、土地、劳动和资本的各种传统因素。”

托夫勒明确了三次浪潮的三个财富体系时代，指出了第三次浪潮时代的知识因素，以及计算机的财富体系代表，从其字里行间可体会到第三次浪潮的“现代计算机知识革命”的内容。

在书中，托夫勒继续描述知识经济时代知识革命的深刻变化：“今天，向知识经济过渡的国家里，传统的角色都在迅速地发生着变化。”“革命性财富的根源可以追溯到1956年。在那一年，美国白领和服务行业的就业人员首次超过了蓝领工人的人数。这种劳动力结构的变化，可以说是一个新起点，以体力劳动为基础的工业经济开始过渡到以知识或脑力劳动为基础的产业经济。”“美国20世纪50年代知识生产量的增长速度已经超过国民生产总值增长的速度。”

显然，托夫勒将第三次浪潮确定为与农业经济财富体系、工业经济财富体系完全不同的知识经济财富体系，由此引发人类对“知识革命”的探索。

### ▶ 财富革命的深层原理

在以计算机为代表的财富体系中，至关重要的是如何寻找创造财富的深层原理。托夫勒将知识经济财富体系的深层原理归纳为时间原理、空间原理与知识原理。论及财富的知识原理时，托夫勒给人以革命与创新的感觉。

#### (1) 财富的时间原理

时间创造财富，创造财富需要时间。随着时代的不同，时间对创造财富的价值作用也不同。在农业社会里，财富按季节生产，“不管一个农民家庭工作多少小时，状况都不会有多大改变。结果就是，他们与时间的关系和我们与时间的关系形成了天壤之别。”在工业社会里，财富则是按小时生产，“工业革命改变了一切……基于‘时间就是金钱’这一准则，工厂的工人们开始按小时获得报酬。美国劳工统计局按照每小时产量来衡量‘劳动生产力’。”在知识经济时代，财富生产是在一个无时间限制、个性化时间与超高速状态下完成的，“连续不断的方便服务使得每个人都可以制定自己的消费时间表，从而向非规则时间过渡……连续不断的工作时间过渡在金融界尤为显著。电子通信网络可以让人在股市正常关闭后继续炒股票。”“今天出现的这个经济中，我们正在将昨天标准的时间安排支离分解，正在从集体的时间向客户要求的时间过渡，即正在从非个性化时间向有个性化的时间过渡，因为这时产品和市场也在从非个性化向个性化过渡。”

#### (2) 财富的空间原理

财富生产需要在一定的空间里完成。三个浪潮时代的三个财富体系——农业财富体系、工业财富体系、知识财富体系，有着不同的财富空间，体现了三个财富体系进化中，财富生产的空间转移、财富的全球化拓展与财富空间障碍的消除。“有史以来财富的最大地理迁移之一正在发生着，财富正以前所未有的方式运动着……这种越来越强的'财富流动性'将影响未来的工作、投资商业机遇、公司的结构、市场的位置以及全世界所有普通人未来的工作。它将决定城市、国家和整个大陆的命运”。托夫勒以克利夫兰市为例，谈及了财富生产的空间变迁：“俄亥俄州的克利夫兰市曾是一个重要的重工业中心……该市的建筑与商店仍然挂着几十年重工业烟尘所遗留下来的一层黑皮。克利夫兰名列全美最贫穷的大城市之首。它既是过去工业辉煌的牺牲品，也是现代变革的牺牲品，因为第三次浪潮将美国其他地方都带到了未来。”托夫勒谈到了知识经济的全球化拓展，“我们不仅扩展了全球性大公司的空间延伸度，而且扩展了小公司，甚至那些遥远地区靠网络联系、运作资金极少的村办企业的空间延伸度，从而激励着人们梦想实现一个完全一体化的世界经济。”托夫勒还谈到了由于互联网的出现，有可能出现一个没有地区概念的财富生产方式：“假设有这么一个不存在的地方：我们都生活在这里，世界上所有财富都是在这里创造的。这种奇妙的想法在互联网大爆炸的20世纪90年代晚期迅速滋生。互联网的发展速度如此迅猛，就连'空间'和空间关系这些词汇的真正意义此时也受到了质疑。”

(3) 财富的知识原理

托夫勒在谈及财富体系的知识原理时，总让人有一种革命、创新的感觉：“可以说是突然间，出现了一种完全不同的财富体系。这种财富体系不仅受着我们与时间和空间关系急剧变化的驱使，而且还受着第三个深层原理的驱使。这第三个深层原理就是知识。”托夫勒认为第三次浪潮——知识经济时代的财富体系中出现了一种全新的财富因素，即知识。在农业生产、工业生产中“起支配作用的资产、资源和产品都是经济学家称之为'对抗性'的东西，也就是说，如果被一方使用了就不能同时被别人所使用。”“知识就其性质而言并不是对抗的。你们、我们和数百万其他的人都可以使用同一数量的知识。使用知识的人越多，用知识创造知识的可能性就越大……因为知识本身是用之不竭的东西。算术并不会因为我们使用了它而被用光。”

至此，我们充分领会到了托夫勒的伟大之处：他不仅指出始于20世纪60年代前后人类社会的第三次浪潮——知识经济时代，还揭示了知识经济时代是一个全新的知识财富体系。知识经济时代财富生产要素，就是具有独特性质的“知识”，以及知识应用中的无限扇出效应。

## ▶ 以知识为中心的财富革命

当我们仔细研究托夫勒关于财富革命的时间、空间、知识原理时，就会发现，时间原理、空间原理只是人类创造财富的古老概念，财富的知识原理则给人以震撼。因为时间、空间的财富革命,是社会生产力革命的显性因素,知识则是社会生产力的源头因素、后台因素。

托夫勒指出了作为财富革命驱动力的知识,是一种取之不尽、用之不竭的东西,在本书中我们称之为"知识的无限扇出效应"。所有与知识相关的事物都具有无限扇出效应。

当人们依靠有形的资产、资源和产品创造财富时,只能获取有限的财富效应;当人们直接依靠具有无限扇出效应的知识创造财富时,就能获取无限的财富效应。当人们意识到"知识创造财富"的知识行为内涵时,就会发现,在资本经济时代,不可能实现"知识创造财富"的梦想,因为在三种知识形态中,只有人类个体在记忆态知识的基础上出现了独立的知识行为,而这种知识行为是不确定、不可靠、非物化的知识行为,不可能直接创造社会财富。

进入知识经济时代,最重要的技术特征,是集成电路时空量子化技术基础上的现代计算机知识革命。无论是半导体集成电路中,还是微处理器基础上的通用计算机与嵌入式系统中,都有确定的、可靠的、呈物化状态的独立知识行为能力。依靠这些独立知识行为能力的无限扇出,就可以实现独立的知识财富革命。

托夫勒指出了知识无限扇出与独立的财富效应原理,却无法阐明这种财富效应为什么出现在知识经济时代,以何种形式产生独立的财富增殖效应。托夫勒囿于传统的知识观念而深陷在知识的泥塘中。

## 1.6 知识革命必须从知识本身求解

一片荒芜的知识学领域

知识发展、变革的隐蔽性

创建"知识学"的重要意义

从上面不厌其烦的引述中,我们看到了一个伟大的托夫勒、真诚的托夫勒。他的伟大之处在于,30 多年前就指出了人类已进入一个堪比农业革命、工业革命的第三次浪潮时代。其后他不断追求第三次浪潮的奥秘,总结出人类社会三个财富体系,以及财富体系的时间原理、空间原理、知识原理。他的真诚之处在于,尽管他在探索知识原理的征途上一无所获,但仍在呼吁人们重视对知识原理的求解。

## ▶ 一片荒芜的知识学领域

托夫勒的无助与无奈是有道理的。在许多自然科学、社会科学、人文科学领域，古人、今人都给我们留下了丰富的遗产，唯独知识学领域是一片荒芜。其实，早在古希腊罗马时期以及中国春秋战国时期的先哲们，就开始对认识的来源、认识的可能性、主体的认识能力等问题进行考察，开始了“认识论”的研究。随着人类知识的发展与演化，特别是18世纪工业革命后，知识的物质性不断地突显出来，唯物主义的知识观念逐渐成为主流，人们转而研究知识的本性与知识的认知方法，开始了“知识论”的研究。在近代社会，毛泽东在“知识论”的基础上，写出了著名的《实践论》，指出了人类认识的实践性、人类的认识过程、检验真理的标准、理论与实践的关系，以及认识真理的实践、认识、再实践、再认识的循环过程，并提出了知、行统一的观念。

可以看出，虽然人类对“知识”的认识与探索早于数学、物理学，却没能创建一门大众知识学。至今人类对“知识”的探索仍然停留在“认识论”、“知识论”、“实践论”的哲学领域之中。

## ▶ 知识发展、变革的隐蔽性

有三个重要的客观原因，造成人类对“知识”认识的落后。这三个客观原因是：第三种知识形态隐含在工具中不易被人们发现，对人、知识、工具三元体系存在认识上的缺陷，以及半导体集成电路静悄悄的革命鲜为人知。所有这些都表明：对人类诞生、发展、演化影响最大的知识因素一直处于隐蔽状态。

至今，人们只承认有两种形态的知识，即存在于头脑中的记忆态知识与依赖于语言文字的记述态知识。托夫勒也囿于这两种知识形态的不确定性与不真实性，而深陷泥坑。百万年来，隐含在工具中的第三种知识形态是人类最重要的知识形态，它最古老又最新兴，最具确定性与真实性，人们却对其视而不见。

知识、工具与人类同时起源，形成了人、知识、工具的人类起源、演化、发展的三元生态体系，其中，知识起着基础与核心的作用。然而，“劳动创造世界”的发展史观将“知识”隐去，所有经济学、社会学研究中，都以社会生产力为纲，看不到其背后的知识源头；并且，当社会生产力从劳动生产力演化成资本生产力、知识生产力时，经济学家和社会学家仍然停留在劳动生产力的观念之中。

进入现代社会，人们才逐渐感觉到知识的重要性，拾起了“知识就是力量”的口号，提出了“科技生产力”的概念。然而，对于远比工业革命全面、深刻的现代计算机知识革命，政治家、经济学家、社会学家却熟视无睹，丧失了对产业革命的敏感性。他们也许能够看到计算机的神奇力量，却无法窥见计算机中的微处理器智力内核，以及智力内核中独立的知识行为力量。

### ▶ 创建“知识学”的重要意义

追根寻源，知识是人类社会发展的源动力，是社会生产力的基础。随着人类文明的不断发展，知识必然不断增强它的主导作用。社会生产力也会从原始的劳动生产力变革成资本生产力、知识生产力。知识逐渐从后台转向前台，形成知识行为独立的财富革命力量。若人们认识不到这种转变，认识不到知识、工具(第三种知识)在社会生产力的核心作用，便会出现理论上的重大失误。马克思在《资本论》的剩余价值理论中，看到了劳动者在创造社会财富中的重要地位，却没看到知识、工具在创造财富中的重要作用。从人类诞生至今，劳动者从来没有空手创造过财富。知识越多，工具越先进，创造的社会财富也就越多。如今，人们已能够看到工具中独立知识行为能力的财富效应。所有这些都源于人类知识的发展、变革。因此，深刻地认识“知识”的本质，了解知识发展史与发展规律，具有十分重要的意义。

## 1.7 创建知识学的时机已成熟

---

人类知识发展的巅峰时代
半导体集成电路的启示
走出哲学领域的大众知识学

---

知识经济时代，是人类知识发展的变革时期，也是人类知识发展的巅峰时代。在知识经济时代，人们可以回顾人类知识发展的全过程，找出知识的本质性东西；从完整的知识发展史中寻找人类知识的发展规律。

### ▶ 人类知识发展的巅峰时代

知识经济时代，是知识发展的巅峰时代，也可能是自然人的最后一个人类社会形态。托夫勒将三次浪潮的周期划分成几千年、几百年与不到百年。很难想象后知识经济时代，还能出现一个不到十年的人类社会。后知识经济时代有可能出现一个非自然人的社会浪潮。

在知识经济时代，人、知识、工具生态体系经历几百万年的演化，完成了它的最终变革，形成了一个时代的分水岭。在分水岭上看到了“人”、“知识”、“工具”的革命性变化：“人”开始了从自然人向非自然人的变革；“知识”最终完成了从记忆态知识、记述态知识，到归一化数字符号的量子态知识的转移；“工具”则完成了从范性知识集成到归一化智力内核知识与知识行为集成的变革。因此，知识经济时代是创建知识学的时代，半导体集成电路的时空量子化技术基础则是创建知识学的通天之路。

## ▶ 半导体集成电路的启示

半导体集成电路是20世纪最伟大的发明，荣获了两个诺贝尔物理学奖。半导体集成电路的诞生，掀起了人类历史的第三次浪潮。集成电路的晶体管颗粒与0、1的开关状态，是集成电路中的空间量子与时间量子。它使人类工具知识集成产生新的飞跃，即从百万年以来的泛性知识集成，变革到在数字符号时空量子化基础上的归一化知识与知识行为集成。在半导体集成电路芯片中，所有的电路知识都表现为晶体管颗粒0、1状态的空间量子。依靠晶体管开关0、1状态的时间量子，所有集成电路都有一维状态的知识行为能力。

当集成电路进入微处理器时代，又产生了巨大的变革。微处理器的体系结构与指令系统的多维行为能力，使其具备了人类知识行为的仿真能力，成为一个归一化的智力内核。在微处理器基础上的通用计算机与嵌入式系统，引发了现代计算机的知识革命。

半导体微处理器的诞生，表明人类知识发展进入巅峰时代。其标志是，在人、知识、工具生态体系中，最终实现了知识与知识行为从人类个体到工具的转化；而且，这种转化是基于数字时空量子技术基础上的最终转化。因此，现代计算机的知识革命，是智力革命、产业革命、信息革命、数字化革命的全方位知识行为革命。在知识发展的巅峰时代，深入剖析人类知识发展的全过程，有可能建立起满足大众需求的“知识学”。

## ▶ 走出哲学领域的大众知识学

人类诞生后，走上了一条与所有其他动物不同的抗争性进化道路，其根本原因是人类非裸体起源。人类与知识、工具共同起源，人类依靠知识、工具的力量，走上了一条与大自然对抗的进化道路，形成了人、知识、工具的三元生态体系。因此，人们在研究人类起源时，必然会涉及知识、工具起源的探索。

在人、知识、工具的进化体系中，“知识”是最积极的因素。知识由人类创造，人类却没有知识的遗传性状，必然要依靠“工具”来实现人类知识的外部传承与积累。从人类诞生的第一天起，工具便承担了人类知识集成的任务。因此，人类大脑中的记忆态知识与工具中的集成态知识，是人类最古老的两种知识形态。

可以看出，了解人、知识、工具生态体系，了解人类无知识遗传性状，了解工具中的知识集成，是人类走出哲学领域、创建知识学的基础。由此可以总结出：人类智力的知识行为本质、工具从知识集成到知识行为集成的发展史、“知识”在“人”与“工具”间的动态变迁规律，以及人类知识发展的分离性、集成性、非线性发展规律。

# 第二章　鲜为人知的人类知识

## ——知识的源头探索

2.1　什么是人类的知识？
2.2　知识的内涵与特点
2.3　知识的第三种形态
2.4　人类独特的智力行为
2.5　人类进化的三元生态体系
2.6　人类知识发展的五个阶段
2.7　知识发展的三个基本规律
2.8　知识经济时代的知识发展特征

知识经济时代，是人类知识发展的巅峰时代，是知识从社会生产力的后台走向前台的时代。在知识经济时代，人们有可能纵观人类知识发展全过程，了解人类知识发展史，从中总体出人类知识发展的普遍规律，用以诠释知识经济时代诸多的经济现象与社会现象。

知识、工具伴随着人类诞生，并形成人类进化、发展的"人、知识、工具"三元生态体系。人类进化、知识发展与三元生态体系密不可分。人类诞生伊始，便产生了大脑中的记忆态知识与工具中的集成态知识。语言、文字诞生后，又产生了语言文字的记述态知识。记忆态知识、集成态知识与记述态知识是人类知识的三种基本形态。

知识的主体与客体、知与识、知与行，形成了人类知识发展的二元化基因。知识的二元化基因与三元生态体系，决定了人类知识发展的基本规律，即知识的分离性发展规律、集成性发展规律与非线性发展规律。

知识伴随着人类诞生，形成了人类独特的智力行为，即知识行为。而其他动物的智力行为仍然停留在条件反射行为的阶段上。工具中有集成态知识，在工具发展的高级阶段，必将出现智能化工具独立的知识行为能力，从而实现人类知识行为向智能化工具转移的变革。

在人类知识发展从量变到质变的巅峰时代，知识的分离性发展，使劳动者在社会生产力中边缘化；知识的集成性发展，使人类社会进入傻瓜化生活方式时代；知识的非线性发展，则使人类社会进入全面动荡的时代。

## 2.1 什么是人类的知识?

人类沉重的原始任务
人类祭起知识的神器
有关知识的定义

人类与动物的本质差别,在于人类拥有知识。几百万年前,知识便伴随着人类起源。直立人的出现,宣告了人类脱离动物界"顺应自然、自然选择"的普遍进化轨道。知识起源后,人类便走上了"认识世界、改造世界"的不归路。从此,人类便背负起沉重的十字架,祭起"知识"的神器,向大自然开刀。

### ▶ 人类沉重的原始任务

人类学家普遍认同人类起源有直立人与现代人两个阶段。直立人的起源,可以追寻到四百万年前的东非地区;现代人的起源可以追寻到几十万年前的世界各地。无论是几百万年,还是几十万年,都充分表明,人类呈现出爆发式的进化特征。与人类爆发式的进化速度相比,动物的进化似乎被冻结了。

与动物漫长的渐进式进化相比,人类的爆发式进化显示出人类与动物有着完全不同的进化环境。所有动物都遵循大自然的演化规律,只有人类走上了一条与大自然抗争的进化道路。

与大自然相对抗,就是要改造世界,要改造世界就必须认识世界。因此,"认识认识、改造世界"成为人类的原始任务。人类依靠认识世界的"知识"、改造世界的"工具",走上了一条与大自然抗争的进化道路。

### ▶ 人类祭起知识的神器

改造世界,是指改造客观存在的物质世界。客观世界有其客观的自然发展规律,只有了解其发展规律,才能有效地改造客观世界。例如,原始人对火的感觉刺激不断积累,只有达到"摩擦生热、加热燃烧"的认识境地,才可能有生火、烧烤食物之类改造客观世界的变革。

因此,在探讨现代人的起源时,人类学家不再停留在人类生物学的发展、演化上,而是注重于人类的社会学起源与发展,并且将人类起源、知识起源、工具起源综合成一体来进行观察、探索。其中,知识始终围绕着人类认识世界、改造世界的原始任务，贯穿了人类起源、发展、演化的始终。

人类认识世界，从而产生知识。怎样才能将知识转化成改造世界的物质力量，成为现代人类发展史上的一个永恒课题。人类改造世界的力量来自何处，如何实现知识的传承、积累，都是研究人类社会发展不可回避的问题。当经济学家、社会学家用社会生产力的概念，可以轻易地诠释人类社会发展史、人类经济形态变革时，便淡忘了对知识的探寻。直到知识经济时代，当知识从人类历史的后台走上前台时，人们才发现，原来的生产力、经济基础与上层建筑的传统观念，已无法厘清知识经济时代诸多的经济现象、产业现象、社会生活现象，转而寻找知识的武器，这时却发现人类对知识发展规律几乎一无所知。

### ▶ 有关知识的定义

什么是知识？在厘清知识、研究知识的深层原理之前，必须给知识以定义。《中国大百科全书·教育》中对“知识”是这样表述的：“所谓知识，就它反映的内容而言，是客观事物的属性与联系的反映，是客观世界在大脑中的主观映像。就它的反映活动形式而言，有时表现为主体对事物的感性知觉或表象认识，属于感性知识；有时表现为关于事物的概念或规律，属于理性知识。”这里并没有给出直截了当的定义，却抓住了知识的两个本质内容，即主体对客观世界认识的两个层次——对客观事物的感性认识与理性认识。

这样一来，我们可以用最简单的语言来表达知识的定义，即，知识是人类对客观世界中客观事物、客观规律的了解与认识，即对事物感觉基础上的表象认识和对事物内在规律的本质性认识。前者为感性知识，后者为理性知识。

对知识最伟大的诠释莫过于汉字的词义解释。知识者，知与识也。“知”是知道，是“知其然”的感性知识；“识”是认识，是更深层次“知其所以然”的理性知识。这样就跳出了哲学的认识论，使知识有了更具体的可界定内容。

## 2.2 知识的内涵与特点

---

知识的三个内涵
知识的基本特点
完整的知识进程

---

在人类的进化过程中，“知识”是一个实实在在的事物。由于这一事物发源

于人类个体的大脑，古今中外，对知识的认识便有了唯心主义与唯物主义两大派别。唯心主义学派与唯物主义学派的本质差异是，前者认为知识是头脑中固有的东西，后者认为知识是人类个体对外部世界的感知。直到人类进入文明时代，处处显示出知识的物质力量与独立价值时，唯物主义的知识观才被人们普遍接受。

## ▶ 知识的三个内涵

唯物主义的知识观将人类个体的主观意识与客观世界联系在一起，形成知识发展的主客观环境，以及知识发展进程的概念。主体、客体、进程成为知识的三个重要内涵。

**(1) 知识的主体**

知识是人类个体对客观世界中客观事物与客观规律的了解与认识。人类个体成为知识的唯一主体，因为只有人类个体才能感知客观事物并加以升华。所有其他动物种群，虽然能感受客观世界各种事物的外在刺激，却无法达到认知的境地。

知识主体是人类知识的源头，是人类知识发生、发展的主导力量。人类知识的起源与发展和人类认识世界、改造世界的原始任务密切相关，由此决定了人类在知识发展中，始终面临着知识创新与创新知识应用这样一个复杂而艰巨的任务。

**(2) 知识的客体**

知识的客体，就是客观世界中的客观事物与客观规律。无限时空的客观世界，大到宇宙星空，小到微观物质世界；远到宇宙起源，近到身边琐事，无不具有特定的发生、发展、兴旺、衰变、异化的动态发展规律，以及特定形态、成分、结构、表象的静态特征。客观世界的无限时空、客观事物无限复杂的时空状态，决定了人类知识发展的无限性，人类对客观事物的认识永无止境。知识主体对知识客体的认识，一直处于从相对真理走向绝对真理的不断追索之中。

**(3) 知识的进程**

知识缘于主体对客体的认知，起源于感觉基础上的思考。因此，有一个由感觉到思考的过程，这就是知识的进程。所有生命体都能感觉到客观世界、客观事件的刺激；然而，只有直立人才能出现从感觉到思考的飞跃，从而产生知识的萌芽。

客观世界的复杂性导致了知识进程的复杂性。除了从感觉到思考的知识萌芽，还有从感性认识到理性认识（从知其然到知其所以然）的升华，从相对真理不断向绝对真理逼近。

除了知识本身的发展进程外，还有一个从个体知识向人类知识的发展进程。人类个体创造了知识，却不能遗传给子孙，便有了一个将个体知识成果转移到外部，通过外部媒介的传承与积累，使其成为人类公共知识财富的进程。

复杂、冗长的知识进程，使人类的全部历史都浸透在人类知识发展的进程之中。

## ▶ 知识的基本特点

通过对知识内涵的分析，可以得出知识的四个基本特点，即真实性、依附性、非遗传性与时空无限性。

**(1) 真实性**

知识是人类个体对客观世界中客观事物与客观规律的了解与认识。人类个体、客观世界、客观规律都是真实存在的事物，它们是知识真实性的基础。

知识发端于“认识世界”，存在于人类个体的大脑中，形成改造世界的物质基础。人类将知识集成到工具中，成为工具特定的形态与结构；将知识转移到外部的物质媒介上，形成独特的知识积累与传承方式。

知识的真实性还表现在知识的不变性与确定性上。凡是能够反映客观世界、客观规律的知识，都具有不变性与确定性的特点。

**(2) 依附性**

知识是真实存在的客观事物，却不是一个真实的物体。知识的真实性与非物质性，形成了知识的依附性特点。知识起源于人类个体的大脑，通过工具的知识集成依附在工具中，通用文字记述依附在书刊典籍中。日常生活中的知识表现在语言交流中，形成了多种形态的人类知识。

知识的依附性，使古代人对知识的真实性产生怀疑，导致人类对知识的研究一开始便进入哲学领域。古代几乎所有的中外思想家们都涉足过认识论的研究。从认识论、知识论到实践论，充满了唯心主义与唯物主义的斗争。

**(3) 非遗传性**

非遗传性是指知识主体无知识遗传性状。人类个体创造了知识，知识存储在人类个体大脑之中，却不能遗传给下一代。知识的非遗传性，导致人类知识的可持续发展产生外部依赖性。从人类诞生开始，工具便承担起人类知识成果的传承与积累任务，成为原始人类最早的物化知识。随后诞生的语言、文字，导致人类知识迅速传播。这种知识主体与外部知识环境不断的动态交互，大大地加快了人类个体大脑的进化步伐。所有研究证明，在人类进化史上，唯一获得巨大进化的是其大脑。有了进化的大脑，新生婴儿虽然未能获得父辈的遗传性知识，却能在人类知识环境中迅速得到智力开发，迅速学习与掌握人类的知识成果，并能在巨人肩膀上创造新的知识。

**(4) 时空无限性**

客观世界、客观事物的时空无限性决定了人类对知识必然无限追求。对知识的无限追求，最终会导致知识发展偏离人类原始任务的初衷。当原始人类确定了认识世界、改造世界的原始任务后，便给人类的知识发展赋予了明确的目标，那就是满足原始人类的生存需求。随着人类改造世界能力的增长，改造世界还可以满足人类的欲望需求，甚至是疯狂需求。对知识探索的好奇心，也驱使众多的知识精英进入脱离人类社会实际需求的纯知识探索之中。

在人类知识高度发达的时代，知识的时空无限性会诱使人类知识发展走上脱离实际需求的非理性发展的道路。

## ▶ 完整的知识进程

从人类个体知识到人类公共知识，从认识世界到改造世界，人类个体完整的知识发展过程是：智力开发、知识继承、知识创新与创新知识应用以及最终的创新知识外部转移。

“智力开发”是人类个体知识、智力的发展基础。知识不能遗传，新生婴儿没有任何知识，只有十分进化的大脑。人类个体婴儿期的智力开发很大程度上决定了其知识的发展前景。婴儿期智力开发程度取决于人类的知识生态环境，即与知识相关，与婴儿成长相伴的语言、色彩、工具（玩具、用具、图书等）、家居等人工生态环境相关。

“知识继承”是在智力开发的基础上，人类个体知识发展舞台的构建阶段，包括从学龄前的启蒙教育、幼儿教育，到小学、中学、大学教育。从智力开发到知识继承的知识准备阶段，占据了人生的 1/4 时间。

“知识创新与创新知识应用”是人类个体在实现认识世界与改造世界的原始任务中，应该承担的社会责任。随着人类知识总量的不断增大，人类个体越来越难以兼顾知识创新与创新知识应用，导致知识创新与创新知识应用形成分离性发展的社会分工。少部分人从事知识创新，大部分人从事创新知识应用。

“创新知识外部转移”是人类知识得以持续发展的根本保障。如果人类个体创造的知识成果不能转移到外部，便会随着个体的死亡而湮灭，不能成为人类共同的知识财富。人类个体知识外部转移的基本途径，是工具的知识集成与语言文字的记述。

## 2.3 知识的第三种形态

质疑人类两种知识形态
原始人的知识哪里去了？
第三种知识形态浮出水面
工具中的知识进化

第三种形态的知识，即工具中的集成态知识，是知识学的灵魂。人类之前一直未能创建出知识学的根本原因，是其囿于两种知识形态，即头脑中的记忆态知识与语言文字的记述态知识。人们无法在这两种知识形态的"非可靠性"、"非稳定性"基础上形成准确、可靠、科学的知识学原理。

### ▶ 质疑人类两种知识形态

在语言文字诞生以前，人类便有远古的文明，表明"知识"与"原始人"同在。考古学家总把"工具"作为人类学考古的重要依据，表明原始人离不开工具。

承认人、知识、工具同源，必然要质疑人类的两种知识形态，即大脑中的记忆态知识与语言、文字中的记述态知识。在语言、文字诞生前几百万年的人类历史进程中，如果人类只有大脑中的记忆态知识，那么，在人类个体没有知识遗传性状的状况下，依靠什么方式来积累与传承人类的个体知识呢？因此，必然有一种外部知识形态。这种外部知识形态与人类同时诞生，并且是一种可靠、准确的知识形态，否则无法承担起积累与传承人类知识文明的重任。

### ▶ 原始人的知识哪里去了？

人类个体知识无遗传性状，原始人类个体原创的知识会随人类个体生命的终止而湮灭。若要防止人类个体知识湮灭，必须在其生命终止前将其知识转移到外部。那么，我们探索一下，在没有语言文字的条件下，原始人把自己的知识转移到哪里去了？我们可以推断出：人类决非裸体起源，必须有一个与人类起源伴生的东西，这个东西便是"工具"。

“工具”与“人类”伴生式起源的基础，是人类认识世界、改造世界的原始任务。原始人在认识世界的基础上打造工具，取得了其他动物所没有的生存优势。原始人创造了石刀、石簇。石簇用于猎取动物，石刀用于肢解动物、刮削兽皮。石刀、石簇在原始群体中传播，聪明的原始人将石刀加以长柄，变成了石斧，增强了刀具的砍砸能力。

人们不知道从石刀到石斧经历了多少年代，只知道石斧是在石刀基础上的变革。由此可以看出原始人是如何将认识世界的知识转移到外部的，如何在外部世界中积累与传承人类知识的。

### ▶ 第三种知识形态浮出水面

现代人看来，从石刀到石斧是原始力学知识的升华。石刀的知识原理是斜面省力的原始知识；石斧的知识原理是惯性力的原始知识。因此，可以认为石刀、石斧中有一种物化形态的知识，这种物化形态的知识给石刀、石斧以一定的结构、形态。这就是石刀、石斧中永远不变的刀刃与长柄。这样，我们便找到了与原始人伴生的知识形态，即工具中的知识形态。这种知识形态既非记忆状态，又非记述状态，它给工具以特定的形状与结构，称之为知识的“集成态”。

集成态知识是唯一一种确定、可靠的知识形态，因为它经受过实践的考验。只要是合格的工具，它的集成态知识便是准确、可靠的人类知识。有了准确、可靠的集成态知识，才有了现代科技知识发展的基础。

### ▶ 工具中的知识进化

集成态知识只存在于工具中。集成态知识经历了从泛性知识集成到归一化内核集成，从知识集成到知识行为集成的进化过程。

早期的知识集成体现为知识成果的泛性集成，即不同知识成果的物化形态各异。如，石刀中斜面省力知识成果的物化形态是刀刃；石斧中惯性力学知识成果的物化形态是重物与长柄；杆秤中杠杆定律知识成果的物化形态是秤钩、秤砣与提手；弹簧秤中胡克定律知识成果的物化形态是弹簧、秤钩与表盘等。原始工具、手工工具时代，是人类工具的泛性知识集成时代。

近代史上的两次知识革命，将原始工具、手工工具时代的泛性知识集成变革到归一化内核的知识集成。18 世纪工业革命的蒸汽机、内燃机、电动机，是归一化的动力机械内核，将人类工具从手工工具变革到具有相同动力机械内核的机械化工具；20 世纪半导体集成电路的微处理器是归一化的智力内核，将人类工具变革到具有相同微处理器智力内核的智能化工具。

半导体集成电路诞生之前，工具中只有知识集成，没有知识行为集成。半导体集成电路诞生之后，工具中便具有了知识行为集成。所有半导体集成电路中，都有一维知识行为能力；所有微处理器基础上的工具，都有人类智力的多维知识行为能力。

从泛性知识集成到归一化内核集成，从知识成果集成到知识行为集成，是人人类第三种知识形态——集成态知识发生、发展、演化、变革的历史进程。

## 2.4 人类独特的智力行为

人类与动物的知识分水岭

动物智力的条件反射本质

人类智力的知识行为本质

人类与动物的智力有本质差异。人类的智力表现为知识基础上的知识行为，动物的智力则是感觉基础上的条件反射。依靠知识的力量，人类智力迅速增长，虽然不能遗传给后代，却形成了人类独特的大脑器官进化特征。

### ▶ 人类与动物的知识分水岭

几百万年以前，始祖猿开始直立行走。直立状态使始祖猿视野开阔，从看地到看天、看四周，形成全方位的视野；其上肢从行走中解放出来，可以从事各种非行走的探索行为。

始祖猿的全方位视野使其可以获得丰富的感官刺激，获取更多的感觉内容。同时，解放了的上肢导致始祖猿在感觉的基础上出现了探索的欲望。在这些条件综合作用下，始祖猿出现了从感觉到思考的飞跃，形成了原始知识。

与始祖猿不同，其他所有高等动物在地上匍匐行走，看不到日月星辰的运行、风雨雷电的交相辉映。有限的感官刺激只能产生局限的感觉内容，无法产生从感觉到思考的飞跃。

“感觉”是高等动物进化的三岔路口，始祖猿出现了感觉基础上的思考飞跃，人类便开始了知识的发展进化；所有其他高等动物囿于匍匐的视野、限于奔跑的肢体，永远停留在感觉的牢笼中。“知识”成为原始人类与其他动物进化的分水岭。

## ▶ 动物智力的条件反射本质

根据巴甫洛夫学说，同一感觉的反复刺激会形成条件反射。在森林大火的反复刺激下，所有动物都有对火的恐惧反应。春夏秋冬的气温变化、觅食环境的更迭，导致众多动物形成迁徙习性，并产生与之相伴的智力行为。

条件反射是动物感觉基础上的生理反应，与动物求生环境相关。条件反射的积累有可能形成遗传性状。所有哺乳动物的幼崽都有自行觅食母乳的智力行为，这是积累演化而来的遗传本领。但是，这种能力随着哺乳动物的进化而衰退。马、牛、羊没有四肢的分工，它们的幼崽有最强的觅食母乳的智力行为。然而，猿猴等高级动物在前肢行走能力退化后，对幼崽精心呵护，导致幼崽觅食母乳的智力行为退化。

条件反射的遗传性状导致动物大脑皮层发育迟缓。与人类大脑皮层的发展速度相比，其他动物大脑皮层的进化似乎都被冻结了。

## ▶ 人类智力的知识行为本质

当始祖猿出现从感觉到思考的变异后，便产生了知识的萌芽。其上肢解放成手，有助于思考基础上的探索与实践。其后，人类的一切智力行为都体现为知识基础上的思考与实践，统称为“知识行为”。所有动物对森林大火都有一种自然的恐惧反应。始祖猿在森林大火过后，受思考意识的驱使返回现场，发现许多可食的被焚动物尸体，改变了对森林大火的印象，催生了与火相关的知识；其后，钻木取火、烧火烹食、燃火取暖、点火驱兽，甚至放火烧山，无不体现知识基础上的智力行为，即知识行为。

知识诞生后，人类智力发展完全依赖知识的进步，由此而来的是动物性智力的退化。最新的科学研究证明，大猩猩的智力优于婴儿；然而，在同样的人工生态环境中，婴儿的智力会快速增长，迅速超越大猩猩。其根本的奥秘在于两种不同的智力本质。在人工生态环境中知识的熏陶下，婴儿的知识行为能力会快速增加；大猩猩则无动于衷，无法产生人类的智力行为。

许多人不了解人类与动物智力的本质差异，认为某些高等动物具有人类的智力行为，如大猩猩能用树枝挖出洞中的昆虫，海獭能用石块敲碎贝壳，马戏团的小狗能数数等。如果仔细分析一下，大猩猩用的树枝、海獭用的石块都是天然形成的，没有任何知识印记；马戏团采用反复强化的条件反射原理训练小狗，没有任何知识训练内容。

# 2.5 人类进化的三元生态体系

知识、工具与人类同源
三元生态体系中的人类进化史
三元生态体系中的动态迁移

所有生物都遵循大自然优胜劣汰的自然竞争演化规律，唯独始祖猿走上了一条与大自然抗争的进化发展道路。与大自然抗争的唯一途径，是“认识世界与改造世界”。从“认识世界”中产生知识，依靠工具在“改造世界”中求得生存。因此，人类并非裸体起源，伴随人类起源的是知识与工具。人、知识、工具成为人类诞生、演化、发展的三元生态体系。

## ▶ 知识、工具与人类同源

在探讨人、知识、工具三者的关系时，人们总认为是人类创造了知识与工具。然而，当我们想象经过森林大火洗礼之后，同一群类人猿的不同行为观念时，可以猜测，只有摆脱恐惧的那部分类人猿会返回被焚毁的森林现场，寻找动物尸体，其他心存恐惧的类人猿则始终不敢再进入森林。这种细微的差异，形成了不同类人猿的不同进化分支，前者进化成始祖猿，后者仍然保持原有的猿类生存方式。能否摆脱恐惧的关键是对森林大火的感知差异，这就是知识萌芽的差异。因此，人们无法辨清是人类创造了知识、工具，还是知识、工具创造了人类，因为这是一个“鸡与蛋”的悖论，我们只得承认知识、工具与人类同源。

## ▶ 三元生态体系中的人类进化史

在人类学家的考古学研究中，普遍认可直立人与现代人两个阶段的人类起源学说。直立人在几百万年前诞生在非洲，现代人则在几十万年前诞生在世界各地。直立人与现代人的两个阶段，对应于人类历史进程中漫长的混沌时代与迅速进化的社会阶段。人类对直立人漫长的混沌时代一无所知；而对几万年的现代人的历史进程，以“社会生产力”为标准，划分出原始社会、奴隶社会、封建社会、资本主义社会等不同的社会发展阶段。

“社会生产力”也许能诠释不同社会形态的社会发展水平，却模糊了社会生产力中人、知识、工具的动态演变规律，也割断了从直立人到现代人几百万年演化的历史进程。摒弃社会生产力的观念，以人、知识、工具三元生态体系诠释人类历史的变迁，是从知识学角度研究人类进化史，特别是研究人类近代社会发展史的根本途径。

### ▶ 三元生态体系中的动态迁移

三元生态体系中，“知识”是最活跃的元素。三元生态体系中的动态迁移都是以知识为中心进行的，如人类个体创造知识，在知识基础上创造工具与使用工具，在工具中实现知识与知识行为集成等。三元生态体系中的动态迁移可分为微观动态迁移与宏观动态迁移。

三元生态体系的微观动态迁移，是指在人类个体一个生命周期中三元素的动态迁移。人类个体出生后，在婴儿期开发智力；在青少年时期学习前人知识成果；随后是知识创新，将创新知识成果转化成工具，实现创新知识的应用；在生命终止前将创新知识转移到外部，成为人类的公共知识。

三元生态体系的宏观动态迁移，是指在人类历史长河中，有关个体知识与人类公共知识、知识创新与创新知识应用、认识世界与改造世界的知识分离性、工具集成性的发展与变迁。

## 2.6 人类知识发展的五个阶段

---

知识起源阶段
原始知识阶段
原理知识阶段
知识分化阶段
平台知识阶段

---

知识是人、知识、工具生态体系中，最活跃、最积极的元素。研究知识发展史，有利于从知识角度来诠释社会发展史，揭示生产力背后的奥秘，也有利于突破生产力观念的局限性。人类知识发展的五个阶段是知识起源阶段、原始知识阶段、原理知识阶段、知识分化阶段与平台知识阶段。

### ▶ 知识起源阶段

从直立人到现代人的漫长时代，是知识的起源阶段。在这一阶段，形成了知识发展不可逆转的主客观环境。主观环境是直立人直立行走、上肢进化成手，以及认识世界与改造世界原始任务形成的进化环境；客观环境是工具使用的进化环境。

直立行走时的视觉扩展，增强了直立人对外部世界的感觉能力，保证了其个体思考信息的不断增长，有利于直立人从感觉到思考的知识转化。

上肢进化成手，奠定了直立人使用工具的客观环境；与大脑思考相配合，促进了直立人的手脑并用，形成了认识世界的感觉、思考、探索，再感觉、再思考、再探索的良性循环。

恶劣的生存环境、不可逆转的知识发展进程、改变恶劣生存条件的愿望，形成了人类认识世界、改造世界的原始任务，以及人、知识、工具的三元生态体系。从知识萌芽，到人、知识、工具三元生态体系形成，人类知识起源阶段经历了几百万年的历史。

### ▶ 原始知识阶段

现代人类的诞生，开始了人类社会形态的发展。原始知识阶段对应于人类的原始社会。在原始知识阶段，人类已经有了明显的人、知识、工具的演化体系与演化进程。在考古发掘中，所有的人类学家、考古学家，都不可避免地以工具、知识印记为中心，来探寻人类的进化发展史。在原始知识阶段，人类知识发展的两个重要特征，是知识的弥散性与两种知识形态。

在生产力极度低下的原始社会里，人人都要从事繁重的体力劳动，在劳动中认识世界、改造世界；人人都能感受外部世界的激励；人人都会思考外部世界的变化。人类知识弥散在原始人群之中。

在原始知识阶段，人类只有两种知识形态，即大脑中的记忆态知识与工具中的集成态知识。大脑中的记忆态知识表现在打造工具与使用工具的知识行为上；工具中的集成态知识则是人类知识可持续发展的根本保障。人类个体没有知识的遗传性状，只能依靠工具中的集成态知识来积累与传承人类的知识文明。

### ▶ 原理知识阶段

原理知识阶段对应于奴隶社会、封建社会，其特点是知识发展的社会分工与知识阶层的形成。奴隶社会剩余生产力的出现，是原始知识阶段变革到原理知识阶段的重要条件。社会剩余生产力的出现，表明有“余钱剩米”，可以供养一部分人，让他们脱离生产劳动，专门从事知识研究，将感性知识上升到理性知识。

原理知识阶段是人类从感性知识上升到理性知识的时代。人类知识发展总是先有感性知识，再发展到理性知识。人类可以在感性知识的基础上创造石刀、石斧、独木舟、杆秤等工具，随后在这些工具的广泛使用中，依靠知识阶层不断提升出斜面力学原理、惯性力原理、阿基米德原理、杠杆原理等知识。

社会剩余生产力的不断增加、知识阶层的不断壮大、社会大众对知识的普遍认可，形成了封建社会人类知识发展的第一个高潮时代。早期宽松的知识发展环境、对未知世界的迷茫，使知识阶层首先进入认识论的哲学领域，形成了封建社会早期的先哲时代。我国先秦时代、古希腊罗马时代，都是百花齐放、百家争鸣、学术发展空前繁荣的时代。

### ▶ 知识分化阶段

知识分化阶段对应于封建社会后期。知识分化，是指知识阶层在研究领域中研究对象的分化，即基础科学与技术科学研究的分工性分化。原理知识是人类认识世界过程中总结出的一般规律，原理知识研究有上行与下行的双重任务。上行的任务是对未知世界的探索，下行的任务是对人类改造世界的指导。对未知世界的探索和对人类改造世界的指导，是两个不同的领域，由此产生了知识阶层在研究领域中研究对象的分工，一部分人从事基础科学研究，另一部分人从事技术科学研究。

中国古代儒、释、道的强势传承，形成了中国封建时代基础科学发展的滞后现象；西方世界则在文艺复兴后，迅速进入基础科学与技术科学并行繁荣的时代。

封建社会稳定的农耕经济，使生产力迅猛发展，推动了基础科学与技术科学的分工性发展。早期，劳动阶层在生产实践中摸索前进，创造了大量的实用科技。当社会生产力进一步发展时，实用科技遭遇理论瓶颈，急需知识阶层介入。此时，西方知识阶层在自然科学领域取得了重大的进展，形成了系统的数学、力学、化学、医学等学科。这些基础学科迅速介入实用科技，出现了为实用科技服务的技术科学，如机械学、冶金学、金属工艺学、水利学、造船学、建筑学、医疗学等。西方技术科学介入实用科技的变革效应，是18世纪蒸汽机的工业革命。

数学、力学、化学、医学等自然科学在提升实用科技水平中形成的巨大效益，使知识阶层中一部分人专注于技术科学知识的研究。同时，自然科学领域中尚有许多未知领域。在这些领域中，任何知识成果的突破，都会对人类社会发展产生重大影响，致使一部分知识阶层坚守基础科学阵地。

基础科学与技术科学的知识分工性发展，形成了基础科学与技术科学比翼齐飞的局面，带来了现代人类社会300年间的两次重大变革，即18世纪的蒸汽机工业革命和20世纪的现代计算机知识革命。

### ▶ 平台知识阶段

平台知识阶段对应于知识经济时代，以工具知识行为集成为起始标志。具有知识能力的工具是知识平台工具，或简称“知识平台”。半导体集成电路诞生以前，只有人类个体具有知识行为能力；半导体集成电路诞生之后，出现了具有归一化的、独立的知识行为能力的工具，即半导体集成电路。半导体集成电路中既集成了电路知识成果，又具有电路的一维知识行为能力。半导体微处理器则具有人类的多维知识行为能力，成为归一化的智力内核。因此，半导体集成电路、微处理器基础上的通用计算机与嵌入式系统成为三种典型的知识平台工具。

知识平台具有物化形态，有独立的知识行为与使用价值，是一种典型的知识商品。知识平台中的知识，具有独立的知识行为能力。例如，内部嵌有半导体微处理器的电子计算器，有数值计算知识和数值计算的知识行为能力。

知识平台的出现，使人类知识从社会生产力的后台走向前台，人类从知识成果应用变革到客观工具的知识行为应用，形成了知识平台独立的生产力效应与平台知识在社会生产力中的独立地位。

## 2.7 知识发展的三个基本规律

---

知识的分离性发展规律

知识的集成性发展规律

知识的非线性发展规律

---

人类进化、社会发展都是在一个人、知识、工具的三元生态体系中进行的。在该三元生态体系中，知识是最活跃的因素，以知识为中心的动态演化，形成了分离性、集成性、非线性的人类知识发展规律。

### ▶ 知识的分离性发展规律

知识的分离性发展规律，是指在认识世界、改造世界的原始任务中，知识的主体、认识世界的知与识、改造世界的知与行，总是从原始的混沌状态中不断分离，最终出现彻底分离。

知识分离性发展的根本原因，是原始任务中的时空二元化基因，即原始任务中的主与客、认识世界中知与识、改造世界中的知与行。

原始任务中主与客的二元性基因表明，在认识世界与改造世界的原始任务中，人类主体与客观世界是两个独立因素。人类个体的差异性，会导致人类主体在认识世界与改造世界中产生角色分离。

认识世界的知与识二元性基因表明，感性知识与理性知识是可以分离的。人们有了感性知识就可以用其改造世界，而不必上升到理论知识。只有那些专门从事知识创新的人们，才需要将感性知识上升到理性知识，以探求知识的内在规律，发现新的知识领域。这样一来，便出现了知识研究与知识应用的分工性分离，即大部分人从事知识应用，少部分人专门从事知识创新。

改造世界的知与行二元性基因表明，人类个体的知识与知识行为可以分离。通常人们认为，人类个体的知识与知识行为是统一的，即知识多者则能力强，文盲者不可能读书、写字。然而，当人类工具发展进入知识行为集成的智能化工具阶段时，可以出现知识与知识行为的分离，即没有知识的人类个体，借助于工具，也可以出现相应的知识行为。例如，没有数值计算知识的人，借助于计算器，可以具有四则运算甚至函数计算这样的知识行为。

知识分离性发展的重要社会进步意义在于，它在最大限度地节约社会智力资源的同时，具有改造世界的最大产出。

### ▶ 知识的集成性发展规律

知识的集成性发展规律，是指随着人类知识的发展，人类个体知识成果总要通过工具不断地实现知识集成，转化成人类的公共知识。因为人类个体可以创造知识，却不能遗传知识，人类个体必须将知识成果转移到工具中，才能实现人类知识的传承与积累，才能将人类个体点滴的知识成果汇集成人类的知识海洋。

工具中的知识集成，包括原始工具、手工工具的泛性知识成果集成，18 世纪蒸汽机工业革命的归一化动力机械内核知识集成，以及 20 世纪现代计算机知识革命的微处理器智力内核的知识行为集成。

知识行为集成是人类工具发展的最高阶段。自动化工具的诞生，表达了人类对工具中知识行为集成的美好愿望。早期的自动化工具，如自鸣钟、自动钢琴、自动水车、风力自动磨坊等，都是泛性的一维知识行为集成。在半导体集成电路时代，所有的集成电路器件，都实现了晶体管电路归一化的一维知识行为集成。进入微处理器时代，人类工具普遍实现了归一化的多维知识行为集成。

有了工具的知识成果集成，在没有专家知识行为的帮助下，借助于工具，也可以产生专家级的知识行为。电子计算器是嵌入有微处理器的智能化工具；深蓝计算机"国际象棋大师"是通用计算机上运行的计算机软件工具,它们都集成有专家级、大师级的知识行为。

### ▶ 知识的非线性发展规律

知识的非线性发展规律,是指人类知识总量呈指数式增长的发展规律。知识的非线性发展,导致与知识相关的一切事物都呈现非线性变化态势。

在回顾人类历史发展进程时,会发现许多有趣的现象,如几百万年直立人类的进化史,几十万年现代人类的演化进程,而后几万年的原始社会、几千年的封建社会、几百年的资本经济社会、不到百年的知识经济浪潮。

环顾我们周围的世界:我们的祖辈秉承"忠厚传家久、诗书继世长"的传统,与先辈们具有相同的生活方式与思想行为;到了笔者这一辈,开始有了"代沟"的概念;如今,则出现80后、90后的代沟现象。我们父辈的照相机用了一辈子,可以传给儿子;我们的相机没用到一辈子便有了数码相机;如今,数码相机在手中还没有捂热,便要更新换代。

当客观事物的变革周期远大于人类个体生命周期时,人们感受不到知识发展的剧烈变化。只有进入现代社会,经历了两次产业革命洗礼,知识进入飞速发展阶段后,人们才感觉到知识发展的剧变。1965年,戈登·摩尔(Gordon Moore)博士对电子技术的未来发展速度提出了自己的见解,他当时预测:在未来10年内,集成电路芯片上的晶体管数量将每年以倍增的速度发展,人们称这一预测为"摩尔定律"。摩尔定律佐证了人类知识的非线性发展规律。

## 2.8 知识经济时代的知识发展特征

---

分离性发展导致的人类边缘化时代
集成性发展导致的人类傻瓜化时代
非线性发展导致的社会动荡时代

---

知识经济时代,是人类知识发展从量变到质变的异化时代。在知识经济时代,人们可以看到:知识的分离性发展,使人类社会进入边缘化时代;知识的集成性发展,使人类社会进入傻瓜化时代;知识的非线性发展,则使人类社会进入全面动荡的时代。

## ▶ 分离性发展导致的人类边缘化时代

知识分离性发展沿着主体分离，知、识分离，知、行分离的轨道前进，最终使劳动者在社会生产力中被边缘化。

在主体分离时代，少部分人从事认识世界的知识创新，大部分人从事创新知识的应用。从事创新知识应用的人被称为“社会生产力中的劳动者”。

由于知、识分离，从事创新知识应用的劳动者并不需要了解创新知识原理，只要掌握创新知识应用界面，便能完成创新知识的应用。例如，在产品计量中，使用杆秤、弹簧秤的劳动者不必了解杆秤的杠杆原理、弹簧秤的胡克定律。

知、行分离的发展，体现在知识行为与劳动者分离。原先必须由劳动者完成的知识行为转移到智能化工具中，导致智能化工具所到之处，劳动者在社会生产力中知识行为都会被边缘化。例如，通常商店的售货员要完成计量、计价、商品货币交割等知识行为；超市出现后，这些知识行为转移到智能化的电子秤、收银机中，超市收银员的工作被边缘化成肢体、眼球的机械动作。

知识领域、知识行为的边缘化，导致劳动者在社会生产力中被彻底地边缘化。

## ▶ 集成性发展导致的人类傻瓜化时代

知识集成性发展沿着工具泛性知识集成、归一化内核集成、知识行为集成方向发展，最终使人类社会进入傻瓜化的生活方式时代。

工具集成了人类知识成果，并将知识原理与应用界面分离。人们使用工具时，不必了解工具中的知识原理，只要掌握其应用界面即可，从而实现了知识的傻瓜化应用。半导体微处理器诞生后，微处理器智力内核的知识行为能力，可以代替人类的脑力劳动，使人类彻底进入傻瓜化生活方式时代。例如，在数值计算领域，计算工具诞生之前，人们只能采用手工计算，需要掌握数值计算原理与计算方法；算盘、手摇计算器等计算工具出现之后，人们进行数值计算时，只要掌握计算工具的使用方法即可；微处理器基础上的电子计算器诞生之后，只要按下相应的按键，电子计算器就能实现数值计算（知识行为）的全部过程。

工具知识集成实现了知识成果的傻瓜化应用；工具的知识行为集成彻底代替了人类的脑力劳动，使人类社会实现了彻底的傻瓜化生活方式。值得庆幸的是，在边缘化与傻瓜化进程中，人类个体借助于智能化工具，可以使自己改造世界的能力空前增长。

### ▶ 非线性发展导致的社会动荡时代

知识非线性发展已是一个不争的客观事实。在原始社会里，人们看到的是周而复始、永恒不变的生活方式；在封建社会里，人们可以看到朝代的变迁；在资本经济时代，人们看到了产业革命带来的城乡巨变，看到了工业化的革命浪潮；在知识经济时代，人们周围的事物时刻在变。摩尔定律揭示了知识相关领域的非线性发展规律。

任何事物非线性发展的最终结局只有两个，一是受到阻尼作用趋于稳定状态；二是继续发展，走向崩溃。例如，从太空中堕落到地球的物体，速度越来越快，进入大气层后会迅速焚毁。如果有降落伞给以减速，最后则能稳定地降落到地面。

在知识经济时代，超高速度的发展引起资源过度消耗；人类对大自然的改造早已超出地球所能承受的极限；以拉动消费为主要特征的现代市场经济助纣为虐。人类已进入一个疯狂发展的动荡时代。

# 第二篇 人类知识的基本概念

人类学家、考古学家在探索人类起源时，总是离不开与人类化石相伴的“工具”与“知识文明”。至今人们不清楚是知识与工具创造了人类，还是人类创造了知识与工具，有人便以“劳动创造世界”一言以蔽之。这表明人类是在一个人、知识、工具的三元共生环境中进化与发展的。

在知识起源探索中，从知识诞生、知识非遗传性状，探索到了人类知识可持续发展的外部条件，这便是大脑中记忆态知识的外部积累与传承方式，从而找到了伴随人类起源的两种最古老的知识，即大脑中的记忆态知识与工具中的集成态知识。语言文字诞生后，人类又有了记述态知识。记忆态知识、集成态知识、记述态知识是人类的三种基本知识形态。

世上没有无知识的工具。原始人在认识世界的基础上创造了工具，原始工具中集成了原始人的知识成果。其后，从工具的泛性知识集成到归一化内核知识集成，从知识集成到知识行为集成，人类在知识的基础上不断改进工具。

人类与知识伴生起源，使人类智力表现为知识基础上的行为能力。所有动物的智力，都是条件反射基础上的生物性反应。唯独人类的智力，是知识基础上的意识行为。人类智力的知识行为本质，最终会导致知识行为与人类个体发生分离。因为工具中有集成态知识，所以可能在集成态知识基础上出现知识行为。智能化工具便是具有知识行为能力的广义化工具。

# 第三章　人类起源与进化的三元生态体系

## ——人类的三元共生进化环境

3.1　人类起源之困惑
3.2　直立人起源与现代人起源
3.3　直立人起源与人类智力演化
3.4　现代人起源的三元生态体系
3.5　三元生态体系中的人类发展轨道
3.6　三元生态体系中的知识主导

人类起源是与知识、工具伴生的变异性起源。人类起源、演化、发展是在人、知识、工具三元生态体系中实现的。

根据人类几百万年的漫长演化历史与近几万年的爆发式发展进程，人类学家与考古学家将人类起源界定为两个阶段，即几百万年的直立人起源阶段与几万年的现代人起源阶段。

从知识学的观念出发，直立人起源以直立行走为标志，以知识萌芽为起点，从此直立人以认识世界、改造世界为己任，告别了大自然的生物演化规则，走上了一条人、知识、工具共生的抗争性进化发展道路。现代人起源则以人、知识、工具三元生态体系为起点，现代人借助于直立人时代奠定的知识、工具基础，开始了爆发式的发展进程。

人类在人、知识、工具三元生态体系的动态迁移中不断演化、发展。在三元生态体系中，以人类为主体，以知识为主导，以工具为基础。人类创造知识与工具，在使用工具中体现出知识的行为力量。由于人类个体没有知识的遗传性状，导致在三元生态体系动态迁移中，人类主体对外部产生绝对依赖性。人类知识的外部积累与传承、工具的发展变迁，成为人类发展的永恒主题。

## 3.1 人类起源之困惑

裸体式起源与伴生式起源
显性遗传与隐性遗传
渐进式演化与爆发式演化
人类进化中的适应性退化

人类起源是一个不能回避的问题。几乎所有宗教、所有民族都有关于人类起源的描述。

1859年,英国生物学家查理·罗伯特·达尔文在其著名的《物种起源》一书中,提出了"进化论"的观点。1871年,达尔文又出版了《人类起源》一书,宣称人是由古猿进化而来的,开启了人类起源的科学探索之路。科学工作者从此开始排除宗教因素,从物种演化的角度探索人类起源。

### ▶ 裸体式起源与伴生式起源

所有生物体的进化,都是个体在大自然环境中的适应性进化。生物个体不断改变自身的器官、结构、生存方式,以适应不断改变的外部环境。棕熊向北极熊演化,形成了与冰天雪地相适应的雪白皮毛与冰下觅食的生存方式;候鸟群为了适应食物源变更的规律,拥有了追逐季节变化的迁移求生本领;海洋鱼类都具有在水中游弋的魔鬼体形。所有这些物种起源都是个体的生物性起源,即生物体在天然环境下的适应性起源,亦即裸体式起源。

人类起源是一种与大自然抗争的伴生式起源,这是人类起源与其他生物起源的根本差异。原始人类不以长途迁移方式来适应季节变化,不用自身的皮毛来抵御寒冷,他们依靠知识与工具的力量对抗大自然,与其伴生起源的是知识与工具。人们认为,大猩猩与人类具有同一祖先,是类人猿演化的两个分支。顺应大自然的类人猿,适应性地演化成森林中的大猩猩;依靠知识、工具的力量改造自然环境的类人猿便演化成原始人类。因此,在探索人类起源时,不可避免地会涉及人类的知识起源与工具起源。

### ▶ 显性遗传与隐性遗传

在顺应大自然的生物性进化中,所有的进化元素都会形成遗传因子保留给下一代。由棕熊演化的北极熊，世代都具有雪白的厚重毛皮；由始祖鸟演化的候鸟，都具有天生的长途迁移本领与习性；海龟在岸上产卵，在海中生活，小海龟孵化后会立即奔向大海。这些都说明，生物个体在大自然适者生存的生物性进化过程中，所有的进化变异都会通过遗传方式保留给下一代，从而形成稳定的显性遗传性状。

人类最重要的演化是智力进化的变异。所有其他高等动物的智力进化都具有遗传性状，唯独人类的智力演化不能遗传给下一代，因为人类的智力本质是知识行为，即知识基础上的行为能力。人类的知识无法遗传给下一代，其知识行为能力也不具有遗传性状。

值得庆幸的是，人类在长期的知识发展演化过程中，形成了大脑结构的超常进化。脑容量的急剧增长、大脑皮层的进化使得人类个体能在人工生态体系中迅速开发智力，形成了人类智力发展的隐性遗传。

最能说明人类智力隐性遗传性状的事例，是婴儿与高等动物的智力比较。新生婴儿的智力水平低下，有科学研究报道，新生婴儿的智力水平不及某些高等动物。然而，在同样的人工生态环境中，婴儿的智力能迅猛增长，而其他高等动物的智力却停滞不前。同样，婴儿在不同的人工生态环境下，其智力发展也会有明显的差异。

### ▶ 渐进式演化与爆发式演化

所有生物个体在大自然中的顺应性进化，都经历了千百万年的缓慢演化历程。人们不知道从棕熊到北极熊的演化经历了多少年代，也不知道从始祖鸟到候鸟的进化经历了多少时间，只知道相对于人类诞生后的快速进化，其他动物的发展、进化似乎都处于停滞之中。人类显著的生物学进化标志是脑容量增加，直立人的脑容量从早期的 800 毫升左右，上升到晚期的 1200 毫升左右，现代智人的平均脑容量则为 1350 毫升。从直立人的知识、工具萌芽，到现代人类的人、知识、工具三元体系形成，花费了百万多年的时间；在近几万年间，人类的知识、工具则出现了爆发式的演化进程。

人类认识世界、改造世界能力的爆发式增长，依靠的是知识的力量。人类一方面创造知识，在知识基础上打造工具，在使用工具中呈现人类改造世界的物质力量；另一方面，人类在创造知识、打造工具、使用工具的过程中，促进了大脑的进化。人类以知识为中心，以认识世界、改造世界为目标，实现了爆发式的演化进程。

### ▶ 人类进化中的适应性退化

所有生物个体的进化都伴随有生理机能、生理结构的巨大变化，经过长期演化后，成为与个体不可分离的进化特征。人类个体除大脑进化外，其他的生理机能、生理结构都呈现某些退化状态。始祖猿有大猩猩似的皮毛，可以抵御寒冷；进化成原始人后，用兽皮御寒，导致其御寒能力退化；原始人用工具狩猎，导致其与野兽徒手格斗的能力退化；现代人类生活方式的变迁，导致其奔跑能力退化。幸运的是，人类生理机能、生理结构的退化，没有导致其生存状态恶化。借助于知识与工具，人类改天换地的能力空前强大，人类个体的能力也在不断增强。人类个体的免疫能力不断退化，平均寿命却不断提高；人类个体的视力水平不断下降，但可以通过各种视力矫正手段，保证眼睛的正常功能。人类的巨大能力表现在一个人、知识、工具的生态体系中。人类个体一旦脱离知识与工具，便会失去独立的生存能力。

## 3.2 直立人起源与现代人起源

---

人类起源的两阶段论
直立人的生物学起源
现代人的社会学起源

---

人类学家与考古学家认为，人类有两个起源阶段，即直立人起源阶段与现代人起源阶段。直立人以直立行走为基本特征，与直立人起源相伴的，是知识的萌芽、工具的诞生以及知识基础上的智力行为演化，随之而来的是漫长的人工生态环境建设。现代人以人、知识、工具的人工生态环境演化为基本特征，在人、知识、工具的人工生态环境中，实现人类的爆发式演化。

### ▶ 人类起源的两阶段论

从400多万年前最早的人类化石算起，人类演化经历了直立人起源和现代人起源两个明显不同的阶段。直立人起源于400多万年前的非洲，现代人则起源于几万年前的世界各地。直立人以直立行走为标志；从解剖学角度出发，现代人则与现代人类极其相似。这种两阶段的起源学说难免带有形而上学的色彩，人们并不去深究这种界定方法的科学性，毕竟远古人类考古学的资料十分有限。

几百万年的漫长人类起源，与几万年人类的爆发式演化形成鲜明对比，引发了人类起源探索之困惑。为什么起源于几百万年前的人类，长期处于半停滞状态，只是到了近几万年才开始爆发式的演化进程？这一现象表明人类起源经历了两个不同性质的历史阶段，即物种起源阶段与社会起源阶段，前者为生物学起源，后者为社会学起源。直立行走是人类生物学起源的标志，表示人类告别动物界，开始走上与大自然抗争的进化道路。现代人则有了成熟的三元生态体系进化环境。历史学家、社会学家、现代考古学家只研究与看重这几万年人类的社会发展史。

## ▶ 直立人的生物学起源

关于人类起源，有陆生说与水生说。陆生说认为，人类祖先是走出森林的类人猿；水生说认为，人类祖先是从海洋爬上海岸的鲸类。无论是走出森林还是爬上海岸，都为人类祖先直立行走创造了良好的条件。

从匍匐爬行到直立行走，直立人的生物学特征产生巨大变革。这种生物学特征的变革导致人类生物学演化的终止。这是因为始祖猿直立行走后，出现了知识的萌芽，加上上肢演化成手以后的工具探索，人类找到了一条抗争性的进化发展道路。直立人诞生的生物学标志是直立行走，生物学演化的结果是脑容量的变化。直立人的抗争性进化发展道路，是依靠知识、工具的伴生式进化发展道路。

## ▶ 现代人的社会学起源

现代人的社会学起源可以追溯到几万年前。考古学家在考古发掘中除了发现人类化石之外，更重要的是发现了人类的生活遗迹。石器、用火痕迹、动物骸骨与人类化石伴生，是现代人类考古的重要发现。这一发现表明，几万年前就已形成明显的人、知识、工具三元生态体系，使现代人类能在三元人工生态体系中开始爆发式的演化、发展进程。

在三元生态体系中，突出了知识在人类进化中的重要地位。知识对人类的进化作用，集中表现在人类大脑的进化，即大脑容量与大脑皮层的进化。对古人类头骨化石分析表明，人类大脑容量的进化，主要是主管抽象思维能力的大脑皮层的进化。当今人类的大脑皮层平均厚度为 2.5～3.0 mm，皮层表面积约有 2500 $cm^2$；而黑猩猩的大脑皮层面积大约只有 600 $cm^2$。大脑皮层的快速进化充分证明，人类是在以知识为中心的人工生态环境中发展、进化的。

# 3.3 直立人起源与人类智力演化

直立行走的重大意义
始祖猿的知识萌芽
知识基础上的行为能力

人们对于人类起源有种种推测，然而，几乎所有人都对将人类起源界定为"直立行走"没有异议。

直立行走突出了人类起源独特的生理学特征。从几百万年前至今，直立行走仍然是人类区别于其他动物的重要生理学特征。直立行走最重要的意义在于，它形成了人类独特的知识起源环境，并使人类走上了一条知识基础上独特的智力发展道路。

## ▶ 直立行走的重大意义

始祖猿直立行走在打破了人类与其他动物生理界限的同时，给人类知识与智力的发展带来革命性的变革。直立行走使人类具有了全方位的立体视野与上肢分工的"探索"行为。

### (1) 全方位的立体视野

类人猿在森林中匍匐行走，其大视野被森林阻挡，小视野离不开地面，感觉系统受到极大限制。

当始祖猿走出森林、直立行走时，其视野顿时开阔。全方位的立体视野，使始祖猿能感受到大河奔流、云雨升腾、星辰运转、月亮盈亏、日夜交替、四季交接、动物迁徙等景象，由此产生了前所未有的丰富感觉。感觉的日积月累，有可能产生思考的飞跃，突破动物性条件反射的智力发展局限性。

### (2) 上肢分工的"探索"行为

始祖猿直立行走后，其上肢从行走中彻底解放出来，成为"手"。手的出现有利于始祖猿感觉基础上的思考变异。这个变异便是感觉基础上的探索行为。这种探索行为不再是动物性的盲目试探，而是大脑思考下的探索。从"感觉到感觉"与从"感觉到探索"，是人类与其他高等动物进化的分水岭。始祖猿在丰富感觉的基础上，借助于"手"，跳出了从感觉到感觉的樊笼，达到了从感觉到探索、在探索中思考的境地。从感觉到思考的变异，既是人类诞生的最后一击，也意味着人类的知识萌芽。

## ▶ 始祖猿的知识萌芽

所有高等动物都有完善的感觉器官，能感知外部世界的各种刺激，形成众多的感觉信息。

通常，这些感觉信息的长期积累都会形成动物的条件反射，成为动物普遍的智力特点。条件反射行为会产生遗传效应，例如，一部分鸟类长年随着季节的变化，从北到南、从南到北追寻食物。这种条件反射逐渐强化成遗传特质，形成了候鸟迁移的本能反应。

与这些动物相反，始祖猿在直立行走与上肢解放的特定条件下，在不断积累的感觉信息基础上，出现了探索的欲望。例如，森林大火过后，所有动物都惊恐万分，四处逃生，只有被饥饿驱使的始祖猿勇敢地返回森林中寻找食物，在灰烬中找到了可以食用的动物遗骸。

多次森林大火后的体验，引发了始祖猿对火的思考。始祖猿从森林大火的条件反射本能中解放出来，在对火的思考基础上产生了对火认识的升华，形成了关于火的原始知识。

## ▶ 知识基础上的行为能力

直立人在感觉基础上出现了思考的变异，产生了知识的萌芽，其后，所有的行为都带有知识的印记。原始人在灰烬中寻找可以食用的动物遗骸，打造工具以猎杀动物、刮削兽皮，利用兽皮制衣御寒等，无不体现为知识基础上的行为能力。

直立人在知识基础上的行为能力，远远超越了其他动物依靠自身肢体求生的本领，从而进一步加强了对知识的依赖。对知识的不断追求，使人类形成不断思考的知识行为方式，智力出现变异，即产生从“感觉到感觉”的条件反射到从“感觉到思考”的知识行为的变异。

经过几百万年的演化，如今，人类的智力行为无不呈现出丰富的知识内涵。连保留下来的条件反射行为，也注入了知识的色彩。例如，对于飞来的石头，人会下意识地躲过，但随之而来的是，会判断石头来自何方，思考为什么朝自己飞来，并迅速作出判断，表示愤怒或原谅。

## 3.4 现代人起源的三元生态体系

现代人起源的生态环境
人、知识、工具的同源性
三元生态体系的基本特点

人类的两阶段起源论没有严密的科学论据，只是用来区隔几百万年人类发展史中，大部分时间的混沌时代和近几万年的急速演化时代。直立人起源与现代人起源不具有严格的时间标记。本书中，将直立人起源界定为人、知识、工具三元生态体系的起源与混沌时代，将现代人起源界定为人、知识、工具三元生态体系中的动态演化时代。

### ▶ 现代人起源的生态环境

人类生物学上的起源，是人类脱离动物界的漫长蜕变时期。最早的直立人可以追溯到在埃塞俄比亚东部阿法沙漠中发现的400多万年前东非早期人科动物化石，它们以直立行走为特征，是与黑猩猩分道扬镳后第一次出现的始祖人类。早期直立人已具备现代人类的生理特征，但没有明显的人工生态环境遗迹。后期直立人最重要的进化，是人工生态环境的进化。在我国的考古成果中，可以发现直立人时代不断发展与完善的三元生态体系。

在我国的人类考古中，有代表性的发现是元谋直立人、北京直立人和现代山顶洞人。它们代表了从直立人到现代人的进化，从中可以看到从直立人到现代人的生态环境的巨大变化。

元谋直立人是我国境内最早的人类，生活在距今约170万年，脑容量约750毫升，出土有动物群化石、石核和刮削器，人工痕迹清楚，有炭屑及被烧过的骨头，显示了当时人类用火的痕迹。北京直立人生活在距70～20万年，脑容量平均约为1000毫升，除出土有石器外，还有骨角器和厚厚的灰烬层，表明北京人已经会使用火和保存火种。山顶洞人是早期现代人类，生活在距今3～1.8万年，出土有石器、骨角器和穿孔饰物。山顶洞人掌握了刮挖、磨光、钻孔、染色等先进器具的制作技术，会用骨针和骨锥缝制衣服，围着兽皮做的裙子，懂得人工取火，掌握了制火技术，并且形成了最早期的母系氏族公社。

可以看出，脑容量的增加、对火的认识与使用，以及工具种类、制造技术的变革表明，在直立人后期，已形成完善的人、知识、工具体系，产生了群居社会形态的萌芽，使现代人得以在一个完善的人工生态体系中开始爆发式的演化进程。

## ▶ 人、知识、工具的同源性

人类非裸体起源，而是与知识、工具呈伴生状态起源，在人、知识、工具三位一体的进化环境中进化。人、知识、工具都具有同样古老且独立的历史发展进程。

### (1) 人类非裸体起源

在讨论人类起源时，不可避免地会涉及人与动物的分水岭。无论是直立行走、上肢异化，还是使用工具，都表明人类背离了达尔文物种起源的自然竞争轨道，走上了认识世界、改造世界的独立发展道路。在人类考古学研究中，寻找古代人类化石的同时，都会努力寻找与人类化石相伴随的石器、动物骸骨和用火的痕迹。这表明人类起源与其他物种起源有明显的不同之处。所有其他物种起源都是自身结构、形态在自然环境中适应性量变、质变的演化进程，唯有人类是在工具、知识环境中，三位一体地进化与演变。

### (2) 人、知识、工具都有独立的发展史

在认识世界、改造世界的原始任务中，人、知识、工具呈现相互依存状态，三者同时起源、相互促进，但又都有自己独立的发展史。始祖猿、直立人、现代人，成为人类发展史的主轴；知识起源、原始知识、原理知识、基础/技术知识、平台知识，构成人类知识发展史；工具起源、原始工具、手工工具、机械化工具、智能化工具，构成人类完整的工具发展史。人、知识、工具都具有同样古老而漫长的独立发展史。

### (3) “鸡与蛋”的悖论

人们经常谈论“人类起源”，却很少提及“知识起源”与“工具起源”。“劳动创造世界”给人类起源赋予了辩证唯物主义的哲学观念，将人、知识、工具融合在“劳动”之中。劳动创造了人类，也创造了知识与工具。本书在研究人、知识、工具的起源时，抛弃非此即彼的形而上学观念，将它们视为伴生式起源的事物，以避免陷入“鸡与蛋”的悖论之中。按照辩证唯物论的观点，在事物萌芽时期，有一个非此、非彼的混沌阶段。在人类起源的混沌之初，很难辨清是人类创造了知识和工具，还是知识、工具创造了人类。在以后讨论知识起源、工具起源时，都会涉及这样一个人类起源的混沌时期。

## ▶ 三元生态体系的基本特点

在人类认识世界、改造世界的历史进程中，充分体现了三元生态体系的三个基本特点，即人类的主体性、知识的主导性、工具的基础性。

**(1) 人类的主体性**

在三元生态体系中，人类的主体性体现在创造知识、打造工具与使用工具中。人类不能盲目地对抗大自然，必须从认识客观规律开始，在不违反客观规律的前提下改造世界。人类也无法仅利用自己的肢体力量来改造世界，必须借助于工具。认识世界与改造世界是人类诞生后的原始任务。因此，人类必须在认识客观世界中创造知识，在知识基础上打造工具，在使用工具中改造客观世界。

人类的主体性并不意味着人类个体在三元生态体系中占有强势地位。相反，由于人类个体不具有知识的遗传性状，在人类历史的长河中，充满了人类个体对知识、工具的依赖。

**(2) 知识的主导性**

在三元生态体系中，知识的主导性体现在人类认识世界与改造世界的全过程中。认识世界，就是要揭示客观事物的内在规律，这就是知识。人类在知识的基础上打造工具，将知识成果集成到工具中。人类使用工具改造客观世界时，要有起码的知识水平。感性知识(知)与理性知识(识)的分离，使知识在认识世界与改造世界的过程中，承担着不同的作用。为了创造新的知识、打造新型工具，人们有必要将感性知识上升到理性知识，深刻理解客观事物的本质规律；而在使用工具时，并不需要深刻理解工具中的知识成果，只要掌握工具的应用规则即可。

知识的主导性表明，在三元生态体系中，知识是最积极、最活跃的因素，它不断地在人与工具间动态迁移。

**(3) 工具的基础性**

在三元生态体系中，工具的基础性表现为工具既承担着人类知识成果的传承与积累任务，又表现为人类改造世界的物质力量，而且还是知识创新与创新知识应用分离的中介因素。人类个体创造出的知识成果无法遗传给下一代，只有转移到工具中，才能实现人类知识成果的传承与积累。知识成果只有转化成工具，才有可能形成改造世界的物质力量。将创新知识转化成工具，在工具基础上不必了解创新知识原理，就能实现创新知识应用，形成知、行分离的中间介质，形成先进的知识扇出性应用模式。知识扇出性应用模式可以最大化地节约社会智力资源，实现知识成果的最大化应用。

## 3.5 三元生态体系中的人类发展轨道

人类主体的外部依赖性
知识的外部积累与传承
人类工具的永恒主题

人、知识、工具三元生态体系是一个相互补充、相互依赖、相互促进的奇妙体系。在这个体系中，人类虽然是主体因素，却对工具无限依赖；人类创造知识，但必须依靠外部工具环境实现知识的传承与积累。

### ▶ 人类主体的外部依赖性

人类个体虽然是三元生态体系的主体因素，却是三元生态体系中一个弱势因素。人类个体为弱势因素的根本原因，在于人类个体能创造知识，却不能遗传知识。人类创造了工具，工具可以永存，人类个体却会很快死亡。不论人类如何进化，都不能改变人类个体作为生命体的生死交替。因此，人类发展、进化充满了对知识、工具的依赖。考古学家在考古发掘中，看重的不是人类的遗骸，而是墓室结构、陪葬器物。即便是马王堆的女尸，考古学家的兴趣所在也是其陪葬品、防腐技术与随身饰物。

在远古时期，工具与知识处于原始状态，人类个体充分显示出在三元生态体系中的主体性。随着社会的发展，社会生产力从劳动生产力、资本生产力向知识生产力发展。当知识从后台走向前台后，人类个体的主体地位必将削弱，人类个体对知识、工具的依赖必将加大。

人类个体弱势因素的另一个表现，是人类个体智力对工具的依赖。在智能化工具无处不在的知识经济时代，人类个体的智力表现，在很大程度上依赖于智能化工具。

### ▶ 知识的外部积累与传承

由于知识没有遗传性状，人类个体创造出的知识只能转移到外部，依靠外部工具的积累与传承，才能形成庞大的人类知识。人类知识成果的外部积累，是人类知识增长的基础。新生婴儿既无知识，也无智力。婴幼儿的智力开发必须依靠人类的知识环境，即语言与工具的熏陶环境。人类个体的知识创新必须在人类原有的知识基础上进行，以至于人类个体要花费 1/4 的生命周期，用来学习人类已有的知识成果。

人类个体知识在外部的存续状态有两种，一种是语言文字的记述态知识，另一种是工具的集成态知识。在人类几百万年的历史进程中，只有工具的集成态知识始终与人类相伴。只是距今不到万年的时间，才开始出现记述态知识。

原始的记述态知识是以语言为媒介，口口相传。有了记述媒介（甲骨、竹简、羊皮、纸张等）与记叙工具（笔、墨等书写工具与印刷工具等）后，文字记述态知识才成为人类最直观的知识形态。现代计算机知识革命，将人类所有文字记叙的知识转化成归一化的数字化文件，存储在各种类型的存储工具（如半导体存储器、光盘、磁盘等）中，虽然不能直接观察到，但却是一种新型的记述态知识。

### ▶ 人类工具的永恒主题

仔细分析三元生态体系中的三个元素，就会发现，工具是人类发展进化中永恒的主题。这是由它的遍历性、基础性、不可分离性、不断增长性等特点所决定的。

**(1) 超常的遍历性**

超常的遍历性是指，工具与人类同时起源，并伴随人类始终。在工具与人类起源的关系上，工具是人类、知识得以持续发展的唯一因素。由于工具的遍历性，当人类消亡后，外星人在地球的探访中，还可以从人类遗存的工具中，探寻到地球人类的文明。从这一点可以看出工具超常的遍历性。

**(2) 进化的基础性**

进化的基础性是指，在人类发展进化中，工具是一个不可缺少的基本因素。工具是人类可持续进化的重要保证，又是社会生产力中改造世界的基本物质力量。

远古时期的三元生态体系中，没有语言、文字的记述态知识。人类完全依靠工具集成方式，将人类个体知识转化成人类的公共知识，保证了人类进化、发展得以持续进行。后来出现了语言、文字，语言长于知识交流与信息交互，但不能可靠地积累与传承人类知识。文字出现后，知识有了可靠的记述符号。然而，文字记述的知识传承方式还必须依靠工具（如书写的纸张、笔墨，书籍的活字印刷术与印刷机）来保证。高级阶段数字化文件的知识记述方式，依靠的是现代计算机与各种存储工具。

**(3) 知识的不可分离性**

人类工具的最重要特点，是它的知识集成。从古至今，世上没有无知识的工具。工具中的知识状态与文字记叙的知识状态不同。文字记叙的知识，是以约定的符号方式记录在介质上；工具中集成的成果知识，赋予工具特定的形态与结构，形成了知识与工具物化结构的不可分离状态。

**(4) 知识的不断增长性**

人类个体创造知识，把知识成果转化成工具，形成工具中的集成知识。人类不断创造新的知识，用以改进工具，使知识成果在工具中不断增长。人类工具的进化、发展，就是知识成果不断集成产生的积累效应。

## 3.6 三元生态体系中的知识主导

---

活跃的知识元素
知识的独立人格
人类个体的知识起终点

---

在三元生态体系中，人、工具是实体，知识是虚体。知识不能独立存在，却是最基本、最活跃的元素，有点石成金的能力。人类大脑具有无限智慧，这是因为大脑里有知识；工具具有神奇的力量，这是因为工具集成了众多的人类知识成果。在三元生态体系的动态迁移中，知识成为主导力量。

### ▶ 活跃的知识元素

知识是三元生态体系动态迁移中最活跃的元素。无论是在人类个体生命周期里，还是在人类社会演化进程中，人类所有的进化发展都以知识为主线。人类在认识世界中创造知识，在知识基础上打造工具，并使用工具来改造世界。在原始工具、手工工具、机械化工具、智能化工具中的知识集成与知识行为集成的变革中，人们可以清楚地看出“知识”积极进取的力量与一往无前的精神。

在三元生态体系中，人、知识、工具的动态迁移，主要是知识元素在人与工具中的迁移。在高级阶段的知识经济时代，这种迁移从知识延伸到知识行为，从而形成知识经济时代的智力革命。

## ▶ 知识的独立人格

知识虽然是虚体，没有独立的形态，却有独立的人格。知识的独立人格表现为独立的内涵、独立的发展规律、明确的发展目标和一往无前的奋斗精神。

任何知识成果的独立内涵，都依附在其他介质中，成为这些介质的灵魂。知识存在于大脑中，使人类智力变革成知识行为能力。知识集成在工具中，决定了工具的结构、形态与功能，工具中若没有知识成果便不成为人类工具。知识以文字方式记述在书籍中，是书籍的全部价值所在。

知识有独立的发展规律。知识的分离性、集成性、非线性发展规律不以人们的意志为转移，严格地体现在三元生态体系的动态迁移中。

知识有明确的发展目标，即认识世界与改造世界。从原始时代到知识经济时代，这一目标从未动摇与改变。人类在认识世界中创造最新知识，与此同时，人类利用最新知识来改造世界。

知识一往无前的顽强奋斗精神，表现为人类认识世界、改造世界永无止境。原本认识世界、改造世界是为了满足人类生存的需求，但在人类满足生存需求后，知识又服务于人类欲望的需求。在知识经济时代，知识成为拉动欲望需求、疯狂需求的核心力量。当人们发现知识超高速发展，成为社会的不稳定因素时，人类知识还在一往无前地疯狂发展。

## ▶ 人类个体的知识起终点

人类个体在一个生命周期的正常生活状态中，也以知识为起点，以知识为终点。人类个体的知识起点，是智力开发与知识学习；人类个体的知识终点，是知识成果的外部转移。人类个体在知识环境中开发智力，有了智力后还要通过相当长的学习阶段，打下知识基础，其后，在既往知识的起点上创造知识。并不是所有人都从事知识创造。创造了知识的人，如果不在有生之年将其创造的知识转移到外部，这些知识便会随着其生命的终止而湮灭。将创造的知识转移到外部，是人类个体在人类进化中的权利与义务。

与人类个体知识起终点相比，人类诞生是人类知识的起点，人类知识的终点也许会超越人类。始祖猿因为出现感觉基础上思考的知识萌芽，才诞生出人类。也许知识会超越人类的终点，当自然人类消失后，超智慧的人工智能、生命机器人还会延续“人类”的知识创新。

# 第四章　知识起源与人类三种知识形态
## ——三种知识形态的动态变迁

4.1　人类知识的起源环境
4.2　知识起源于思考的变异
4.3　知识起源与人类知识传承
4.4　知识的三种形态与特性
4.5　三种知识形态的动态迁移
4.6　数字时代的人类知识变迁

知识伴随着人类起源。走出森林、直立行走的全方位视野、前肢解放后的手脚分工，使直立人形成良好的知识起源环境。知识起源于感觉基础上的思考变异。

所有高等动物都有丰富的感觉，只有一部分类人猿在丰富感觉的基础上产生思考的变异，出现知识萌芽，成为人类最早的祖先——始祖猿。所有其他动物都无法逾越思考的门槛，永远停留在激励—感觉—条件反射的生理行为之中。

人类个体创造知识，将知识转移到工具中，成为工具的集成态知识。人类个体大脑中的记忆态知识与工具中的集成态知识，是人类最古老且始终伴随人类的两种知识形态。语言、文字出现后，人类又有了记述态知识。迄今为止，人们只承认记忆态与记述态两种知识。笔者只好将集成态知识称为"人类的第三种知识"。

人类三种知识形态特性各异，形成了极强的互补性。三种知识形态间的蝶形动态迁移，形成了人类知识的爆发式增长态势。人类个体是三种知识形态间蝶形动态迁移的主体。人类个体出生后，在知识环境中开发智力，学习前人知识，实现知识创新；在生命终止之前，将创新知识转移到外部，成为人类共同的知识财富。

半导体集成电路诞生后，人类迎来了现代计算机的知识革命，记述态知识、集成态知识被归一化成数字符号状态的知识。半导体微处理器基础上的智力革命，实现了通用计算机与嵌入式系统的独立知识行为，知识行为不再为人类个体所专有。

# 4.1 人类知识的起源环境

直立行走的全景视野
前肢解放后的手脚分工
手与大脑的整合效应

直立行走是人、猿的分水岭。走出森林、直立行走的原始人类具有全方位的视野，有利于其产生从感觉到思考的飞跃；前肢解放后的手脚分工，产生了直立人独特的行为能力，并诞生了人类工具。

## ▶ 直立行走的全景视野

走出森林与直立行走，是人类学家公认的直立人起源的两个重要特征。走出森林与直立行走使始祖猿视觉环境发生剧变。走出森林后没有树林的遮挡，始祖猿的视觉距离大大地延伸了；直立行走的始祖猿，即使在不移动的状况下，也能形成俯仰 180°、旋转 360°的全方位视角。

全方位的视角与视觉的无限距离，使始祖猿具有多于生存需求的视觉能力，即“看天”的能力。走出森林的直立人，可以看到天体运行、日月交替、江河奔流、潮汐起落的完整景象。急剧增长的视力感觉，有力地推动着始祖猿从感觉到思考的变异。与此同时，所有其他高等动物则停留在有限视角的感觉阶段上。

## ▶ 前肢解放后的手脚分工

始祖猿直立行走状态下的另一个知识起源环境，是前肢解放后的进化变异。前肢转化成上肢后，始祖猿的奔跑能力显著退化，从而迫使其用上肢来解决由于奔跑能力退化而产生的生存危机。前肢解放，使始祖猿以最小的代价获得了最大的效益。这个效益就是手腕、手掌、手指的精细化活动能力。这种活动能力为直立人使用工具、打造工具奠定了坚实的生理学基础，也为原始人类进行知识探索提供了方便条件。

始祖猿直立行走后，上肢承担了巨大的满足生存需求的责任。在这样的抗争性生存需求中，直立人逐渐拥有独特的捉拿、捡拾行为能力与行为方式。

### ▶ 手与大脑的整合效应

始祖猿肢体分工后,看似弱小的上肢逐渐拥有前所未有的精细化活动能力。这些精细化活动,不仅促进始祖猿产生了感觉基础上的思考萌芽,也大大推动了其思考进程中的实践活动,这就是手与大脑的整合效应。这种整合效应促进了始祖猿在感觉基础上思考、实践,再感觉、再思考、再实践的知识起源与发展进程。这种整合效应的显著生理效果是,原始人类大脑皮层得以发育且脑容量增加。

原始人类依靠全方位视野获得的丰富自然信息,以及手与大脑的整合,开始了人类独特的进化历程。在这个独特的进化历程中,人类生物学上的视觉能力与手的肢体力量并没有显著增长。相反,到了现代人时代,人类的视觉能力与肢体力量还有一定程度的退化。这是因为人类不是依靠自身的力量,而是依靠大脑的进化与手的精细化行为能力创造了知识与工具,并在人、知识、工具的人工生态环境中演化、发展。

## 4.2 知识起源于思考的变异

---

知识起源的分水岭

完美的知识发展结构

从板凳效应到阶梯效应

---

所有动物都有感觉器官。感觉器官接受外部激励,形成丰富的感觉信息。感觉信息的不断增长,将所有高等动物推向感觉变异的三岔路口。始祖猿在丰富的感觉信息上产生了思考变异,而所有其他高等动物都未能跨越从感觉到思考变异的门槛。

### ▶ 知识起源的分水岭

图 4.1 中描述了在感觉的三岔路口上,始祖猿如何产生从感觉到思考的变异,并萌生知识;而其他动物则无法翻越感觉变异的大山,永远停留在感觉的境地。

感觉是思考的基础,从感觉到思考的飞跃则需要感觉的不断积累与变化。始祖猿在直立的感觉环境下,感觉到的信息的数量与质量远远超过其他动物,加

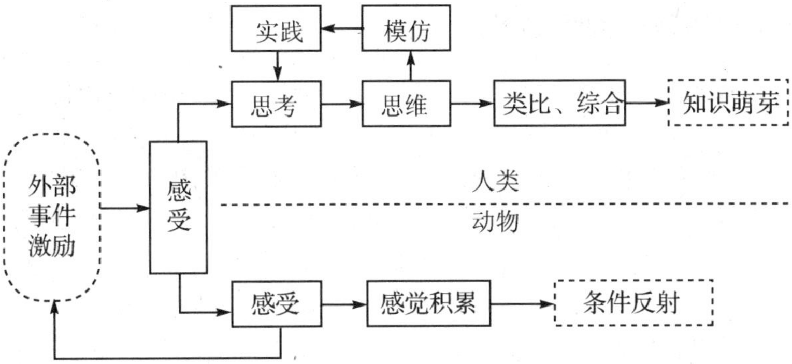


图 4.1　人类的知识起源

上上肢在感觉基础上的探索，便产生了从感觉到思考的飞跃。在手脑并用下，始祖猿形成了思考、思维、模仿、实践、再思考的认知循环，最后，通过类比与综合，产生知识的萌芽。

与此同时，其他高等动物囿于有限视野下有限的感觉信息，无法产生从感觉到思考的飞跃，永远停留在对外界事件激励的感觉、感受循环中。在感觉的不断积累下，形成对激励事件的条件反射。

从“感觉”到“思考”，始祖猿产生了从野性到理性的飞跃。在“感觉”基础上出现了“思考”行为，促进了大脑皮层的发育。人类知识起源的物质基础是大脑皮层。大脑皮层具有抽象思维的能力，是意识活动的物质基础。

### ▶ 完美的知识发展结构

走出森林、直立行走的知识发展环境，决定始祖猿在感觉的三岔路口上产生思考变异。直立行走的全方位视野和由上肢精细化、多功能化进化的手，形成了人类知识发展的完美结构。这种完美的知识发展结构，奠定了人类认识世界与改造世界的客观环境。大脑在丰富感觉基础上的思考，加速了人类对客观世界的认识；人类在改造世界的进程中，除了用上肢进化而成的手进行灵巧的探索外，还走上了创造工具、依赖工具的发展进程。对工具的依赖又增强了人类认识世界的知识发展能力。

始祖猿产生感觉基础上的思考变异后，其最直接的需求是改变恶劣的生存环境。有了知识，始祖猿不必顺应大自然的进化发展道路，由此产生了人类认识世界、改造世界的原始任务。

### ▶ 从板凳效应到阶梯效应

人类知识成果都是由人类个体创造的。人类个体没有知识遗传性状，由人类个体创造的知识会随着人类个体的死亡而湮灭，呈现出人类知识发展的板凳效应，无法实现人类知识的可持续发展，无法搭建起人类的知识大厦。

人类个体的知识成果不能遗传，必须依靠外部力量来积累与传承，将知识的板凳效应转化成阶梯效应，以实现人类知识的可持续发展。在现代社会，人们可以清晰地看到如何用语言、文字的记述态知识来传承人类的文明。在没有语言、文字的远古时代，人类唯一可依靠的是工具，工具唯一地承担起知识的积累与传承任务。

工具的知识阶梯效应，是一种隐性效应。人们看不到工具中隐含的知识成果，只能从工具的使用中确认其特有的物化形态。在不断强化与保留其特定的物化形态的基础上，继承与发展现有的工具，体现出阶梯效应。例如，原始人使用石刀时，体会到了刀刃有效的切割功能，因而会不断磨削刀具的刃口；在体会到将石刀用力砍下时的砍砸效果好，而且与速度相关后，便将石刀加重，并绑以长柄，形成了斧具。这就是工具中知识发展的阶梯效应。

## 4.3 知识起源与人类知识传承

知识存储与大脑进化

知识的外部传承与积累

知识发展中的权利与义务

知识起源于人类个体的大脑。大脑的特殊结构，导致知识以信息激励与信息印痕的方式形成大脑皮层中的记忆态知识。大脑皮层细胞在信息激励效应下的生理性增殖具有遗传效应，导致人类进化的脑容量迅速加大；大脑皮层细胞的信息印痕为非生理性变化，无遗传性状。在知识的非遗传条件下，人类必须寻求外部的知识积累与传承方式，以实现人类知识的可持续发展。

### ▶ 知识存储与大脑进化

知识起源于感觉基础上的思考，思考是大脑的信息激励过程。这种信息激励通过大脑皮层神经的传导，以活体细胞的信息印痕方式，形成大脑的记忆态知识。

人类个体的记忆态知识，是大脑皮层物质基础上的信息存储。大脑皮层细胞在信息激励下，活性增强，数量增多。因此，记忆态知识基础上的进化都伴随有细胞物质与细胞信息两个部分，大脑皮层中任何细小的物质进化，都会以遗传方式传递到下一代，形成知识进化的遗传效应。大脑皮层中信息的非物质性，无法形成遗传效应。人类唯一的生物性进化，是大脑皮层的遗传进化，导致大脑容量显著增大，却没有出现任何知识遗传性状。

人类个体虽然没有知识的遗传性状，其丰富的大脑皮层却能从外部环境中抓取各种知识与信息。人类个体出生时，大脑皮层呈信息空白状态，外部环境中的各种信息会迅速进入大脑皮层，并固定下来，这就是人类个体婴儿期的智力开发。

## ▶ 知识的外部传承与积累

在知识伴随人类诞生的同时，必须有相应的知识外部传承、积累条件。知识的形成以及外部传承、积累，是人类发展、进化的根本保证，缺一不可。值得庆幸的是，人类在与大自然的抗争性进化中，寻找到了外部知识传承、积累的理想方式，这就是人类工具的知识集成。

人类的抗争性进化道路，是认识世界、改造世界的道路。人类在认识世界中产生知识，将知识转化成工具，利用工具中知识的力量改造世界。知识成果集成到工具中，形成知识的外部传承、积累条件；具有集成态知识的工具是改造世界的重要物质力量。

工具中稳定、可靠、准确的集成态知识，与大脑中的记忆态知识成为人类最古老的两种知识形态，保证了知识的可持续发展与人类的可持续进化。然而，集成态知识的隐蔽性，阻碍了知识成果的交互与传播。语言文字诞生后，有了直观的记述态知识，可以积累与传承人类的知识成果，人类从此走上了一条快速发展的康庄大道。

## ▶ 知识发展中的权利与义务

人类知识无遗传性状与大脑皮层的信息存储特征，决定了人类知识可持续发展的模式是：人类个体出生后，从外部知识环境中汲取知识营养，并在人类原有知识基础上创造新的知识；在有生之年，将大脑中的记忆态知识转移到外部，形成物化形态的知识保存下来。这就是人类知识可持续发展的外部积累与传承方式。

知识起源伴随人类起源，知识可持续发展保证了人类不断进化、发展的历史进程，由此形成人类个体在人类知识传承与积累中的义务与权利，即人类个体有义务在有生之年，将大脑中的知识成果转移到外部，成为人类的公共知识；每个人类个体出生后，都有权利从外部环境中汲取人类知识成果。“狼孩”被狼叼去后，被剥夺了汲取人类知识成果的权利，从而永远被排除在人类生活之外。

## 4.4 知识的三种形态与特性

记忆态知识特性
集成态知识特性
记述态知识特性
知识形态的最佳组合

人类个体大脑中的记忆态知识、语言文字的记述态知识以及工具中的集成态知识，是人类知识的三种基本形态。三种知识形态各具特色，形成极强的互补效应。然而直到今天，人们普遍认为人类只有记忆态与记述态两种知识形态。承认工具中含有集成态知识，是知识学原理中的一个基本观念。

### ▶ 记忆态知识特性

大脑中的记忆态知识，是人类知识的源头。记忆态知识的基本特性，是它的源头性、个体性、非遗传性与板凳效应。

**(1) 源头性**

源头性表明记忆态知识是人类知识的源头。人类的所有知识都来源于人类个体，来源于人类个体在认识世界、改造世界中实践、认识，再实践、再认识的思考，从而形成对客观事物规律的了解，并寄存在大脑中，形成大脑的记忆态知识。记述态知识是记忆态知识的外部记述，集成态知识是记忆态知识的工具集成。

**(2) 个体性**

人类创新知识的源头是人类个体，由此形成记忆态知识的个体特性。人类个体知识发展的主客观环境不同，会产生感觉、实践、认识上的差异，这种个体性特点常常带来个体知识的局限性与主观性。“盲人摸象”的经典童话，充分反映了人类个体知识的这种主观性与局限性。对于一个具体事物，每个“盲人”的认识都会带有局限性与片面性，综合起来，便是一个完整、正确的知识。每个人类个体将自己创造的知识转移到外部，通过相互补充与借鉴，便会形成完善的人类总体知识。

**(3) 非遗传性**

知识的特殊激励-响应过程，集中地反映在大脑皮层中，形成大脑皮层的特殊印记。这种印记只能促进大脑皮层的发育，不能产生遗传效应。因此，非遗传性是大脑记忆态知识的最重要特征。人类在以知识发展为主线的几百万年进化历程中，唯一进化的是大脑皮层发育导致脑容量的迅速增长。

人类个体知识的非遗传性，以及人类认识世界、改造世界的抗争性进化方式，形成了人类知识的外部积累与传承环境。在漫长的历史发展进程中，人类不断完善并强化这种外部积累与传承环境。

**(4) 板凳效应**

记忆态知识的个体性、非遗传性，必然导致人类知识发展的板凳效应，即在同一知识领域中，有 $N$ 个知识探索者，他们的知识成果有大致相同的质量与内涵，从而形成 $N$ 个知识板凳。如果其中一人将知识成果转移到外部，与他人共享，便能产生人类知识发展的阶梯效应。

板凳效应是人类智力劳动重复与浪费的根源。如何抑制板凳效应，增强阶梯效应，是研究人类知识发展的重要课题。方便的外部转移、完善的知识共享机制，都是增强阶梯效应的有效措施。

## ▶ 集成态知识特性

集成态知识是工具中的隐性知识。集成态知识具有物化性、成果性、传承性、群体性、单一性等特点。

**(1) 物化性**

工具中的集成态知识，是物化形态的知识，它表现为工具特定的形态、结构、成分等物理状态，因此是一种隐性的知识形态。原始人在感性知识基础上打造石器，出现了与原始人类相伴的集成态知识。

集成态知识的物化性特点，形成了工具中永远不变的核心形态与结构。例如，所有刀具都具有特定的、不变的斜刃形态与结构，丧失斜刃的形态与结构后，便不成为刀具；杆秤的特定形态、结构是秤钩、秤杆与秤砣；陶瓷（工具）则具有特定的材质、胚胎、釉面材料与成分。因此，考古学家可以依据集成态知识永远不变的物化状态，从人类遗存的工具形态、结构中，寻找远古的人类文明。石器时代、陶器时代、青铜时代、铁器时代等人类文明的历史，是人类集成态知识的发展史。

**(2) 成果性**

工具中的集成态知识，是真实可靠的成果知识，是符合客观规律、经得起实践检验的最终知识成果。不可靠的知识成果，会直接导致工具物化的失败。原始人在创造石质刀具以前，也许经历了对许多原始砍砸器具的探索，最终在"斜刃省力"的感性知识成果基础上，物化成刀具的刃形结构；在"挥动状态下的石刀最具砍砸力"的感性知识成果基础上，物化成具有质量集中的头部与易挥动长柄的典型斧头结构。原始工具中的知识成果都是可靠的感性知识成果，正是有了这些可靠的感性知识成果，才可能提炼出近代力学中的斜面省力、惯性力的力学知识原理。

进入现代社会，有了系统的现代科技理论知识，人类便逐步走出感性知识成果物化的工具发展道路。在许多重大理性知识成果的基础上，创造出许多划时代的新型工具，开创了人类的工业文明与知识文明。

**(3) 传承性**

传承性表明工具中的集成态知识具有遗传性状。当今几乎所有的工具都不是原创工具。现代化刀具除了继承原始刀具斜面省力的力学原理知识之外，还陆续地补充了与冶金学、金属工艺学、合金配比等相关知识成果。集成态知识的传承性，简化了现代化刀具的制造过程，降低了对制造者的知识要求。现代化刀具制造者不必了解与掌握刀具中许多成熟的知识成果，还可以免费使用许多前人的知识成果。

**(4) 群体性**

集成态知识的群体性，体现为工具知识集成中，人类知识的时空积累性，即人类工具在不断的更新与改进中，集合了人类历史进程中的相关知识成果。从石刀到现代化刀具，集成了刀具发展进程中的许多相关知识成果；深蓝计算机"国际象棋大师"软件，则广泛地集成了众多大师级的国际象棋知识成果。

**(5) 单一性**

与大脑记忆态知识、语言文字记述态知识相比，工具中的集成态知识突出了单一性特点，即任何一个工具只集成有与该工具使用功能相关的知识成果。杆秤集成的是杠杆原理知识成果；弹簧秤集成的是胡克定律知识成果；手摇计算机集成的是累计与进位的数值计算知识成果。

## ▶ 记述态知识特性

与古老的记忆态、集成态知识不同，文字符号的记述态知识是随着语言、文字的诞生而发展起来的一种知识形态，具有编译性、广泛性、传承性等特点。

**(1) 编译性**

记述态知识是将知识内容以语言或文字符号方式记述在介质上，形成一种呈编译状态的知识形态。人们通过语言、文字符号的特定组合来表达知识的内涵。因此，要了解记忆态知识内容，或要将大脑中的知识转移成记述态知识，就必须懂得语言、文字符号的知识含义，并掌握记述态知识的编译规范。

**(2) 广泛性**

记述态知识具有最广泛的内容与形式。记述的内容除了成果知识外，还有大量的各种类型的信息知识，如历史信息、人文信息、状态信息等。随着人类科技的发展，知识记述的形式也呈现多样化趋势，如从早期甲骨文、竹简的刀刻记述，到后来纸张、笔墨的书写与印刷，再到如今数字化文件的记存、转化，以及文字、音视频多媒体的多种表达方式。

**(3) 传承性**

记述态知识的广泛性与记述性，成为现代人类社会知识外部传承与积累的一种重要方式，这是一种显性的外部传承方式。人类个体早期的智力开发以及对人类既往知识成果的汲取，主要依赖语言文字记述态知识的媒介作用。人类个体利用记述态知识的广泛性，不仅能了解他人的成果知识，还能了解许多信息知识。

## ▶ 知识形态的最佳组合

通过对三种知识形态的描述可以看出，三种知识形态形成了人类知识发展的最佳组合。人类个体唯一地承担着知识创新与创新知识应用的任务，虽然没有知识遗传性状，却能及时地依靠外部工具的知识集成方式传承人类知识成果。工具物化方式是最稳定、最可靠的外部知识传承方式，它的弱点是知识成果的单一性（局限于某一类成果知识）与形式的隐蔽性（无法直接窥视）。随后发展起来的语言文字传承方式，有效地弥补了工具传承方式的局限性与隐蔽性缺陷。

三种知识形态的组合与互补，以及三元生态体系中知识发展的动态变迁，不断将人类个体的点滴知识汇聚成人类知识的海洋。

# 4.5 三种知识形态的动态迁移

三种知识形态的蝶状迁移
以人类为主体的动态迁移

人类知识总量是由无数人类个体知识汇聚而成的。这种汇聚方式以人类个体的一个生命节律为单位，呈现出三种知识形态的蝶状迁移效应。人类个体是动态迁移的主体因素，人类个体知识与两种外部知识不断交互，呈现出良好的互补状态。

## ▶ 三种知识形态的蝶状迁移

在人类个体的单个生命周期中，每一个生命起点处都有完整的外部知识环境与人类个体零起点的记忆态知识。从生命周期的起点开始，人类个体不断从外部知识环境中汲取知识（集成态知识、记述态知识）营养；在生命周期结束之前，人类个体将自己创造的知识转移到外部，成为人类知识的增量。人类知识发展呈现出一个个生命节律中的蝶状动态迁移过程。

图 4.2 描述了人、知识、工具三元生态体系中，以个体生命周期为一个节律的三种知识形态的蝶状迁移过程。

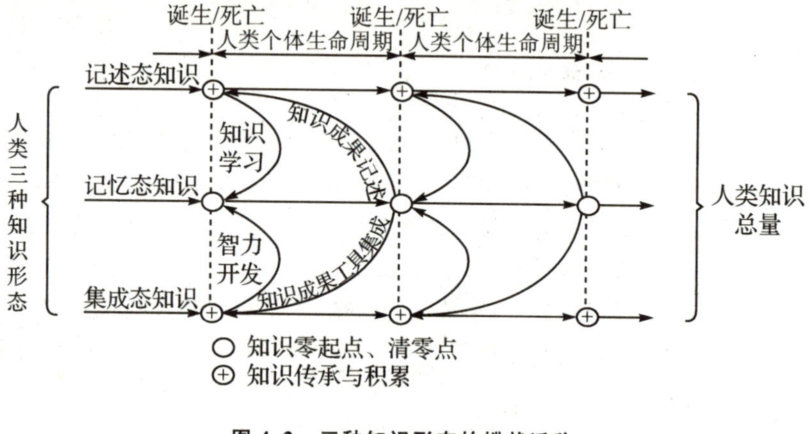


图 4.2　三种知识形态的蝶状迁移

## ▶ 以人类为主体的动态迁移

知识发展的动态迁移，是以人类个体为主体，与两个外部知识客体间的蝶状交互过程。人类个体在知识环境中开发智力，学习前人知识成果，掌握工具使用方法；在知识环境中从事知识创新；在生命结束之前，将记忆态的创新知识转移到外部成为记述态知识，或转化成工具的集成态知识，反哺于人类社会。

**(1) 人类早期的智力开发**

人类个体是知识发展的源头。人类个体赤条条地来到世间，与所有高等动物处于同一起跑线上，没有任何知识创新与知识行为能力。人类个体唯一的优势，是其大脑早期对知识的吸收能力。人类大脑早期对知识的吸收，奠定了人类个体未来的智力基础。

人类大脑与其他高等动物大脑的本质差异，是其异常发达的大脑皮层。这一遗传特质决定了人类个体在以知识为中心的人工生态环境中，能迅速开发出具有知识行为本质的人类智力。人类个体自出生开始，便在集成态、记述态知识环境下开发智力，学习知识，掌握工具，形成了如图 4.2 所示的人类个体生命节律中的第一波蝶状动态迁移。第一波蝶状动态迁移的深度与广度，决定了人类个体知识及智力的发展潜力。

**(2) 人类主体的知识创新**

经历了几百万年的进化历程，人类积累了丰富的知识。如今，人类个体总是在人类知识海洋中创造新的知识。要在前人知识成果基础上实现知识创新，必须充分学习与掌握人类原有的知识成果。人类个体几乎要用去 1/3 的生命周期为知识创新作准备，其后开始知识创新的历程。人类个体从事知识创新除了要具有良好的智力基础与知识基础外，还要有一个良好的知识环境，即良好的团队环境（记忆态知识环境）、良好的工具环境（集成态知识环境）与丰富的资料环境（记述态知识环境）。智力开发、知识学习是知识创新的基础，良好的知识环境则是知识创新的必要条件。在知识创新阶段，虽然没有集中的智力开发与知识学习，但还会出现三种知识形态的不断交互状态。

**(3) 从个体知识到人类知识**

个体知识是人类个体寄存在大脑中的记忆态知识。要将其变成人类共同的知识财富，必须将大脑中的创新知识成果转移到外部，形成记述态或集成态知识，因为当某一人类个体生命终止时，其大脑中的创新知识成果便会立即消失。

人类个体在社会公共知识财富基础上创造出知识成果，随后又将知识成果转变成人类的公共知识，这是人类个体的正常反哺行为。人类个体有义务在知识创新阶段，实时地将知识成果转移到外部，形成人类共同的知识财富。

一个理想的人生知识发展历程是，前期的智力开发与知识学习、中期的知识创新、后期的创新知识向人类公共知识转化。

## 4.6 数字时代的人类知识变迁

数字化文件的记述态知识
数字集成电路的集成态知识
微处理器的数字化知识行为

半导体集成电路诞生后，人类迎来了现代计算机的知识革命。现代计算机的数字化技术，将记述态知识、集成态知识归一化成数字化知识。数字化知识是一种0、1状态的隐性知识形态。在半导体集成电路基础上，人类还实现了数字化的知识行为。

### ▶ 数字化文件的记述态知识

记述态知识是一种文字记述的知识形态。利用计算机软件，将文字字符转化成0、1状态的点阵图形，便可以将文字符号转化成数字代码。如今，利用形形色色的语音、文字处理软件，可以通过文字录入方式、语音识别方式、文字识别方式，将人类所有语言、文字的记述态知识转化成数字化文件，成为数字化的记述态知识。

所有数字化文件都表现为0、1状态的量子化符号。因此，记述态知识的数字化文件，可以方便地在具有0、1状态的不同介质间传递，如在计算机中的半导体存储器、硬盘的磁存储器，以及外部的U盘存储器、光盘存储器等介质间传递。

具有归一化0、1状态的数字化文件，可以利用电缆、光缆、电力线的二元化状态信号实现有线传输，也可以利用无线电二元化的载波信号实现远距离无线传输。记述态知识转化成数字化文件后，可以借助互联网实现全球范围内的共享。

与纸介质的记述态知识相比，数字化文件形态的记述态知识具有容量大、不会磨损、易传播等特点。一个移动硬盘可以存放一个小型图书馆的藏书。纸介质的记述态知识会因纸张的破损而丢失，而数字化文件不会在存放、复制、传输中“磨损”。无“磨损”状态的传送与转移，可实现数字化知识的永存。40 多年前阿波罗登月时用胶片拍摄的模拟图片必须在冰库中保存，以防损坏。2007 年 6 月美国启动了“阿波罗照片档案”计划，将阿波罗探月任务中从轨道上和在月球表面拍摄到的所有照片都转化成数字化文件，使其在常温环境下永远保存。

## ▶ 数字集成电路的集成态知识

半导体集成电路诞生之前，一个电路的知识成果体现在一张电路图中，是显性的记述态知识。半导体集成电路诞生之后，通过集成电路设计与半导体工艺技术，电路的知识成果可直接转化成半导体集成电路，变成集成电路隐性的集成态知识。

电路图记述的电路知识，是一种用图形描述的知识形态。它被转化成数字集成电路后，不仅是一个 0、1 状态的数字电路，还具有一维的数字化知识行为，完成了从电路图到电路功能的转化。此前，这是一项电子工程师在熟悉电路知识原理的基础上，通过电路设计、制作而完成的知识应用任务。

在数字集成电路中，集成态知识用 0、1 二值化状态来描述。二值化状态有较宽的定义域，使集成态知识具有较高的本质可靠性。

## ▶ 微处理器的数字化知识行为

半导体微处理器实现了人类知识行为的数字化集成，是一个具有知识行为能力的数字化智力内核。微处理器的数字化知识行为，是计算机的软件行为。计算机软件，是指令系统基础上 0、1 状态的程序代码的集合体，按照指令系统的量子化步序运行，表现为数字化知识行为。计算机软件包括通用计算机上的独立软件与嵌入式系统中的嵌入式软件。

独立软件是一种可以独立存放的数字化文件，存放在特定的介质（如光盘）中。独立软件的知识行为必须在通用计算机上实现。

嵌入式系统中的嵌入式软件，是固化在嵌入式系统中的应用程序，用来实现嵌入对象的智能化。嵌入式软件的知识行为能力，最大限度地满足了嵌入对象的智能化控制要求。

无论是独立软件，还是嵌入式软件，都是在指令系统上编制的程序命令集合体，可以得到不断的修改与升级，其“智力”水平可以得到不断的完善与提高。

# 第五章　工具起源与人类工具发展史
## ——集成态知识的发展与变革

5.1　人类工具的基本概念
5.2　人类工具的伴生式起源
5.3　人类工具发展的四个阶段
5.4　人类工具变革与人类文明更迭
5.5　人类工具从泛性集成到内核集成
5.6　机械化工具内核集成的产业革命
5.7　智能化工具内核集成的智力革命

人类工具是由人工打造并具有特定形态的器物,是一种广义的工具概念。

人类工具起源于人类的知识萌芽以及人类认识世界、改造世界的原始任务。人类工具的基本特点,是它的知识集成,世界上没有无知识的工具。工具中的集成态知识包括属性知识、状态知识与内核知识。人类工具经历了原始工具、手工工具、机械化工具、智能化工具四个阶段。人类工具发展的主线,是从泛性知识集成到归一化内核集成,从知识集成到知识行为集成。

现代人类社会的两次知识革命,本质上是工具知识集成的革命。18 世纪蒸汽机以及随后内燃机、电动机的诞生,导致人类工具从泛性知识集成到归一化动力机械内核集成的产业革命;20 世纪 60 年代,半导体集成电路及半导体微处理器智力内核的诞生,将人类工具从知识集成变革到知识行为集成,引发了知识经济时代现代计算机的智力革命。

动力机械内核的诞生,形成了资本经济时代庞大的动力机械产业群、动力机械应用产业群与能源动力产业群;半导体微处理器智力内核的出现,催生了知识经济时代庞大的集成电路、计算机软件、现代计算机与智能化工具的知识产业群。

# 5.1 人类工具的基本概念

人类工具的定义
人类工具的特点
工具中的知识内涵

在知识学中，人类工具是一种广义的工具概念，它包括生产工具、科研设备与生活用具。半导体集成电路诞生后，集成电路器件、计算机、嵌入式系统、计算机应用软件等，也纳入到人类工具的范围。人类在知识的基础上打造工具，工具的本质特性是它的知识成果集成。

## ▶ 人类工具的定义

工具是由人类创造、被人类使用、用以完成特定任务并具有物化形态的用具。工具的出现与人类抗争性的进化环境有关。人类以改造大自然的气势，走上了与大自然抗争的发展道路。人类无法依靠自身的肢体力量与大自然抗争，在人类认识世界、改造世界的原始任务中，工具成为改造世界的物质力量。

在认识世界的漫长历程中，原始人类认识到，延伸肢体能力的唯一方法就是使用工具。原始人类在感性知识基础上，将天然石块进行定向改造，产生了原始人类的第一件石器工具。

人类的第一件工具是为生存斗争需要而打造的生产工具。打造工具的“定向改造”，依据的是人类头脑中形成的原始知识，即片状石块容易分解猎物、清理兽皮。于是，天然石块被打造出带有斜面的刀刃，成为典型的原始石刀。

## ▶ 人类工具的特点

人工打造、知识集成、物化形态是人类工具的三个基本特点。随着人类漫长的发展、进化，人类工具三个基本特点的内涵也在不断地变化，变化的主导力量是知识。随着人类知识的发展，在人、知识、工具的交互作用下，人类工具的三个基本特点也在不断地进化。进化的趋势是，从人工打造到机器打造，从知识集成到知识行为集成，从硬件物化到软件物化。

### (1) 从人工打造到机器打造

在原始工具、手工工具时代，人们主要依靠劳动者的大脑知识与肢体的力量打造工具;到了机械化工具时代,打造工具的知识与力量逐渐转移到工具中。例如,原始人用手工打造石刀,手工业者使用炉、火、砧、锤锻造工具,工业化时代的工人用冲床、模具冲制工具。随着时代的进化,人类不断研制出先进的工具制造技术、制造工艺与制造母机,依靠先进的工具母机来打造工具。打造工具的知识不断从人类个体向工具母机中转移。

**(2) 从知识集成到知识行为集成**

人类创造知识,在知识的基础上打造工具,实现了工具的知识成果集成。一般来说,工具中有集成态知识,但没有知识行为,劳动者在使用工具时,必须有相应的知识行为。例如,刀具中有斜面省力的力学知识,没有切割的知识行为,必须在人+刀具条件下,产生切割的知识行为。工人用车床加工金属零件,加工零件的知识行为完全依靠工人手工操作来实现;自动车床出现后,加工零件的知识行为则由自动车床来完成。普通车床只有知识集成,自动车床除了知识集成,还有知识行为集成。从普通车床到自动车床,实现了知识集成到知识行为集成的变革。

20 世纪中期,出现了半导体集成电路。集成电路中除了有电路知识集成,还普遍实现了电路的归一化知识行为集成。

**(3) 从硬件物化到软件物化**

在几百万年人类工具的进化历程中,工具都表现为硬件的物化状态。这种硬件的物化状态,形成了工具特定的形态与结构。现代计算机诞生后,在微处理器指令系统支持下,出现了计算机上使用的软件工具。软件工具没有特定的形态,只有固定的符号代码,以数字化文件方式实现知识与知识行为集成,储存在特定的介质上。计算机软件只能在计算机上实现其知识行为。

智能化工具是一种软、硬件结合的工具,包含硬件的集成态知识和软件的集成态知识行为。

## ▶ 工具中的知识内涵

知识集成是人类工具的基本特性。随着人类知识的发展,工具中的知识内涵不断扩展,从属性知识、状态知识扩展到内核知识。属性知识是反映工具类型的本征知识;状态知识是保证工具有良好使用状态的赋型知识;内核知识是内核化的本征知识与赋型知识。

**(1) 工具中的属性知识**

任何一个工具中,都积累与传承了人类众多的知识成果。在众多的知识成果中，总有一种知识成果代表了该类工具的基本应用特性，这样的成果知识便是这类工具的属性知识。例如，所有刀具——从原始刀具到现代化刀具，千古不变地表现刀具本质特性的是刀刃，其知识内涵是斜面省力的力学原理，它是刀具类的属性知识。没有这样的知识内涵便不能称其为刀具。杠杆原理是所有杆秤的属性知识，杆秤的形式多种多样且大小不一，甚至还有天平类型的变异型杆秤，但它们的属性知识都是杠杆原理知识。

属性知识是工具的分类学依据。不同的工具分类层次，反映了工具中属性知识的层次性特点。例如，斜面省力力学原理是所有刀具的一级属性知识，不锈钢刀具的二级属性知识是不锈钢相关的金属学、材料学知识，剪刀的二级属性知识是杠杆原理。所有半导体集成电路的一级属性知识是晶体管电路与半导体微电子学成果知识，半导体时钟芯片集成电路的二级属性知识是时钟原理电路知识。

**(2) 工具中的状态知识**

工具中的状态知识，是保证工具有良好使用状态的赋型知识。状态知识是工具物化过程的加工知识与工艺知识。原始刀具的状态知识，是在寻找石块中判断石块材质、形状的知识；金属刀具的状态知识，是锻造工艺、淬火工艺知识。状态知识虽然不能决定工具的属性，但它是工具不断改进、不断创新的重要知识内容。

**(3) 工具中的内核知识**

知识内核是指工具中知识成果归一化集成的独立组分。在机械化工具诞生之前，机械工具中知识的物化状态（材料、结构、工艺）多种多样。机械化工具诞生之后，所有的机械化工具中都出现了一个相同或相似的动力机械知识内核。在蒸汽机时代，这个知识内核是蒸汽机；随后，这个知识内核演变成内燃机与电动机。在知识经济时代，在半导体集成电路基础上，诞生了能实现人类智力的半导体微处理器，半导体微处理器就是一个归一化的智力内核，所有智能化工具中都内嵌有微处理器智力内核。

工具内核化知识集成，产生了巨大的变革效应。动力机械内核的出现，将手工工具变革为机械化工具；微处理器智力内核的诞生，将人类工具变革成智能化工具。例如，有了内燃动力、电机动力机械知识内核后，可以将刀具、手锯变革成内含内燃机、电动机的伐木或木材加工机具，以代替人类的体力劳动；给电动刀具嵌入微处理器的智力内核后，电动刀具就变革成可以根据切削表面自动改变切削方向的智能化刀具，从而代替人类的脑力劳动。

高度专业化发展的知识内核，形成了高度专业化的内核产业，如内燃机、电动机产业，半导体集成电路、微处理器产业，这些内核产业推动了人类工具的高速发展。

## 5.2 人类工具的伴生式起源

人类工具的起源环境
工具起源于原始任务
原始任务的工具依赖

人类起源于高智商动物、恶劣的生存环境与群居的生存状态；知识起源于始祖猿直立行走的全方位视野与肢体分工；工具则起源于人类认识世界、改造世界的知识萌芽。工具是改造世界的物质力量，又是人类知识积累与传承的唯一可靠载体。

### ▶ 人类工具的起源环境

工具是人类知识的物化成果。人类必须在知识的基础上打造工具，才能形成改造客观世界的物质力量。人类可以创造知识，但必须依靠工具来实现人类知识的外部传承与积累。众多的始祖猿由于具有直立的全方位视野与肢体分工，产生了知识的萌芽，但却没有将萌芽知识转化成工具，导致萌芽知识自生自灭。而有一群始祖猿将萌芽知识转化成了工具，借助于工具，传承与积累了萌芽知识，形成知识发展的阶梯效应，使知识与工具的发展进入可持续发展的良性循环。这一群始祖猿便开始了直立人的进化时代。因此，人类工具的起源环境与直立人的起源环境相同。

### ▶ 工具起源于原始任务

工具起源于直立人诞生时的知识环境。直立人萌生了原始知识后，也许经历了一个"寻找工具"的漫长历程，才进入"打造工具"时代。直立人发现用片状石块容易分割猎物后，会首先寻找天然的片状石块。在使用天然片状石块的过程中，不断强化石块"片状"功效的概念，在没有天然的片状石块时，便会自然而然地产生打造工具的知识行为。

无论是使用天然石块，还是使用石器，其直接的推动力都是恶劣生存环境中的求生欲望。按照达尔文的物种进化理论，走出森林的类人猿，失去了良好的生存环境，理应被大自然淘汰。也许众多走出森林的类人猿消失了，退回森林中的类人猿在自然演化中成为人类的近亲。走出森林的少数类人猿改变了行为方式，在认识世界、改造世界的抗争中改变了自己的命运，成为人类的祖先——始祖猿。

始祖猿无法用肢体的力量与大自然抗争，借助于认识世界的知识来形成改造世界的工具力量，是始祖猿唯一的生存之路。因此，工具直接起源于认识世界、改造世界的原始任务。

### ▶ 原始任务的工具依赖

与森林中的类人猿相比，走出森林中的始祖猿有了良好的知识发展环境。其肢体分工后的动物性攻击能力（奔袭能力、捕食能力）虽然退化，但上肢演化成手之后，却产生出另类求生（拣拾、投砸、挖掘等）本领。所有这些都突出了工具在人类进化中的重要地位。

工具诞生后，人类借助于工具迅速超越原来的肢体能力，突出了原始人类依赖工具的生存状况。在人类认识世界、改造世界的抗争性进化环境中，工具成为人类进化发展的核心因素。人类认识世界，必须将创新知识成果转化成工具；人类改造世界，必须依靠工具的力量。在人类认识世界、改造世界的原始任务中，工具成为不可缺少的基本因素。

## 5.3 人类工具发展的四个阶段

---

原始工具阶段
手工工具阶段
机械化工具阶段
自动化工具探索阶段
智能化工具阶段

---

人类工具伴随着人类的历史进程，经历了原始工具、手工工具、机械化工具、智能化工具的四个阶段。在机械化工具与智能化工具两个阶段之间，插入一个短暂的自动化工具探索阶段。

## ▶ 原始工具阶段

原始工具阶段对应于人类诞生后数百万年间的混沌时代。在原始社会，工具与原始人类形成了明显的共生、共存的外部进化条件。

原始工具阶段是被考古学界定的石器时代。原始工具的基本特点是，采用天然材料，手工打造，作为人类肢体能力的延伸。原始工具有大宗的石器、骨器、玉器，它们都取自于天然材料；在对原始时代的考古中很难找到母机工具，即制造工具的工具，表明这一时期工具手工打造的原始性；直立人上肢解放后，首要任务是创造工具、使用工具，原始工具只体现为人类肢体能力的延伸。

## ▶ 手工工具阶段

手工工具阶段对应于封建社会时代。在原始工具时代，工具对人类肢体能力的拓展，导致人类对工具的依赖，形成对工具的大量需求。随着人类知识的不断发展，人们对打造工具周边知识的了解不断增强。原始人不满足于用天然石块打造工具，不断寻找新材料、新工艺，工具也不断从生产领域扩展到生活领域，促进了工具需求的飞速增加，开始出现一批专门制造工具的专业队伍，称为“工匠”或“手工业者”。

手工工具阶段的基本特点是，广泛使用人工材料，采用专业化生产方式，大量使用加工工具，诞生了机械工具，形成了商品化生产方式。

### (1) 人工材料的广泛使用

手工工具阶段是工具材料迅速发展的时代。在原始工具时代，人类工具大多使用天然材料，如石料、骨料、玉料等。这些都是定型材料，只能在其原有形状、结构的基础上打造石器、骨器和玉器。在手工工具阶段，工具材料有了重大的突破，从纯天然材料转向人工材料，如陶土、青铜、钢铁等。这些材料都是范型材料，没有特定的形状与结构。利用范型材料可以制造出任意形状、任意结构的工具，为新工具的打造开辟了广阔的天地，以至于历史学家、社会学家、考古学家用陶器时代、青铜时代、铁器时代来描述各个时代的文明。

### (2) 专业化的生产方式

大量的工具需求、对范型材料的任意打造、社会剩余生产力的产生等特点，形成了人类工具的专业化生产方式。专业化生产方式体现在，专业队伍的形成与专业化生产的分工。例如，在原始工具时代后期，由于工具需求剧增，人群中迅速出现了一批专门从事工具生产的专业户。专业化生产方式推动了专业加工工具（母具）的完善与发展，如打造铁器用的砧、钳、锤、炉，制造木器用的刨、凿、斧、锯。专业化生产方式形成了社会的手工业阶层，以及相关的专业户，如铁匠、瓦匠、木匠等。

**(3) 超越肢体能力的工具动力**

在原始工具时代，工具是人类肢体的延伸，工具的行为动力是人的肢体劳动。进入手工工具时代，开始出现一些大型工具，如运输工具、农耕机具、提水工具、加工工具等，使用这些工具需要消耗大量的体力劳动。人们开始寻找肢体劳动的替代形式，从而出现了兽力工具、风力工具、水力工具。这些外部超越肢体能力的工具动力的使用，加速了机用工具的发展，也推动了机械学、机构学、材料学等工程学科的发展，奠定了 18 世纪动力机械产业革命的技术基础。

手工工具的广泛普及，运输工具、农耕机具、提水工具、加工工具的大量出现，兽力、自然动力的广泛使用，奠定了农耕时代的物质基础。

## ▶ 机械化工具阶段

在机械化工具阶段之前，人类社会中已经出现众多的机械工具。机械工具是一种具有运动机构与动力系统的工具；机械化工具则是一种内部嵌有归一化动力机械内核的工具。

手工工具时代的众多机械工具，如提水灌溉、舂米磨面、纺纱织布、交通运输等，其动力系统五花八门，形成了机械工具的泛性知识集成特点。同样的运输工具，人力车与兽力车的动力大相径庭；同样的粮食加工机械，风力磨房与水力磨房的动力结构迥异。

机械工具与运动机构、动力系统密切相关，不同机械工具中的运动机构、动力系统无法兼容与移植，形成了机械化工具发展的瓶颈。

机械化工具是具有归一化动力机械内核的工具，它起源于 18 世纪的蒸汽机工业革命。如果从工具知识集成的角度审视 18 世纪工业革命，可将蒸汽机的工业革命视为归一化动力机械内核的革命。随着蒸汽机向内燃机、电动机的发展演化，这一观念更加强化。

归一化动力机械内核出现后，首先实现的是原有机械工具的机械化改造。将原来机械工具中的泛性机械系统、动力系统用归一化的动力机械内核替代，形成了大量的机械化工具。从早期的蒸汽机车、蒸汽轮船等，到嵌入有内燃机、电动机的各种交通工具、动力机具、加工机床等，都是机械化工具。

从原始机械工具的泛性动力系统集成到归一化动力机械内核集成，是机械化工具阶段的最重要特征，标志着工具发展史上的一次重大飞跃。

## ▶ 自动化工具探索阶段

从机械化到自动化应该是一个顺理成章的结果，早在手工工具阶段就出现过一些自然动力驱动的自动水车、自动风车等原始自动工具。到了机械化工具阶段，由于有了归一化的动力机械内核，人们向往能在动力机械内核的基础上，实现机械化工具的自主行为(知识行为)。

例如，早期，工人在车床上车削零件，每个工步都要手工操作；有了自动进刀机构后，工人对好刀具位置，然后按下自动操作手柄，机床就能自动完成一次车削过程；后来，人们设计出众多的自动机构，将每个工步的动作连接起来，自动完成零件加工的全过程，这就是全自动车床。

20 世纪 50 年代，在加工领域中曾出现过工业自动化热潮。人们在自动化机床、自动化设备的基础上构想过自动化车间、自动化工厂。然而，在机械化工具基础上的所有自动化行为，都只能是泛性的一维知识行为。泛性的知识行为方式不具有兼容性与可移植性。自动钢琴的自动化方式无法移植到自动车床中，自鸣钟的自动化方式无法与自动生产线的自动化方式兼容。自动化的一维知识行为不具有人机交互、工具间交互、实时监测、应急处理能力。所有这些都是自动化工具无法逾越的障碍。智能化工具诞生后，人们便很快中止了自动化工具的探索。

## ▶ 智能化工具阶段

智能化工具起源于半导体集成电路。它有两个进化阶段，即集成电路一维知识行为集成的自动化阶段与微处理器多维知识行为集成的智能化阶段。

所有集成电路都具有一维知识行为能力，即预先给定的电路自主运行能力。当半导体集成电路发展到微处理器时代，便出现了多维知识行为能力。微处理器的多维进程选择、对外部世界的感知、与外部的交互及中断应急处理等能力，使其成为能实现人类知识行为的归一化智力内核。因此，在微处理器智力内核基础上构建的智能化工具，具有真正、完全、独立的人类知识行为能力。

微处理器诞生后，出现了通用微处理器与嵌入式微处理器两大分支。人们在通用微处理器基础上构建起通用计算机，在嵌入式微处理器基础上构建起微控制器(即嵌入式系统)。因此，微处理器基础上的智能化工具也分成两大类型，即通用计算机智力平台类与嵌入式系统智力嵌入类。

## 5.4 人类工具变革与人类文明更迭

原始工具基础上的原始文明
手工工具基础上的农业文明
机械化工具基础上的工业文明
智能化工具基础上的知识文明

工具伴随人类诞生。原始工具在满足原始人类生存斗争的需求后，其应用领域不断扩大，逐渐从生存斗争领域扩大到生活领域，出现了人类的原始文明。原始人从狩猎生活方式向农耕生活方式转变，推动了工具的专业化发展。人类在手工工具基础上迎来了农耕文明。机械化工具诞生后，人类又迎来了工业化、城市化的工业文明。半导体集成电路诞生后，智能化工具的知识行为的广泛替代，使人类进入知识文明时代。

### ▶ 原始工具基础上的原始文明

原始文明是人类文明的起源。伴随原始文明的，是人类原始工具从生存手段到生活手段的变革。原始的石刀、石斧、石簇只能满足原始人类的生存需求。在原始生产工具加工的基础上，出现了多种形式的专用加工工具，如钻孔、磨削、针刺、打圆、切割、绘图等所用工具。这些加工工具的出现，不断扩大人类的工具领域，产生了许多非生产领域的工具，如玉器、骨器、绘画、雕塑等，开始出现原始人类的祭祀文明、图腾文明、生殖文明、娱乐文明等原始文明。原始文明生活方式又大大地推动了人类工具从生产工具到生活工具的发展。骨笛、面具、锣鼓、服饰、玉器、贝壳等，大大地丰富了原始人类的文明生活。

### ▶ 手工工具基础上的农业文明

从原始狩猎方式向农耕生活方式转变，是人类工具的飞速发展时期。工具的飞速发展源于工具的专业化生产方式。在农耕时代，农耕生产的复杂性、多样性，对工具发展提出了诸多要求；农业稳定生产环境下的剩余生产力，为工具的专业化队伍建设、专业化生产方式提供了良好的条件。铁匠、木匠、泥瓦匠等专业工匠推动了手工工具的飞速发展。大量手工工具的涌现，提升了工具在社会生产中的地位，最明显的标志是各行各业的专业化生产方式兴起，如出现食品加工业、运输业、饲养业、纺织业等专业化生产。

专业化的工具生产方式、专业化的产品生产方式，大大提升了社会生产力。在日益丰富的物质生活基础上，出现了礼仪文化、祭祀文化、饮食文化、酒文化、烹饪文化、节日文化等农耕时代的农业文明。

### ▶ 机械化工具基础上的工业文明

工业文明是机械化工具诞生后的城市文明、资本文明、出行文明等人类社会文明。工业文明是机械化工具基础上的文明，是体力劳动广泛替代后的人类文明。

城市文明是机械化工具基础上的工业化城市文明。城市化的生产方式、生活节奏、生活内容、居住环境，形成城市化的生活方式。如今，城市化建设依然是工业文明的重要任务。

资本文明体现了机械化工具在资本整合下的经济文明，并由此产生了社会财富的资本占有方式。社会财富的资本占有形成了资本拜物教。

出行文明体现为机械化运输工具基础上的文明。汽车、飞机、轮船的广泛普及，缩小了城市间的距离，加速了人际交流。高速公路网、铁路网、航空业、航运业成为出行文明的重要标志。

### ▶ 智能化工具基础上的知识文明

知识文明是智能化工具诞生后，由计算机文明、网络文明、虚拟文明等构成的人类智慧文明。知识文明是知识平台基础上的文明，是脑力劳动广泛替代后的人类文明。

计算机文明是智能化工具以智力平台、智力嵌入方式带来的软件服务文明。无论是桌面方式的智力平台，还是嵌入到对象系统中的智能化工具，都体现了计算机软件的脑力劳动替代方式。人类社会从此进入一个软件文明时代。

网络文明是互联网、物联网基础上的信息文明、软件服务文明。互联网技术为人类提供了一个全球化的无限时空、无限直达的信息社会生活方式。与物理对象相连的智能化工具进入互联网后，将互联网变革到物联网，形成了人—物、物—物、人—物—人交互的无限时空软件服务的社会生活方式。

虚拟文明是虚拟世界的宅生活文明。在智能化工具、互联网、物联网、数字化虚拟技术基础上，构建起虚拟世界。原先在真实世界中的生产、生活方式，可转移到虚拟世界中，由此出现了大量宅男、宅女的生活方式。

# 5.5 人类工具从泛性集成到内核集成

工具的演化进程图解

刀具的演化进程示例

从泛性知识集成到归一化内核集成，是工具演化的基本趋势。动力机械内核与微处理器智力内核的归一化集成，是人类工具发展史上的两次重大变革。

## ▶ 工具的演化进程图解

图 5.1 描述了人类工具从原始工具、手工工具、机械化工具到智能化工具的演化进程，这是一个从泛性知识集成到归一化内核集成的演化进程。

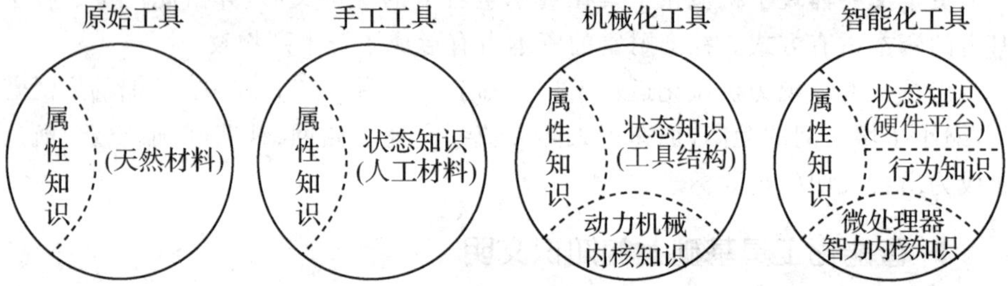


**图 5.1 人类工具的演化进程**

原始工具、手工工具阶段的人类工具，处于属性知识与状态知识的泛性集成时期。石器时代的原始工具使用天然材料，只有属性知识而没有状态知识。手工工具使用了众多的人工材料，有陶瓷、青铜、钢铁材料及加工工艺，给工具赋予了众多的状态知识。所有原始工具、手工工具中都没有明显相同或相似的形态与结构，形成了工具的泛性知识集成的特点。在机械化工具与智能化工具中，除了属性知识、状态知识外，还有归一化的内核知识。机械化工具中的归一化内核知识是动力机械内核知识；智能化工具中的归一化内核知识是微处理器智力内核知识。机械化工具中的赋型知识是工具的形态、结构；智能化工具中的赋型知识是硬件平台。

与机械化工具相比，智能化工具增加了知识行为集成，因此，在智能化工具中有嵌入式软件的行为知识。

### ▶ 刀具的演化进程示例

图 5.2 以刀具为例，描述了刀具从原始刀具、金属刀具、机械化刀具到智能化刀具的演化进程。

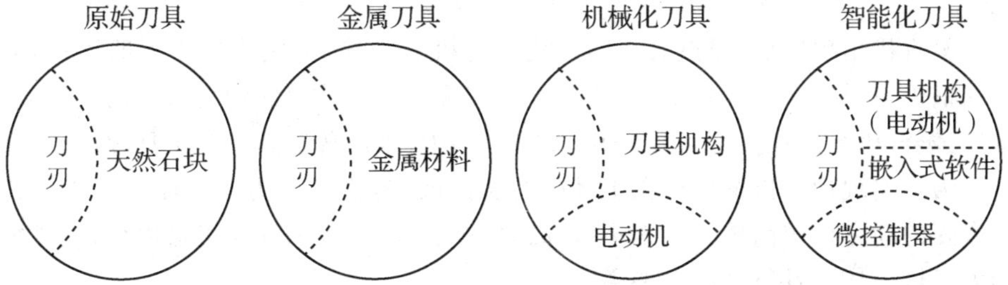


**图 5.2 刀具演化进程示例**

原始刀具由天然石块打造而成，没有状态知识，因为天然石块中没有知识内涵，其属性知识是斜面省力的力学原理知识。金属刀具由金属材料制成，与金属材料相关的知识，如冶金学、金属学、金属工艺学等，都是给刀具赋以特定形态、结构的状态知识。在机械化刀具中，电动机是独立的动力机械内核，它与刀具驱动机构之间有一个刀具的控制界面。在智能化刀具中，通常都保留有动力机械内核与驱动机构，微控制器智力内核与驱动机构之间有一个智能化控制的嵌入式软件交互接口。在刀具演变过程中，永远不变的是斜面省力的属性知识。

在原始工具(石刀)、手工工具(金属刀具)时代，人类使用工具时，既有体力劳动，也有脑力劳动；在机械化工具时代，动力机械内核替代了人类使用工具时的体力劳动；在智能化工具时代，智力内核替代了人类使用工具时的脑力劳动。

## 5.6 机械化工具内核集成的产业革命

---

动力机械内核的发展主线
动力机械内核的应用模式
动力机械内核革命的新兴产业

---

18 世纪的工业革命，是归一化动力机械内核集成的机械化工具的产业革命。在产业革命诞生之前，已经出现了一些动力机械，如风动力机械、水动力机

械、畜动力机械等。18 世纪蒸汽机诞生之时，出现了动力机械内核集成的工具革命。其后，在动力（蒸汽动力、内燃动力、电动力）机械内核基础上，形成了机械化时代庞大的产业群。

## ▶ 动力机械内核的发展主线

蒸汽机出现以后，虽然有了归一化动力机械内核，但蒸汽机庞大的体积，复杂的锅炉、汽缸、曲柄连杆机构，使其很难实现工具中普遍的动力机械内核集成。早期，蒸汽机只用在大型工具（如机车、轮船）中，难以普及到一般工具领域。

为了实现动力机械内核在工具中的普遍嵌入，人们努力寻找能满足工具普遍嵌入的动力机械内核。探索小型、高效、廉价、易嵌入的动力机械内核，便成为动力机械内核工具革命的发展主线。

由于蒸汽动力的结构性缺陷，使其很难实现小型、高效、廉价。人们很快便另辟蹊径，相继创造出小型、高效、廉价、易嵌入的内燃机、电动机。自带动力源的内燃机与可方便接入动力源的电动机，成为机械化时代两种重要的动力机械内核，使人类社会迅速进入机械化工具时代。如今，由微型电动机构成的各种微型机具，已渗透到人们日常生活的各个方面。

## ▶ 动力机械内核的应用模式

在蒸汽机时代，庞大的蒸汽动力机械内核很难实现机械对象的普遍嵌入，因此形成了蒸汽动力机械内核的两种应用模式，即动力平台模式与动力嵌入模式。蒸汽机车与蒸汽轮船是典型的嵌入式应用模式。在纺织工厂中，蒸汽机难以嵌入到纺织机中，便以蒸汽机作为集中动力源，构建成蒸汽动力车间，以动力平台形式，将蒸汽机的机械动力通过天轴传送到纺纱车间，纺纱车间的纺纱机通过皮带传动机构从天轴上取得机械动力。

到了内燃机、电动机时代，小型、廉价的动力机械内核，很容易在工具中实现普遍嵌入，嵌入式应用便成为动力机械内核的主要应用模式。

## ▶ 动力机械内核革命的新兴产业

动力机械工具革命带来的新兴产业，是内核产业、对象产业与资源产业。

动力机械内核诞生后，首先出现的是动力机械内核产业，如蒸汽机械、内燃机械、电动机械等产业。由内核产业直接推动的是对象产业，即机械化工具产业，如舰船、机车、汽车等产业。对象产业的蓬勃发展，带动了能源、材料等资源产业，如煤炭、石油、电力、钢铁等产业。

内核产业、对象产业、资源产业形成了资本经济时代三位一体的现代化产业群。这种“以内核为基础，以工具为核心，形成与内核及内核应用相关的现代化产业群”，是人类工具进入归一化内核集成时代普遍的产业现象。在微处理器智力内核工具革命的知识经济时代，也可以找到以智力内核为基础、以智能化工具为核心且与智力内核应用相关的新兴产业群。

## 5.7 智能化工具内核集成的智力革命

---

智力内核的发展主线

智力内核的应用模式

智力内核革命的新兴产业

---

微处理器智力内核的工具革命与动力机械内核的工具革命相似，都是知识内核的革命，有相似的发展规律。微处理器智力内核工具革命始于 20 世纪 60 年代的半导体集成电路。通用微处理器与嵌入式微处理器两种类型的智力内核，引发了人类主观世界与客观世界两大分支的智力革命。与之对应的应用模式是通用计算机智力平台应用模式与嵌入式系统的智能化工具应用模式。与之对应的新兴产业，是集成电路产业群、计算机智力平台产业群、嵌入式系统智力嵌入产业群以及软件的基础产业群。

### ▶ 智力内核的发展主线

微处理器是具有人类知识行为能力的数字集成电路器件。归一化的体系结构，使微处理器成为一个最基本的数字化智力内核。

微处理器全方位的知识行为能力，承担起人类主观世界与客观世界两条战线的智力革命任务。主观世界的智力革命是人类脑力劳动的直接替代；客观世界的智力革命是智能化工具的革命。前者突出了微处理器的信息分析、数据处理能力，后者突出了微处理器对工具体系的控制能力。前者可以是一个独立的桌面系统，后者必须嵌入到工具的体系结构之中。

为了满足两条战线上智力革命任务的需求，微处理器派生出通用微处理器与嵌入式微处理器两大分支。通用微处理器用于构成通用计算机，嵌入式微处理器用以实现嵌入式系统。通用计算机是一个桌面系统，这样的桌面系统以计算机＋应用软件的方式实现人类脑力劳动的直接替代。嵌入式系统用于嵌入到工具体系中，形成一个完整的工具体系，实现人类工具普遍的智能化。

两条战线的智力革命任务、两个不同的技术发展方向，形成了微处理器两大分支。通用计算机与嵌入式系统两大分支的主、客观世界的智力革命，是微处理器智力革命的发展主线。

### ▶ 智力内核的应用模式

微处理器两大分支的发展主线体现了两种应用模式，即通用计算机的平台应用模式与嵌入式系统的嵌入式应用模式。它们的知识行为能力，都是硬件基础上的软件行为能力。平台应用模式的知识行为能力，是通用计算机上独立软件运行的知识行为能力；嵌入式应用模式的知识行为能力，是嵌入式系统中应用软件的知识行为能力。

通用计算机的平台应用模式沿着单机应用、网络系统应用方向发展，最终形成了全球化的互联网；嵌入式系统的嵌入式应用模式则诞生了广泛的智能化工具——从智能化工具的单机到智能化工具的局域网络体系。

通用计算机的智力平台实现了人类主观世界的脑力劳动，嵌入式系统智能化工具实现了客观世界的智能化控制。智能化工具及智能化工具局域网与智力平台互联网相结合，形成了无限通达、无限智慧、人类主客观世界全方位的现代计算机智力革命。

### ▶ 智力内核革命的新兴产业

以微处理器为中心的两大分支的应用模式，形成了知识经济时代的三大产业群，即集成电路产业群、计算机智力平台产业群与嵌入式系统智力嵌入产业群。

集成电路产业群为微处理器智力革命提供半导体器件、通用微处理器、嵌入式微处理器，以及器件级的智能化电子系统（即片上系统 SoC）；计算机智力平台产业群以通用计算机产业为核心，衍生出互联网的信息产业与通信服务产业；嵌入式系统智力嵌入产业群以嵌入式系统为中心，形成了广泛的智能化工具产业、智能化控制局域网络产业。

嵌入式系统普遍的以太网接入技术，将互联网变革成物联网，由此衍生出物联网产业以及物联网基础上软件服务的云计算产业。

由于微处理器的智力基础是微处理器中的指令系统，微处理器的知识行为是指令系统基础上的软件行为，因此，软件产业是智力内核革命的基础产业。

# 第六章　人类智力的知识行为本质与特点
## ——人类智力本质与智力转移

人类与动物智力上的本质差异在于，所有动物的智力都是感觉基础上的条件反射，而人类的智力则是知识基础上的行为表现，即知识行为。

人类个体没有知识遗传性状，知识基础上的知识行为能力也没有遗传性状。人类知识行为的基本特点，是它的后天性、知识性、工具性、个体性、普遍性与复杂性；人类知识行为的智力表现，则是它的正确性、思考性、多维性、应急性、交互性与实时性。

一个完整的知识行为由四个要素组成，即知识存储、事件激励、信息处理、行为结果输出，统称为知识行为的四大要素。其中知识存储是基本要素，事件激励、信息处理、行为结果输出是三个过程要素。根据三个过程要素，可以构建出人类知识行为的过程模型。

人类个体有记忆态知识，在记忆态知识基础上形成了人类个体独特的知识行为能力；工具中有集成态知识，人类期望工具中也能出现与人类智力相同的知识行为能力。半导体微处理器诞生后，这一期望得以实现。在半导体微处理器中，具有能实现知识行为的四个要素，半导体微处理器的体系结构足以胜任人类知识行为的智力仿真。因此，半导体微处理器是一个具有人类知识行为能力的归一化智力内核。在半导体微处理器基础上的现代计算机，实现了人类工具中普遍的知识行为集成。

具有知识行为能力的智能化工具诞生后，出现了知识应用的山寨化现象，这是一个精英与草民捆绑下，知识创新与创新知识应用的分工。精英们从事知识创新，将创新知识成果转化成智能化工具；草民们则在智能化工具基础上，实现创新知识的傻瓜化应用。

# 6.1 什么是人类的智力?

人类智力的智商学说
智力的知识行为观念
人类智力的非遗传性

智力是一个模糊的概念,很难对其进行量化描述。20 世纪初,心理学家企图用“智商”来量化人类的智力,出现了众多的困惑与争议。后来又有了“情商”的补充描述。人们发现,所有关于智力的描述或评价,都离不开“知识”。因此,必须从知识行为的角度来观察与诠释人类的智力行为。

## ▶ 人类智力的智商学说

长期以来,智力是心理学家研究的一个重要课题。我们可以找到一些描述人类智力的资料,引述如下:

“智力通常叫智慧,也叫智能,是人们认识客观事物并运用知识解决实际问题的能力。智力包括多个方面,如观察力、记忆力、想象力、分析判断能力、思维能力、应变能力等。智力的高低通常用智力商数来表示,用以标示智力发展水平。智商 IQ(Intelligence Quotient)可以通俗地理解为智力,具体是指数字、空间、逻辑、词汇、记忆等能力。”

为了能将人类个体的智力量化,1905 年法国心理学家制定出第一个测量智力的量表——比奈-西蒙智力量表。智商测试包括常识、理解、算术、类同、记忆、字词、图像、积木、排列、拼图、符号分辨共 11 个项目。

从上述资料中可以清晰地看出,无论是智力的内涵、表现方式,还是智商的能力、智商的测试内容,都离不开“知识”这个基本内容。将智力确定为“人们认识客观事物并运用知识解决实际问题的能力”,真实地体现了智力的知识行为本质。显然,智商的“数字、空间、逻辑、词汇、记忆等能力”的内涵十分狭隘,比奈-西蒙智力量表中的 11 个测试项目,很难表达出大众认可的智力概念,以至于在智商概念诞生后的一个多世纪中,困惑不断,争议不断。显而易见的现象是:高智商与低智力在个体中并存,神童成才总离不开在知识的海洋中奋斗。种种事例表明,不少高智商的天才,其综合运用知识解决实际问题的能力并不强;有些高智商的偏才在人际交流中的智力平平。为了弥补智商概念的固有缺陷,有人提出了“情商”的概念。

人类智力活动遍布于社会生活中的任何地点、任何人群中。智力是一个模糊概念，企图用智商、情商对智力进行科学论述，一个多世纪过去了也没有成功。

### ▶ 智力的知识行为观念

抛开智商的智力评价体系，人们在观察某个人的日常行为时，常常有不同的综合评价，如“正确无误”与“错误百出”、“敏捷”与“呆滞”、“随机应变”与“木讷”、“聪明”与“愚笨”、“智多星”与“缺心眼”等。它们反映了人们在日常生活中，对于智力的正确性、实时性、应急性与多维性评价。可见，智力不是一个抽象概念，它反映了人们日常生活中的聪明与智慧。人们将智力确定为“认识客观事物并运用知识解决实际问题的能力”，表明了人类智力中“知识”与“行为”的两个重要内涵。这是人类个体在人工生态环境中，在实现认识世界、改造世界的伟大斗争中的发展与进化结果，是人类区别于其他动物的重要智力特征。

汉字是一种哲理性文字，我们可以从汉字“智力”的结构中，体会到智力的知识与行为内涵。从说文解字的观念出发，“智力”两个字显示出智力的“知、日、力”三个特点。“知”是智力的知识基础，没有知识以及知识环境的智力开发，人类个体便无智力可言；“日”表明智力的时间起点，只有从掌握人类知识之日起，人类个体才具有区别于其他动物的智力；“力”表示智力是改造世界的行为力量。

### ▶ 人类智力的非遗传性

当人们无法用智商、情商科学地描述人类智力时，就应当回到智力的知识行为论述中来，这样有益于厘清关于智力的一些基本概念。其中关于智力遗传的争论最引人注目。

有些人认为智力主要取决于遗传因素。据英国《简明不列颠百科全书·智力商数》词条记载：“根据调查结果，70%～80%的智力差异源于遗传基因，20%～30%的智力差异系受到不同的环境影响所致。”显然这种说法令人难以信服。首先，作为智力基础的知识没有遗传性状，它决定了智力也不可能具有遗传特征。狼孩现象为智力非遗传性提供了最好的证明。刚出生的婴儿（即使是大科学家的孩子），被狼群喂养后，丧失了人类智力，即使回到人类社会，也难以恢复人类正常的智力水平；其次，不少科学家的研究证实，猩猩与海豚等高级动物具有1～3岁儿童的智力水平，然而任何猩猩与海豚都永远停留在这一智力水平上，人类个体却可以在后天知识环境中迅速开发出远远超出猩猩、海豚的智力。

虽然人类智力的知识行为本质，表明了人类智力由后天环境决定，但由于大脑是知识的物质基础，大脑的物质遗传因素也会影响后天的智力发展。人类大脑的主要遗传因素是大脑皮层的生物性因素，大脑皮层是人类几百万年进化形成的。大脑皮层的进化导致脑容量迅速增长。大脑皮层是人类的后天记库，即大脑皮层结构是先天的，知识储存能力是后天的。后天记库又分三个子记库：一是图形信息记库，二是语言文字记库，三是行为功能记库。由三大记库组成“记块中枢”，记块中枢的80%位于大脑皮层中，还有20%位于小脑和脊髓的某些地方。因此，人类智力的遗传因素，是大脑皮层巨大的后天知识吸收能力。

所有事实都证明，“知识环境”、“早期开发”是人类个体智力发育的两个关键因素。知识环境包括家庭环境与社会环境。由于知识环境的时代特点，每个时代人类个体的智力表现，多少都带有该时代的印记。在网络、计算机普及的知识经济时代的青少年，突显了与虚拟世界、虚拟事物交互的智力特征。

所有关于智力的研究，都证实了智力早期开发的重要性，以及家庭环境因素对智力形成的重要作用。家庭环境因素包括主观因素、客观因素两个方面。主观因素包括对婴幼儿智力开发的重视程度与科学方法；客观因素则是家庭氛围、物质条件、经济基础。“书香门第”、“音乐世家”反映了智力早期开发的环境因素。早期家庭环境的智力熏陶往往被误认为是遗传效果。

## 6.2 人类智力的知识行为本质

---

知识与智力的孪生起源
智力进化的知识环境
大脑智力的物质基础

---

原始人的恶劣生存环境，迫使任何知识萌芽都要用来改变恶劣的生存状态，从而形成人类知识与智力的孪生起源状态。认识世界、改造世界是人类诞生后承担的原始任务。将认识世界获得的知识转化成改造世界的物质力量是人类的智力表现，从而体现了人类智力的知识行为本质。

### ▶ 知识与智力的孪生起源

始祖猿在产生知识萌芽后的直接效应，是改变恶劣的生存条件。将知识应用于改变生存条件，便萌生了始祖猿的人类智力。例如，在遭遇森林大火后，大多数幸存的动物都逃到新的环境中，重复着原来的生存方式，只有勇敢的始祖猿返回被烧毁的森林，寻找动物尸体，发现被烧焦的动物美味可口，便产生了用火烧烤食物的欲望。再如，直立人在上肢解放后，可以利用上肢的抓握能力与开阔的视野，用石块追击动物。直立人在用石块砸碎猎物时，发现带有斜刃的石块最容易分解猎物，从而萌生了寻找或打造带有斜刃的石块的想法。当萌生知识后，出现改变现状的愿望，这就是原始人类的智力行为。智力是人们认识客观事物并运用知识解决实际问题的能力，可以将人类智力表达成“知识行为能力”。

### ▶ 智力进化的知识环境

大脑中的记忆态知识与工具中的集成态知识，形成了几百万年间人类智力进化、发展的知识环境。语言、文字诞生后，记述态知识添加到知识环境中，导致人类智力爆发式增长。

人类智力与知识环境同步发展。知识、工具的不断进步，使人类智力带有明显的时代特征。在原始时代，人类表现出与生存斗争相关的智力，如打造工具、使用火源；在封建时代，开始出现人际交往、语言文字、饮食文化、艺术创作的智力；在工业文明时代，人类增强了科技创新、创新知识应用的智力；在知识经济时代，智能化工具的普及降低了记忆力在智力中的地位，突出了人类个体在网络与计算机虚拟环境中适应性生存的智力要求。

随着人类智力环境的进步，人类个体对知识环境的依赖性不断增强。当工具普遍智能化时，会出现人类智力向工具转移的变异，人类有可能在智力环境中被边缘化。

### ▶ 大脑智力的物质基础

知识、工具是人类智力发展的外部客观环境，大脑是人类智力发展的主观物质基础。至今人们对大脑的认识仅局限于生理学范畴，对大脑智力的知识机理了解甚少。人类学家研究证明，人类最大的生物性进化是大脑的进化。神经医学揭示了古大脑与新大脑(大脑皮层)的双层结构特征。经过 400 万年的人类进化，在古大脑基础上明显地进化出大脑皮层结构。古大脑保留了动物学的感知、感觉传递、器官协调控制的能力。人类从感觉到思考的飞跃，突破了古大脑的束缚，产生脑细胞与脑神经的变异，形成了古大脑上部称之为“大脑皮层”的新大脑。古大脑保留了人类的动物性功能，新大脑则形成从感觉到思考、从信息处理到知识行为控制的新机构。这种大脑分层学说支持了人类依靠知识、工具环境，从感觉到知识行为的进化发展模式。

从脑外科的病例中，可以找到大脑皮层独特的知识行为能力，例如，用脑神经阻断方法可以治疗多动秽语症。在正常情况下，人类个体对外部刺激的反应有一个从古大脑到大脑皮层之间进行信息传输、处理、行为控制的正常渠道，当这个渠道出现非正常的信息传递时，会产生许多非正常的知识行为。多动秽语症便是一例，采取脑神经外科 CT 和微电极导向的毁损术，可以取得明显的治疗效果，从而佐证了人类大脑智力的物质基础。

承认大脑皮层是智力的物质基础，改变不了人类智力的非遗传性状。所有脑神经的研究成果都支持人类知识行为的后天性。例如，关于记忆的论述中，有两个记库的学说，认为人类大脑中有两个记库，即先天记库与后天记库。先天记库位于古大脑中，后天记库位于大脑皮层中。先天记库就是人类原始生命行为的记库，如吮吸、吞咽等；后天记库就是后天必须学会的有利于人类生存的信息存储，如游泳、唱歌、跳舞、绘画等。先天记库中记存的人类原始生命行为具有遗传性状；后天记库存储的知识、信息行为无遗传性状。科学家保存了爱因斯坦的大脑，却找不到爱因斯坦的智力印记。

## 6.3 人类知识行为的基本特点

---

后天性　知识性　个体性
普遍性　工具性　复杂性

---

人类智力的知识行为，是在后天的人工生态环境中逐步形成的。一个人类个体的生命周期中，最早是婴幼儿的智力开发期，其后是青少年的知识学习期，以及长期的社会实践养成期。由于大脑是知识行为的物质基础，大脑的发育与病理现象也会严重影响人类个体的知识行为能力。人类知识行为具有鲜明的特点，这些特点是它的后天性、知识性、个体性、普遍性、工具性与复杂性。

### ▶ 后天性

人类知识行为是一种后天获得性能力。这种获得性能力是在一个人工生态环境中实现的。为此，才有智力开发之说，才有狼孩的事例。

大量事实证明，早期人类智力开发十分重要。智力开发越早越好，学龄前比小学阶段重要，婴幼儿阶段比学龄前重要。中国民间有“三岁看大、七岁看老”的说法。

人类智力开发是在人工生态环境中进行的，婴幼儿智力开发着重训练大脑对周围世界的反应。在人工生态环境中进行语言的引导,可使婴幼儿迅速进入抽象的语言环境,建立起抽象的语言思维方式,牙牙学语,用语言来描述客观世界,迅速走出感觉器官的感觉阶段。早期失去语言功能的聋哑人、看不见周围世界的盲人,在早期智力开发中会出现障碍。

智力开发是在人工生态环境中进行的,人工生态环境具有强烈的时代特点与家庭差异。从原始时代、农耕时代、现代城市文明时代,到现代计算机的知识经济时代,婴幼儿的智力有明显变化;不同的家庭环境也会有明显的统计学差异。

### ▶ 知识性

知识性是知识行为的基本特性,表明知识是知识行为的基础。在人类社会生活中,几乎所有的活动都是知识基础上的行为。例如,朋友之间聊天、写字、绘画、下棋、跳舞、游泳、开车、打电话、串门、买东西等,都要有相关的知识。一般而言,知识水平高的人,知识行为能力就强。例如下棋,掌握棋谱知识、棋艺知识、走子技巧越多的人,取胜机会就越大,人们会承认此人下棋的智力水平高;到商店买衣服,对衣料、色彩、服饰、着装搭配、商家心理充分了解的人,会显现出买衣行为的聪明。

知识行为的知识基础,使得任何一个最简单的行为,都会带有知识的印记,如军人的站势、坐姿,舞蹈家的走路姿态,外交家的语言风格,京剧演员聊天的眼神与表情等,都与他们从事的职业与职业训练有关。刚出生的婴儿没有知识行为能力,是因为其没有知识;植物人没有知识行为能力,是因为其失去了行为能力;精神病人的知识行为能力错乱,是因为其头脑中的知识与外部表现失去了相关性。中风病人失去了部分肢体相关的知识行为能力;聋哑人丧失了与语言相关的知识行为能力。

知识行为的知识基础与后天特性,决定了人类个体必须终生学习。婴幼儿时期的学习是为了开发智力;青少年时期的学习是为了打好智力基础;成人时期不断学习、实践、了解最新事物,是为了保持鲜活有力的知识行为能力;老年时期不断学习、实践,是为了防止智力衰退。

### ▶ 个体性

知识行为的个体性,是指知识行为具有鲜明的个体特征,它是由诸多的个体因素形成的。智力开发的迟或早、智力开发环境的差异,会形成智力发展的个体差异。朋友之间聊天,有人机敏、侃侃而谈,有人木讷、内向;有人条理性强,有人词不达意。朋友之间下棋,有人沉稳,有人急躁;有人大度,有人斤斤计较。即便是个人独立的知识行为，也具有个体特征。比如，有人喜欢深夜写作，有人喜欢清晨写作；有人喜欢喝咖啡，有人以茶为伴；有人习惯用电脑写作，有人在稿纸上行云流水。

由于知识行为与大脑的物质基础相关，知识行为的个体差异在一定程度上与古大脑的动物性遗传特征有关，体现出知识行为特质上的某些遗传特征。

### ▶ 普遍性

人们在日常生活、工作与社会交往中，几乎所有的行为都表现为知识行为，呈现出人类知识行为的普遍性。即便是原来的动物性行为，也都会进化为知识行为。例如，人与动物都会躲避迎面飞来的石头，而只有人会迅速判断投石人的意图，以便做出不予理睬或追逐的决断；人与狗同坐在一辆在山路上高速穿行的车中，狗为颠簸而狂吠，而人只为出现"险情"而惊叫，"险情"中有丰富的知识内涵。

知识行为深入到人们生活中的方方面面，因此，常常可以根据一个人的日常行为来判断其知识素养，也可以根据一个人的知识行为能力来衡量其生活质量与能力。例如，商场发生火警时，有人沉着冷静，有人惊慌失措；有人注意观察火势、火点，迅速选择应对措施与逃生路线，有人则晕头转向，六神无主，东奔西跑，丧失求生时机。前者聪明，后者愚蠢。

### ▶ 工具性

人类自诞生之日起，就在一个人、知识、工具的人工生态体系中生存、生活与工作。在这样一个人工生态体系中，人类知识行为离不开知识与工具，形成了知识行为对工具的依赖。木匠的聪明才智离不开斧、锯、刨、錾；账房先生的算账能力离不开算盘；甚至现代人的记忆能力，也须依靠电脑、手机等智能化工具。

随着人类社会的发展、演化，人、知识、工具的生态体系也在不断发展，人类知识成果会不断集成到工具中。随着工具中知识集成度的提高，人类对工具的依赖度会不断加大。没有计算工具时，专家会用纸与笔进行手工计算；有了计算工具后，专家不会再用手工计算。

人类个体的知识行为除了依赖于工具外，在智能化工具时代，还出现了知识行为的工具替代。智能化工具又可称为"傻瓜化"工具，傻瓜化工具的知识行为能力，代替了人类个体的知识行为。例如，使用计算器时，数值计算的知识行为被计算器替代，使用计算器的人只要输入计算要求即可；用数码相机照相时，只要对准景物按下快门即可，数码相机会自动完成对焦、选择光圈、开启快门等知识行为。智能化工具出现后，知识行为不再为人类所独有，人们可以在使用智能化工具时表现出相应的智力行为。如今，人们照相的知识行为依赖数码相机，数值计算的知识行为离不开计算器。

### ▶ 复杂性

随着人类知识总量的不断增加，人类的知识行为不断复杂化。同样是"充饥"行为，在人类尚未脱离动物界时，人类与所有动物充饥的条件反射行为完全相同。当人类具有知识并脱离动物界之后，人类的"充饥"行为便上升为"饮食"的知识行为。原始人的饮食知识行为表现在使用石器猎杀动物，肢解动物，用火烤制等；在封建时代，人们的饮食知识行为中出现了烹饪概念、饮食文化、餐饮工具；现代人则为饮食知识行为赋予更多的知识内容，如营养配餐、美味大餐、减肥套餐、自助餐等，使饮食知识行为复杂到几乎无以复加的境地。

知识行为的复杂性还与普遍性有关；人们日常生活与社会交往的普遍性，决定了知识行为的复杂性。大型的知识行为有绘图、写作、表演，小型的知识行为有洗漱、化妆、游泳、滑冰。而大型的知识行为又由许多知识行为片断组成。复杂的知识行为构成了人类丰富多彩的社会生活，七情六欲、嬉笑怒骂都会有相应的知识行为。

## 6.4 知识行为要素与过程模型

---

知识行为的四大要素

知识行为的过程模型

---

从形形色色的人类知识行为中，可以总结出知识行为的知识存储、事件激励、信息处理、行为结果输出这四个知识行为要素。根据四个要素在知识行为中的相互关系，可以建立起人类知识行为过程的模型，以便有朝一日在工具中实现人类的知识行为集成。

### ▶ 知识行为的四大要素

通过对诸多知识行为事例的分析，可以发现，在知识存储、事件激励、信息处理、行为结果输出四个要素中，知识存储是基本要素，事件激励、信息处理、行为结果输出是三个过程要素。

**(1) 知识存储**

“知识存储”是知识行为的基本要素。要实现知识行为，在大脑中必须存有与知识行为相关的知识。大脑中存储的知识是广义的知识，是人们在认识客观世界中形成的对客观世界的认知。大脑的健康状况会影响大脑中的知识状况，从而影响人类个体的知识行为能力。痴呆性病人的前期是记忆力衰退，即大脑中知识关联、传递能力的衰退。科学家无法从爱因斯坦大脑中找到智力的印记，是因为大脑死亡后，知识已在大脑中湮灭。

**(2) 事件激励**

“事件激励”是知识行为激励与原始信息的输入过程，它导致知识行为的发生。事件激励与原始信息伴生，是产生知识行为的两个重要内容。事件激励是引发知识行为的条件，原始信息则包含对知识行为的要求，是知识行为得以进行的前提。例如，“与友人下棋”的知识行为得以实现，是因为有友人电话相约的事件激励，以及电话中有相关的时间、地点的原始信息。

**(3) 信息处理**

“信息处理”是知识行为中的“智力”基础，它将事件激励中的原始信息经过分析、处理，得出合理的结果。在外部事件激励过程中，往往只有原始感觉(外部的视觉、听觉、触觉，或内部的精神冲动)的输入。这些原始感觉中包含众多的原始信息。要获得正确的结论，就必须对这些原始信息进行分析处理。例如，在上述“与友人下棋”的知识行为中，接受电话方式的事件激励后，要对激励事件中时间、地点的原始信息进行处理，考虑是否有空，地点是否合适。

**(4) 行为结果输出**

“行为结果输出”是知识行为的最终表现。它将经过处理、分析后得出的结果输送到外部，或暂时寄存到大脑中。在上述“与友人下棋”的知识行为中，对原始信息进行处理后，告知对方“同意”或“不同意”，就是知识行为过程中的结果输出。

以“下棋”中一个独立知识行为过程为例，来进一步了解知识行为四个要素的相互关系：下棋双方必须具有与棋艺相关的基础知识，才有可能对弈。下棋过程中，“落子”是下棋知识行为过程中的事件激励，在事件激励中除了“落子”激励外，还有“快快应对”的知识行为要求；随后是思考如何应对的信息处理；“落子”则是“如何应对”思考后的行为结果输出。

### ▶ 知识行为的过程模型

事件激励、信息处理、行为结果输出是知识行为的三个行为过程，任何一个正常的知识行为都应该有这样三个基本过程，这是知识行为的完整性要求。根据知识行为的三个基本过程，可以建立起如图 6.1 所示的知识行为过程模型。

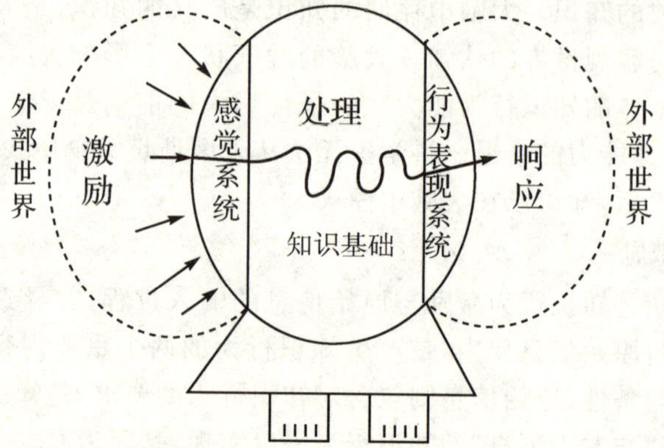


**图 6.1　人类知识行为过程模型**

在知识行为过程模型中，我们将事件激励、信息处理、行为结果输出简称为激励、处理、响应，体现出人类知识行为的激励-响应特征。在这个完整的知识行为过程中，应保证"激励"中的选择性输入、"处理"中的应对与思考、"响应"中的正确表达。

**(1) 激励中的选择性输入**

"激励"是产生知识行为的必要条件，没有激励，就不会有知识行为。一般情况下，一个知识行为会有许多外部激励源，人们应该有选择地接受外部世界的某些激励输入，屏蔽掉其他干扰激励。例如，下棋时不理会观众的议论(激励屏蔽)，而选择"对方落子"或"老婆喊吃饭"等外部激励输入(激励选择)。

与激励相伴随的是知识行为要求。知识行为要求包含目的要求与实时性要求两个方面。例如，"老婆喊吃饭"的激励是要求回家吃饭；下棋时，"对方落子"的激励是要求自己出招应对。在这些激励中还包含对知识行为的实时性要求。例如，对于"老婆喊吃饭"可以暂时拖延一下；若对方悔棋则必须立即抓住。

不同的个体、不同的人群，在激励选择中常常会表现出巨大的差异。例如，商场保安对商场的叫卖声无动于衷，而对人群中的个体动作行为却特别敏感；有的小偷对商场的物品或许无动于衷，而对人们的携带物却十分关注。然而，所有人都会对"失火了"、"有炸弹"、"楼顶坍塌了"等意外激励有特殊的敏感性，将它们作为重要的非屏蔽激励输入。

**(2) 处理中的应对与思考**

知识行为的"处理"过程，主要表现为大脑的两种思维过程，即"应对"与"思考"。应对表现了知识行为的敏捷性，思考则表现了知识行为中的深思熟虑。

应对的处理过程通常是头脑中的知识查询，即将长期生活实践中积累的应对知识，存储在头脑中形成应对知识库；当出现相同的激励与激励要求时，不再重新处理，只要查询头脑中的应对知识库即可。思考的处理过程则表现为对一个新的激励因素进行的思索与分析，因为头脑里的知识库中没有可供参考的样本。如吃饭就座，在家吃饭有习惯位子，坐下就吃；赴友人宴席时，必须考虑"我应该坐在哪里"；又如超市购物，在熟悉的超市里，会直奔货架取物；在不熟悉的超市里，要不断分辨货架摆放的物品种类。

同样的外部激励，不同的人会表现出不同的处理方法。例如，同样的"路遇小偷"的激励，对于警察而言，会表现为把小偷抓住的"应对性处理"；对于一般百姓而言，会表现为要不要介入、介入后会不会有危险的"思考性处理"。

**(3) 响应中的正确表达**

"响应"中的正确表达，有合理性与实时性两个方面要求。通常这些要求都包含在事件激励的原始信息中。响应中的正确表达就是要满足这些要求，表现了知识行为中响应与激励的对应关系。

正常的知识行为中，"激励"与"响应"有明显的对应关系，合理性是指响应行为能满足激励时对响应提出的原始要求。没有对应关系的"指东说西"、"王顾左右而言他"是非正常的知识行为，或是在某些特定场合(如外交场合)的有意识行为。在正常情况下，有什么样的激励要求，就应该有什么样的响应，否则会被认为是痴呆或精神病患者。

通常，知识行为从激励到响应有一定的时间要求，从而产生知识行为的实时性要求，即要求激励后能在规定时间内出现响应。例如，看到厨房冒烟的激励时，须立即观察，迅速判断，及时处理，以免酿成大祸。当老婆叮嘱"天冷了，穿上毛衣"时，虽然可以先将"激励"记录在案，从容应对，在适当时候响应，但应该在最短时间内告知对方"知道了"。这是实时性要求。

在知识行为模型中，"激励"、"处理"、"响应"的复杂表现，构成了人类丰富多彩的知识行为。正常的知识行为表现为，外部"激励"的合理选择、"处理"过程的正常思维以及"响应"输出的合理表现。

## 6.5 人类知识行为的智力表现

知识行为的正确性
知识行为的思考性
知识行为的多维性
知识行为的应急性
知识行为的交互性
知识行为的实时性

人们在观察一个人的知识行为时，常常会有不同的综合评价："正确无误"与"错误百出"、"善于思考"与"不动脑筋"、"聪明"与"缺心眼"、"随机应变"与"木讷"、"敏捷"与"呆滞"、"善于交际"与"独来独往"等。它们反映了知识行为中智力的正确性、思考性、多维性、应急性、交互性与实时性。

### ▶ 知识行为的正确性

正确性是人类知识行为的基本要求，是知识行为的成败基础。要保证知识行为正确，必须保证知识行为过程的正确性，即正确的激励选择、正确的信息处理、正确的响应输出，并且在过程环节中出现错误时能及时纠正。

正确的激励选择是指，要在众多的外部激励中，选择唯一正常、合理的激励因素，排除一切其他的干扰激励；正确的信息处理是指，要在思考中尽量减少出错；正确的响应输出是指，应该与激励中的原始信息有正常、准确的对应关系。以下棋为例，正确的激励选择是专注于对方的落子激励，排除外界观棋者的干扰激励；正确的信息处理是认真思考应对的棋招，不要出现应对决策失误；正确的响应输出则是不要落错地方。

通常的知识行为都是一个复杂的内外部交互过程，有许多内外部环节，每个环节出错都会导致知识行为失败，故有"错误百出"之说。为了防止环节出错导致知识行为失败，常常要在重要的环节上设置校验措施。例如，在下棋时要仔细斟酌，落子前要仔细察看棋盘；考试时写完答案后要再核对一遍；听到呼喊失火时要认真判别等。

## ▶ 知识行为的思考性

人类的知识行为都是在某些特定激励因素激励下产生的行为，这些激励因素中包含大量的信息。随后，当事者要对这些信息进行思考、决策，这就是知识行为的思考性智力特征。例如，人们在棋友约棋、大楼失火、超市购物、路见小偷等因素激励下，随后产生的知识行为，都是思考后的知识行为。棋友约棋的激励因素是棋友的电话，伴随约棋电话的是某人、某时、某地等信息，随后要在这些信息基础上思考，作出应邀、推辞等决策行为；大楼失火的激励因素是火光、烟雾、人声，伴随的是火势、人流、警报等失火信息，人们要根据这些信息作出救火或逃生的决策行为；超市购物的激励因素是琳琅满目的商品，与之相伴的是形状、价格、品质等信息，人们根据这些信息来决定购买哪些商品；路遇小偷的激励因素是小偷的偷窃行为，相应的输入信息是小偷的身材、相貌、衣着、行为、环境，经综合判断后决定是当场抓住小偷，还是报警或视而不见。

在正常状况下，知识行为中的思考决策必须满足实时性要求，即思考决策所花费的时间不能超出知识行为中激励-响应的连贯性要求。例如，接到友人约棋电话要及时回答，一时无法确定，也应立即回话“让我考虑一下”；大楼失火时若思考过长会失去逃生机会；路遇小偷想当场抓住，若决策时间过长会失去机会。相比之下，超市购物允许思考的时间会更宽容一些。

## ▶ 知识行为的多维性

多维性是知识行为中重要的智力特征，表现为知识行为过程的多样性，如多种外部激励选择、多种决策处理方案、多种应对方法。知识行为的多维性显示出知识行为中的机敏、随机应变、灵活处理等。例如，下棋时，除了专注于对方落子的激励，还可以接受“老婆喊吃饭”、“失火”等外部激励；在中断下棋后，可以进入“回家吃饭”、“救火”等行为过程；在接受“老婆喊吃饭”激励后，可以出现“回家吃饭”、“不予理睬”、“饭后再下”等多种应对决策；在响应中，可以有“急急忙忙”、“慢慢吞吞”、“无可奈何”等行为表现。

与多维知识行为相对应的是一维知识行为，前者是智能化行为，后者是自动化行为。自动化行为是预先给定的不可变更的知识行为进程。例如，具有计时知识行为的自鸣钟，只能接受发条启动的激励，按照规定的走时规则，实现规定的计时行为；在半导体集成电路中，所有的集成电路器件都有一维知识行为能力，即接上电源后，可以实现电路预先规定的行为进程。

## ▶ 知识行为的应急性

知识行为的应急性，表现为知识行为进程中对突然事件的应对能力，反映了知识行为中的中断与中断嵌套能力，即在知识行为过程中，人们可以随时接受外部的事件激励，中断原来的知识行为进程，响应新的激励要求，产生新的知识行为。在新的知识行为结束后，又能返回到原来的知识行为进程中，继续原来的知识行为。例如，与同事聊天时，突遇电话，告知同事“稍等一下”，转而接听电话；通话完毕，又能返回原来的话题，继续与同事聊天。

实时中断、中断处理与中断返回，是应急性智力特征中的基本内容。在与同事聊天的行为进程中，遇有电话时，必须在电话铃声终止前接听，这是应急性的实时中断要求；接听电话时先要告知同事中断一下，然后进入与对方通话的知识行为中，这是应急性的中断处理；通话完毕，能返回到原先与同事聊天的行为进程中，继续原来的话题，这是应急性的中断返回。

在知识行为进程中，对于突发事件，要迅速决策是否中断原来的知识行为，如何产生新的知识行为，以及是否在新的知识行为结束后继续原来的知识行为。

## ▶ 知识行为的交互性

知识行为的交互性，是指知识行为主体与外部世界的交互行为，如人际交互、人-机交互和人-机-人交互。同伴聊天是人际交互；在计算机上玩电子游戏是人-机交互；网上聊天则是人-机-人交互。

还有一些独立的知识行为，如绘画、写作、练舞等，没有人际交互、人-机交互和人-机-人交互。这些知识行为的交互性常常表现为自交互。如绘画过程中不断停顿下来观察、修改，体现了绘画者与欣赏者角色间的交互；作家写作过程中反复修改，体现了作家与读者角色间的交互；舞蹈家练舞时对镜校正舞姿，也是一种知识行为的自交互。

## ▶ 知识行为的实时性

知识行为的实时性，体现为“激励”对“响应”的时间要求，反映了知识行为的呆滞或敏捷。如果能在规定时间内完成响应要求，则是合格的知识行为，能满足激励的实时性要求。在满足实时性的基础上，还可从时间的耗费上来判定知识行为的优劣。

在事件激励、信息处理、行为结果输出的知识行为三个过程中，时间耗费最多的环节是信息处理。应对性处理是对大脑知识库的检索行为，可在极短的时间里完成;思考性处理是一个复杂的思维过程,需要有足够的处理时间。

思考性处理有记忆效应,众多的思考处理结果会形成丰富的应对知识。经验丰富的人,其大脑知识库中会有丰富的应对知识,从而提高其知识行为的实时响应能力。以下棋为例,双方都会对悔棋现象反应迅速,因为经过多次悔棋事件激励后,其处理方式已转化成应对性的检索方式;当对方落子、出奇招时,会深思熟虑;当对方出常见招数时,经验丰富的棋手可以不加思考地落子应对,如中国象棋中"当头炮、把马跳"的应对处理。

## 6.6 人类知识行为的工具转移

---

人类对工具的期望

工具中的知识行为集成

智能化工具的知识行为特征

---

古往今来,人们都认为知识行为能力(智力)为人类所独有。半导体微处理器诞生后,打破了人类独占知识行为的局面。半导体微处理器是一个可实现人类知识行为的智力内核,它将人类知识行为能力转移到工具中,实现了人类工具的普遍智能化。智能化工具出现后,极大地改变了人类独有的智力表现方式。

### ▶ 人类对工具的期望

人类个体能在记忆态知识基础上,以知识行为方式形成独特的智力行为。工具中含有集成态知识,也有可能出现集成态知识基础上的知识行为能力,从而使工具产生人类的智力行为,这就是人类对智能化工具的期望。

原始工具、手工工具、机械化工具中含有集成态知识,但不具有知识行为能力。人们希望在机械化工具基础上,以自动化工具为切入点来探索工具的知识行为集成。早期的自动提水工具、水力磨房、风力磨房中,出现了原始状态的一维知识行为集成。其后的自鸣钟、八音盒、自动钢琴,直至最后在机械化工具基础上实现的自动机床、自动生产线,都是泛性的一维知识行为集成。然而,人类不可能在泛性一维知识行为基础上,实现人类智力的多维知识行为集成。

### ▶ 工具中的知识行为集成

20 世纪 70 年代诞生的半导体微处理器,是一个归一化的智力内核。在半导体微处理器中集成了存储器、运算单元、时钟电路、指令系统、中断系统、总线系统及输入/输出端口。微处理器的这种体系结构,最大限度地满足了知识行为的四个要素要求。存储器可以存储数字化知识;总线系统与输入/输出端口,可以实现与外部世界的交互;在指令系统基础上的程序设计,可以实现激励事件的多种选择、数字信息处理,以及处理结果的外部输出。微处理器在运行中能充分展现人类知识行为的正确性、思考性、多维性、应急性、实时性、交互性等智力特征。例如,在指令系统基础上编制并调试好的应用程序,能保证半导体微处理器运行行为的正确性、思考性、多维性;微处理器的高速时钟频率可以保证知识行为的实时性要求;中断系统的中断机制,可以随时中断原来的知识行为进程,以保证知识行为的应急性要求;总线系统与输入/输出端口可以实现微处理器与外部世界的各种交互行为。由此可见,满足了人类知识行为的四个要素要求的半导体微处理器,是一个具有人类知识行为能力的数字归一化的智力内核。

### ▶ 智能化工具的知识行为特征

所有智能化工具内部都嵌入了半导体微处理器。智能化工具的知识行为体现为微处理器基础上的软件行为。智能化工具的知识行为具有归一性、专一性、可靠性、正确性、山寨性、扇出性等特征。

**(1) 归一性**

无论是通用计算机的智力平台,还是嵌入式系统的智能化工具,它们的知识行为都是微处理器智力内核基础上的智力行为。在归一化智力内核基础上,所有智能化工具的知识行为都是微处理器数字系统基础上的数字化软件行为,体现为微处理器智力内核基础上的数字归一化硬件结构与软件体系。

**(2) 专一性**

与人类个体广泛的知识行为相比,智能化工具的知识行为都是专一的知识行为。例如,智力平台上的财务处理软件工具中,只有财务管理的知识行为能力;电子计算器中,只有数值计算的知识行为能力。

**(3) 可靠性**

相比于人类个体知识行为的随意性,智能化工具的知识行为是可靠的。智能化工具的商品特征,保证了智能化工具知识行为的基本可靠性。

与传统工具的二值化("好"与"坏")可靠性相比,由于软件的介入,智能化工具的可靠性是多值可靠性。在成熟的集成电路硬件基础上,智能化工具的可靠性取决于软件的可靠性。通常软件出错不会导致智能化工具损坏,软件的出错概率使智能化工具知识行为的可靠性介于“好”、“坏”之间的多值状态。

**(4) 正确性**

正确性是人类工具的固有特性，因为工具在使用中会不断经受检验、不断完善。一个成熟工具中集成的都是正确的知识成果。同样，智能化工具也要经受实践的检验，以保证其知识行为的正确性。硬件平台的可靠保证、软件的不断优化，是智能化工具知识行为正确性的可靠保障。

**(5) 山寨性**

对人类个体而言，头脑中有知识才有可能产生知识行为。当知识行为转移到智能化工具中，成为工具的独立知识行为后，没有知识的人拥有了智能化工具，也可以出现相应的知识行为，这就是傻瓜化应用的概念。没有数值计算知识的人，可以在计算器上实现数值计算的知识行为；没有摄影知识（包括光学成像、对焦，光圈、快门参数设置等知识）的人，利用数码相机可以拍摄出专家级的照片。在 IT 产业中，没有电子工程师的乡镇企业，可以生产出含有高科技的 VCD/DVD 机。

**(6) 扇出性**

知识行为的扇出性，是指工具中知识行为可以转移给他人，成为众多他人的知识行为。人类个体的知识行为不具有扇出性。数值计算专家的数值计算知识行为不可能转移给他人。他人只能从数值计算专家那里学习数值计算知识，在掌握数值计算知识的基础上，实现其数值计算知识的知识行为。

智能化工具的知识行为虽然也是知识基础上的行为表现，但其知识行为是独立的。有了智能化工具，即使没有知识，也能具有相应的知识行为能力。

智能化工具的傻瓜化应用与扇出性行为，导致知识经济时代广泛的山寨化现象。

## 6.7 知识行为转移与山寨化现象

进入智能化工具时代，人类个体的知识行为转移到工具中，没有知识的人依靠智能化工具，也可以产生巨大的知识行为能力；智能化工具的全球化扇出效应，使人类社会进入一个山寨化的知识应用时代。

山寨化应用是智能化工具诞生、知识创新与创新知识应用彻底分离后出现的傻瓜化知识应用，是一个少数精英与众多草民在人＋智能化工具体系中的知识革命。

过去，必须依靠专家才能实现的专家知识行为，草民也可以在智能化工具基础上来实现。这是一种普遍的、无处不在的山寨化现象。在科技领域，一个普通的电子工程师，可以在大规模集成电路与微控制器基础上，构建出原先必须依靠专家才能实现的电子系统。过去，在钢结构强度计算领域的有限元强度计算，必须依靠具有有限元强度计算知识的专家来完成；有了有限元强度计算软件后，普通的结构工程师就能轻而易举地完成有限元强度计算。在IT产业领域，没有电子工程师的乡镇企业，在半导体厂家VCD/DVD软硬件套件的基础上，可以生产出大量的VCD/DVD机；在联发科手机的软硬件平台基础上，诞生了众多的草民式手机厂商。在日常生活领域，超市中有了收银机，任何不会计价、算账的人，都可以成为收银员。更不用说，有了计算器，人人都会计数；有了数码相机，人人都是摄影师；有了图像处理软件，过去顶级照片处理技师都无法完成的图片处理任务，普通人就能轻易完成。这些就是智能化工具出现后的山寨化现象。

山寨化现象，是精英与草民捆绑下的知识应用变革现象。若没有精英的知识创新以及创新知识到智能化工具的转化，便不可能有草民的傻瓜化应用。智能化工具巨大的扇出效应，形成了少数精英与庞大草民的人群分离现象。这种现象会随着全球化效应以及物联网、云计算技术的提升而不断加剧，草民人群不断扩大，精英队伍不断缩小。

对众多的草民而言，他们以空前的速度抛弃知识、抛弃记忆、抛弃知识行为，却能获得空前巨大的改造世界的力量，用一句座右铭来描述："人们抛弃了知识与记忆的枷锁，却可以拥有整个世界。"

# 第三篇　人类知识的发展规律

在认识世界、改造世界的原始任务中，人类主观世界的主体与客观世界的客体、认识世界的感性知识与理性知识、改造世界的知识与知识行为，形成人类知识发展中主与客、知与识、知与行的二元化基因。

原始任务中的二元化基因，导致原始任务中的主体分离、认识世界中感性知识与理性知识的分离、改造世界中知识与知识行为的分离（即原始任务中的主体分离，知、识分离，知、行分离），从而形成人类知识的分离性发展规律。分离性发展规律是人类知识发展的基本规律。

知识分离性发展的物质基础是工具。无论是知识发展中的主体分离，还是知、识分离与知、行分离，都依赖于知识、知识行为在工具中集成的中介效应，使一部分人可以在感性知识基础上，利用工具的力量来改造世界。工具中知识、知识行为的集成性发展规律是知识分离性发展的衍生规律。

知识的分离性发展、集成性发展，极大地加快了人类知识发展的步伐。人类知识发展的三次重大分离、工具知识集成的两次重大变异，都导致人类知识的巨大加速效应，形成了人类知识指数式增长的非线性发展规律。

原始任务中的二元化基因决定人类知识发展的轨道。分离性发展规律、集成性发展规律、非线性发展规律成为人类知识发展的三大规律。

# 第七章　二元化基因与人类知识发展规律
## ——人类知识的三个发展规律

7.1　呼唤知识走出哲学殿堂
7.2　人类知识学遗产的启示
7.3　知识发展的二元化基因
7.4　矛盾统一体中的人类知识分离
7.5　知识分离与工具的人类知识集成
7.6　知识分离与知识集成后的飞跃发展
7.7　二元化基因与知识发展规律

认识世界、改造世界是人类的原始任务，它贯穿于整个人类历史进程之中。知识阶层出现后，先哲们首先涉及的是"认识世界"的探索，开始了知识学研究中认识论、知识论、实践论的哲学时代。

认识论、知识论、实践论的哲学观，揭示了原始任务中主观世界与客观世界（主与客）、感性知识与理性知识（知与识）、知识与知识行为（知与行）的二元化基因。

二元化基因统一在人类的原始任务中。二元化基因的矛盾、斗争，形成了人类知识发展的基本规律。原始任务中的知识主体分离、认识世界中的知、识分离，以及改造世界中的知、行分离，形成知识的分离性发展规律；人类工具从泛性知识集成到归一化知识集成、从知识集成到知识行为集成的发展，形成知识的集成性发展规律；知识发展的结构性加速因素、市场经济的利润驱动加速因素、工具变革的加速因素、信息革命的加速因素，形成人类知识总量的非线性发展规律。

分离性发展规律、集成性发展规律、非线性发展规律，是人类知识的三个基本发展规律。在知识经济时代，人类知识依据三个基本发展规律发展到极致状态：知识的分离性发展形成知识行为与人类个体分离、知识创新与创新知识应用的彻底分离状态；知识的集成性发展进入知识行为在工具中的归一化内核集成状态；知识的非线性发展则进入疯狂性发展的环境动荡、社会动荡、政治动荡的全面动荡时代。

# 7.1 呼唤知识走出哲学殿堂

从认识论到知识论
走出哲学殿堂的知识
知识革命呼唤知识学

知识阶层出现后，人类最早进入的研究领域是知识的认识论研究。人类近代自然科学、社会科学研究的历史不过几百年，人类对认识论的研究却有千年以上的历史。现代史上，自然科学、社会科学研究取得了丰硕的成果，人们对知识的认识却仍然停留在认识论、知识论的哲学领域。在知识经济时代，当知识走上前台时，人们开始呼唤知识走出哲学殿堂。

## ▶ 从认识论到知识论

知识的主观性与原始性，导致古代思想家率先进入认识世界的认识论领域。古代哲学家首先面临的问题，是知识的主观性与客观性，即知识是“生而知之”还是“学而知之”的唯心主义与唯物主义之争，继而是方法学上辩证法与形而上学之争，人们对知识的认识一直局限在哲学领域。随着科学技术的发展，知识成果在社会生产力、社会生活中的影响与日俱增，人们见证了活生生的“知识”，可以客观地讨论有关知识的方方面面。人类对知识的产生、演化、发展有了更具体的体验，使知识研究从认识论进入知识论阶段。毛泽东的实践论则以辩证唯物主义的方法论，最通俗地解释了人类对客观事物的认识过程，将人类对知识的方法论研究普及到百姓大众。

## ▶ 走出哲学殿堂的知识

当知识阶层的先哲们沉溺于知识的认识论、知识论、方法论时，现代科学的自然科学（数学、物理学、化学、医学、工程学、工艺学等）、社会科学（经济学、政治学等），将人类丰富的知识成果活生生地展现在人们面前。18 世纪工业革命的知识风暴，成为人类历史上第一次知识革命，将人类社会带入机械化的工业文明时代。20 世纪现代计算机的智力革命，是人类历史上第二次知识革命。微处理器智力内核的普遍应用，将人类社会带入知识经济的知识文明时代。活生生的知识力量表现，使人们不再关心认识世界的哲学命题，唯心主义世界观被人们逐渐淡忘。两次知识革命使知识从后台走向前台，资本生产力让人们体验了知识的力量，知识生产力让人们体验了知识的独立价值。人们不得不以现实的角度来审视知识力量的真实性与它的独立发展规律。

### ▶ 知识革命呼唤知识学

第一次知识革命，虽然显示了知识的巨大生产力效应，但知识仍然表现为社会生产力的后台效应。经济学家找到了“社会生产力”的武器，可以用生产力学说来诠释各种社会现象，人们不再研究知识的深层原理，从而错过了创建知识学的第一次机会。在知识经济时代，知识走向前台，显示了知识的独立价值与力量。产权知识、平台商品知识、知识经济时代独立的知识产业现象，以及工具中活生生的知识印记，要求人们从知识的源头上求解，此时却发现人类对“知识”所知甚少。

在知识经济时代，知识走上前台，人类知识发展、演化进入巅峰时代，人们有可能在全面回顾人类知识发展的历史进程中，探索到知识发展的本质规律与演变进程，寻找到人类知识发展的真谛。在知识经济时代创建知识学恰逢其时。

## 7.2 人类知识学遗产的启示

---

古代东西方的认识论遗产
唯物辩证法的知识学研究
《实践论》的知识学方法

---

认识论、知识论、实践论是人类知识学仅有的宝贵遗产。古代先哲们从认识论的角度开始了对知识的认识。通过广泛而持久的唯心主义与唯物主义世界观的论争，形成了朴素的唯物主义的认识论，奠定了知识学的方法学基础。知识论则从知识的独立人格出发，探讨知识的定义、内涵、特征与检验方法。实践论则告诉人们获取真知的观念与方法。

### ▶ 古代东西方的认识论遗产

古代哲学家们从认识论的角度探讨知识的主体与客体，出现了早期唯心主义与朴素唯物主义的认识论。

东西方古代的认识论始于古罗马与春秋战国时期的先哲时代。在这一时期,知识领域中充满了唯心主义与唯物主义的论争。

在古希腊罗马时期,唯物主义者赫拉克利特肯定认识的对象是自然界,同时又区分了感觉和思想这两种认识形式,认为感觉分辨事物,思想则把握真理。唯心主义者柏拉图认为,灵魂在进入肉体以前,就已经有了认识理念,知识无非是回忆而已。亚里士多德肯定认识起源于感觉,由感觉产生记忆,多次感觉产生经验,经验只知道事物是什么,从经验之中得到的观念才是完全意义上的知识,它提供事物的本质,对事物原因作出了解释。

中国古代春秋战国时期的哲学家们,对认识的来源、认识的可能性、主体的认识能力等问题进行了考察。儒家学派的创始人孔子认为:"生而知之者,上也;学而知之者,次也;困而学之,又其次也;困而不学,民斯为下矣。"这种看法包含向唯心主义、唯物主义认识路线发展的两种可能性。孔子并不承认自己是"生而知之者",他强调"学而知之",多闻多见,提出"学而不思则罔,思而不学则殆"的论点,在一定程度上表现出感性与理性并重的合理思想。

道家学派的《老子》一书,提出"不出户,知天下;不窥牖,见天道",认为"圣人不行而知,不见而名,不为而成",主张"绝学"、"弃智",用"静观"、"玄览"的神秘直觉方法,去体验"无形"、"无名"的"道",这是一条神秘的唯心主义认识路线。道家学派的另一个代表庄周,主张感觉经验论,认为感觉经验是认识来源和认识的真理性标准。他说:"天下之所以察知有与无之道者,必以众之耳目之实,知有与亡为仪者也。"

墨子的认识论思想倾向于唯物主义,他认为,人的知识来源可分为三个方面,即闻知、说知和亲知。闻知,又分为传闻和亲闻两种;说知,包含推论、考察的意思;亲知,乃是自身亲历所得到的知识。墨子把知识来源的三个方面有机地联系在一起,在认识论领域独树一帜。

后期墨家的著作《墨经》,继承和发展了墨子认识论思想中的唯物主义倾向,对认识的本质、来源、过程和真理性标准等问题,都进行了朴素唯物主义的解释。《墨经》明确提出"知,接也";"知,知也者,以其知过物而能貌之",认为认识是人以"所以知"之"知材"与外物接触而发生的对外物的模写与反映。

## ▶ 唯物辩证法的知识学研究

唯物辩证法是认识客观世界的基本方法,它揭示了客观事物的认识规律。唯物辩证法的三大规律是,量变质变规律、对立统一规律、否定之否定规律。

**(1) 量变质变规律**

量变质变规律揭示了客观事物由于内部矛盾引起的发展变化规律。这种变化是由量变的积累到质变的循环往复、不断前进的转化过程。它是自然界、人类社会和知识发展的普遍规律，表明了事物运动发展的基本状态。量变质变规律划清了唯物辩证法和形而上学的"激变论"、"庸俗进化论"的界限。激变论只承认质变而否认量变，庸俗进化论只承认量变而否认质变，它们都没有认识到事物量变和质变的辩证关系。正确理解和完整掌握量变质变规律，对于认识和实践活动具有重要的方法学意义。

**(2) 对立统一规律**

任何事物都含有对立的两个方面，事物发展遵循对立面的统一和斗争的规律。对立统一规律有以下 4 个基本内容：

对立面的同一性和斗争性。同一性表现为对立面之间的相互依存、相互渗透与相互贯通；斗争性表现为对立面之间的相互排斥与相互否定。

矛盾的同一性和斗争性相互关联。矛盾的同一性是对立面双方的同一，矛盾的斗争性寓于矛盾的同一性之中。斗争是统一体内部的斗争，斗争的结果导致双方的互相转化与互相过渡。

矛盾的同一性是相对的，矛盾的斗争性是绝对的。矛盾的同一性是指它的条件性，任何矛盾统一体的存在都是有条件的。矛盾的斗争性的绝对性是指它的普遍性和无条件性。

矛盾双方的统一与斗争推动事物发展。矛盾的斗争性导致矛盾双方力量对比和相互关系不断变化，以致最终造成矛盾统一体的破裂，导致旧事物被新事物所取代。

**(3) 否定之否定规律**

否定之否定规律，是由德国哲学家黑格尔第一次明确表述出来的。它表明任何事物都包含对立的双方，即肯定方面和否定方面。肯定方面是决定事物性质的方面，是保持事物存在的方面；否定方面则是同事物性质相对抗的方面，是促使事物灭亡的方面。任何一个肯定的事物，随着时间的推移，都要被否定。也就是说，原来处于矛盾次要地位的否定方面终究要代替肯定方面，取得支配地位，使事物发生质变。否定旧事物是肯定新事物，旧的否定就是新的肯定，新的肯定中又包含新的否定，新的肯定和新的否定一起构成对立的双方，并共存于新的统一体中。新事物中的肯定方面和否定方面又通过量变进程达到质变，否定方面战胜肯定方面而取得支配地位，出现又一个新事物，如此变化发展下去，以至无穷。

## ▶《实践论》的知识学方法

毛泽东的《实践论》以辩证唯物主义观点，深刻地阐明了人类认识世界、改造世界的辩证关系。将人类对客观世界的认识和改造，统一在认识与实践的对立统一、量变质变、否定之否定的运动变化之中。如果说辩证唯物论是知识学的哲学基础，那么实践论便是知识学的方法学。毛泽东在其《实践论》中告诫我们：

**(1) 人类认识的实践性**

人类对客观世界的认识，主要依赖于物质的生产活动，在生产活动中，逐渐地了解自然现象、自然的性质、自然的规律性、人和自然的关系。

**(2) 人类的认识过程**

人类认识客观世界有一个由浅入深、由此及彼、由片面到全面的过程。在实践过程中，开始只是看到过程中的个别事物现象，看到各个事物的某一方面，看到各个事物之间的外部联系。感觉到了的东西，我们不能立刻理解它，只有理解了的东西才能更深刻地感觉它。

**(3) 真理的检验标准**

实践是检验人们对于外界认识的真理性标准。人们要想得到工作的胜利，即得到预想的结果，一定要使自己的思想合于客观外界的规律性，如果不合，就会在实践中失败。

**(4) 理论与实践的关系**

感性的认识是属于事物之片面的、表象的、外部联系的东西，理性的认识是属于事物全体的、本质的、内部联系的东西。感觉只解决现象问题，理论才解决本质问题。

**(5) 认识真理的过程**

认识真理有一个从感性到理性的过程。第一步，是开始接触外界事物，属于感觉阶段。认识开始于经验——这就是认识论的唯物论。第二步，认识有待于深化，认识的感性阶段有待于发展到理性阶段。理性认识依赖于感性认识，感性认识有待于发展到理性认识，这就是辩证唯物论的认识论。

**(6) 知行统一观**

辩证唯物论主张知行统一。通过实践发现真理，又通过实践证实真理和发展真理。从感性认识能动地发展到理性认识，又从理性认识能动地指导实践。在客观世界中实践、认识、再实践、再认识的循环往复中，不断改造主观世界，实现主观和客观、理论和实践、知和行的统一。

## 7.3 知识发展的二元化基因

认识论的二元化基因
知识论的二元化基因
实践论的二元化基因

无论是古代东西方的认识论、知识论遗产，唯物辩证法的世界观，还是毛泽东的实践论，都在不厌其烦地论述主观世界与客观世界、感性认识与理性认识、知识与知识行为等二元性基因的矛盾与斗争，从而揭示了人类知识发展中主与客、知与识、知与行的二元化基因。

### ▶ 认识论的二元化基因

认识论的二元化基因，是指“主”与“客”的二元化基因，即原始任务中人类主体与客观规律、主观世界与客观世界的二元化基因。

在古代东西方思想家们的争辩中，充满了主观世界与客观世界、唯心主义与唯物主义的斗争。如何看待主观世界中主体、主观意识与客观世界中客体、客观事物，是唯心主义与唯物主义争辩的主题。“观鱼乐”、“白马非马”是中国古代哲人著名的诡辩命题。

战国时期，宋国人庄子与惠子在濠水的桥梁上散步时相遇，庄子说，水中的鱼儿很快乐。惠子问，你不是鱼儿，怎么会知道鱼儿快乐？庄子说，你不是我，怎么会知道我不知道鱼儿快乐？……原文如下：

庄子与惠子游于濠梁之上。庄子曰：鯈鱼出游从容，是鱼之乐也。惠子曰：子非鱼，安知鱼之乐？庄子曰：子非我，安知我不知鱼之乐？……

这是著名的“我乐”与“鱼儿乐”的主体、主观意识与客体、客观事物的二元化命题。

“白马非马”的故事大概是这样的。战国时有一城池得令，马匹不得出城。一天，平原君的食客公孙龙带着一匹白马正要出城。守门的士兵对他说：马匹一概不得出城。公孙龙心生一计，企图歪曲白马是马的事实，来说服士兵放行。公孙龙说：白马并不是马，因为白马有两个特征，一是白色的，二是具有马的外形，但马只有一个特征，就是具有马的外形。具有两个特征的白马怎么会是只具有一个特征的马呢？所以白马根本就不是马。愚蠢的士兵无法应对，只好放行。

无论是“观鱼乐”，还是“白马非马”，都是利用客观事物在人们主观世界中反映的差异性进行诡辩的典型事例，它反映了统一在人类认识世界中，相互分离的两个矛盾方面，一个是人类主体与人类主观意识，另一个是客观世界与客观事物规律，它们是认识论的二元化基因。

认识论的二元化基因统一在人类认识世界、改造世界的原始任务中。一方面，人类要在认识世界基础上改造客观世界；另一方面，人类要不断地揭示客观世界的客观规律，使人类主观意识与客观规律相吻合，从而有效地改造客观世界。

## ▶ 知识论的二元化基因

知识论的二元化基因，是指“知”与“识”的二元化基因，即认识世界中感性知识与理性知识的二元化基因。

感性知识与理性知识具有时空二元化特征，即感性认识与理性认识在空间分布上的二元化层次与时间上的二元化进程。

知识在空间分布上的二元化，是指感性知识与理性知识在人群中二元化分布。一部分人将感性知识不断升华成理性知识，另一部分人可以长期停留在感性知识阶段。知识在时间上的二元化进程，是指从感性知识到理性知识有一个升华的时间过程。

知识论的二元化基因告诫人们：并非所有人类个体都要将感性知识上升到理性知识；人类个体改造客观世界，不一定都要有理性知识，虽然理性知识能更好地帮助人类改造客观世界。

“知”与“识”的人群分离，体现为知识阶层与普罗大众的分化；“知”与“识”的知识应用分离，体现为工具中知识原理与应用界面的分离。

## ▶ 实践论的二元化基因

实践论的二元化基因，是指“知”与“行”的二元化基因，即改造世界中认识与实践(知识行为)的二元化基因。

毛泽东在他的《实践论》中，反复强调实践与认识、知与行的统一性，强调人们通过实践、认识、再实践、再认识的螺旋式上升过程，从感性认识上升到埋性认识，最终逼近真理；强调认识世界、改造世界的知行统一观。把实践视为认识世界的源头，反映出实践与认识、知与行的二元性。

毛泽东的《实践论》突出了辩证唯物论的对立统一规律中，实践与认识、知与行的统一性。然而，在研究知识学原理时，必须充分认识到实践与认识、知与行的矛盾对立性与对立面的矛盾演化。

实践与认识、知与行的矛盾对立性与对立面的矛盾演化，通常表现为人类个体知识发展的分离性倾向。人类个体知识可以从学习先人的知识中获取，不必通过亲自实践；人类个体可以依赖工具的知识力量来改造世界，而不必拥有工具中的知识原理。

## 7.4 矛盾统一体中的人类知识分离

原始任务的矛盾与统一

矛盾统一体中的分离倾向

人类知识分离的重大进步意义

主与客、知与识、知与行的二元化基因，是人类知识发展的三个矛盾因素，它们统一在人类发展、进化的原始任务中。在人类知识发展的进程中，这些矛盾因素呈现出分离化倾向，这种分离化倾向在人类发展史上具有重大的进步意义。

### ▶ 原始任务的矛盾与统一

“认识世界”与“改造世界”，是人类原始任务中对立统一的两个方面，由此导出人类知识发展的二元化基因，即原始任务中的“主”与“客”、认识世界中的“知”与“识”、改造世界中的“知”与“行”，它们统一在原始任务中。对立统一中的不断分离成为人类知识发展的主线。

在对立统一体中，有矛盾的主要方面与次要方面。在二元化基因的三个矛盾中，“主”与“客”中的“主体”，是矛盾的主要方面，因为在认识世界、改造世界中，人类个体处于主导地位，由人类主体认识客观世界、改造客观世界；“知”与“识”中的“感性知识”，是矛盾的主要方面，因为感性知识是理性知识的基础，有了丰富的感性知识，才可能产生理性知识的升华；“知”与“行”中的主要矛盾方面是“知识”，因为在改造世界中，知识是行为的基础，改造世界的知识行为源于知识。

### ▶ 矛盾统一体中的分离倾向

在人类知识发展的矛盾统一体中，二元化基因相互依存、相互促进、不断演化。这种演化的主旋律是矛盾统一体中的分离倾向，从而形成原始任务中人类知识发展的主体分离，知、识分离，知、行分离。这种知识的分离性发展，在人类发展史上具有重大的进步意义。

**(1) 主体分离**

在混沌的原始时代，原始人同时承担着认识世界、改造世界的双重任务。随着知识的发展，人类认识世界、改造世界的任务日趋繁重。人类个体无法同时兼顾认识世界、改造世界的双重任务，便出现了原始任务中人类主体的第一次分工性分离，一部分人专职于认识世界，另一部分人专职于改造世界。前者为知识阶层，后者为劳动阶层。

在封建时代后期，在改造世界领域，生产实践基础上诞生的实用科技有了巨大的发展，但缺乏理论知识指导，处于发展的瓶颈状态。这时，人类主体的知识阶层中，便出现了一批为实用科技服务的知识精英，导致人类主体的第二次分工性分离，即知识阶层主体中研究领域出现分工，一部分人从事技术科学研究，另一部分人从事基础科学研究。

**(2) 知、识分离**

"知"是感性知识，"识"是理性知识。知与识是认识世界的两个独立时间进程，也是知识应用的两个层次，具有天然的分离倾向。

在认识世界与改造世界的伟大斗争中，感性知识与理性知识两个相对独立的因素表明，人类在认识世界中，获得感性知识后，便可以改造世界。将感性知识上升到理性知识，只是为了更好地改造客观世界。这种知、识分离成为人类主体分离的主导因素。劳动阶层在感性知识基础上从事改造世界的体力劳动，知识阶层从事将感性知识上升到理性知识的脑力劳动。当劳动阶层在实用科技上受到感性知识的局限后，便引发知识阶层中的分工性分离。知识阶层的一部分人转向实用科技，将实用科技提升到技术科学境地；另一部分人则摆脱为现实社会生产力服务的羁绊，从事未知世界的基础科技的探索。

**(3) 知、行分离**

知识是改造世界的基础，知识行为是改造世界的物质力量。改造世界中知识与知识行为的二元化基因，导致知识与知识行为的分离。知识与知识行为分离有两个内涵，一是理性知识与知识行为的分离，二是智能化工具诞生后知识行为与人类个体的分离。

理性知识与知识行为的分离表明，人们在改造客观世界时，可以不必掌握理性知识；知识行为与人类个体分离后，人类可以借助工具的知识行为力量来改造客观世界。

### ▶ 人类知识分离的重大进步意义

人类知识分离的重大进步意义在于社会知识资源的最大化节约，即在最小限度知识投入下，有最大化的知识产出。

知、识分离，表明人类个体可以在感性知识的基础上改造客观世界，不必将感性知识上升到理性知识，因此，只需要少部分人从事理性知识研究。在整个人类社会中，少数知识分子从事前瞻性的基础理论研究或技术学科研究，既兼顾了人类社会长远性发展对理论知识的需求，又兼顾了现实生产力中技术科学对现实生产力的指导作用，从而大大地节约了人类总体的社会智力资源。

知、行分离充分利用了知识成果工具转化后的傻瓜化应用与巨大的扇出性特点，将每一个知识成果利用到极致。知识阶层将知识成果转化成工具时，在工具中形成知识成果与应用界面的分离。知识成果应用者只要了解应用界面，便能实现知识成果的应用，从而降低了知识应用的门槛；工具无限复制的扇出效应使知识成果效益无限扩展，大大地发挥了知识成果的经济效益与社会效益。

## 7.5 知识分离与工具的人类知识集成

---

混沌时代的感性知识工具集成

知识阶层的理性知识集成时代

工具知识集成与社会生产力变迁

---

认识世界、改造世界是人类进化、发展不可分割的总体目标。人类在认识世界基础上改造客观世界，人类改造客观世界不能停留在感性知识基础上，必须将感性知识上升到理性知识，才能更好地改造客观世界。原始人类在感性知识基础上改造客观世界；知识阶层出现后，有了从事理性知识研究的人群。然而，广大劳动群众无法直接在理性知识基础上实现知识应用。人类必然要寻找在主体分离，知、识分离，知、行分离的状况下，实现认识世界、改造世界的总体目标。依靠工具知识集成的中介效应，就是知识分离性发展后的理想出路。知识分离性发展的直接后果是工具的知识集成。

### ▶ 混沌时代的感性知识工具集成

人类个体总是在认识世界的基础上改造世界，原始人在感性知识基础上便开始了改造世界的进程。

在原始的混沌时代，原始人在认识到带有斜刃的石块易切割食物、尖锐的石块有利于猎杀动物后，便制作了石刀、石簇。这是一种原始的感性认识与感性知识基础上的应用，满足了人类认识世界、改造世界的基本要求。这种原始的知识发现与知识应用方式，奠定了人类知识发展的经典应用模式，即在认识世界的实践中产生知识，将知识集成在工具中，在工具基础上改造世界。这种知识发展模式，奠定了人＋工具的社会生产力基本结构。

## ▶ 知识阶层的理性知识集成时代

知识阶层出现后，从事知识研究的人们将众多的感性知识上升到理性知识，开始了理性知识成果基础上的工具集成。

知识阶层从众多感性知识形态中，抽出普遍的知识规律，上升到综合性、本质性的认识，这就是理性知识。理性知识是众多感性知识基础上综合的核心知识，这种核心知识有利于实现更高层次的知识应用。例如，人们从石刀、石簇、石斧、骨针的众多应用中，总结出原始的斜面省力的原理知识，从而在刀具的改进中，不断强化刀刃的刚度与光滑度，以便充分发挥斜面省力的效益。人们还将斜面省力的原理知识扩大到其他领域，如将刀具改变成螺旋状刀刃的钻具、齿条状刀刃的锯子、镶嵌到刨子上的刨刀等。当知识阶层从众多的斜面应用中总结出斜面省力的力学原理后，便会进一步扩大它的应用。

知识阶层的出现、理性知识巨大的实践指导作用，导致人类社会迅速进入一个理性知识集成时代。在这一时代，知识集成的主角是知识阶层，特别是从事技术科学研究的知识阶层。他们将感性知识上升到理性知识，随后将理性知识成果集成到工具中，并给工具以知识应用界面，将知识成果与应用界面分离，以实现知识成果的傻瓜化应用。这样一来，理性知识成果集成就成为知识阶层的专业化任务。

## ▶ 工具知识集成与社会生产力变迁

人＋工具是社会生产力的基本结构与发展模式。工具知识集成的变迁，必然会产生社会生产力的变迁。这种变迁是从劳动生产力到资本生产力、知识生产力的变迁。

在感性知识集成时代，感性知识的形成、感性知识工具的集成，以及感性知识的应用都集劳动者于一身。劳动者成为认识世界、改造世界的主角。社会生产力是由劳动者主宰的劳动生产力。

在理性知识集成时代，形成了知识阶层与普通劳动者在社会生产力中的分工。知识阶层将感性知识上升到理性知识，并将理性知识成果集成到工具中；普通劳动者在工具基础上实现改造世界的任务。这一时期，工具中具有改造世界的巨大力量，以致劳动者能依靠工具的知识力量来改造世界，使劳动生产力变成知识与工具主导的社会生产力。在资本对知识与工具的整合下，劳动生产力变革成资本生产力。半导体集成电路诞生后，理性知识集成进入归一化智力内核的知识行为集成时代，智能化工具具有独立的人类知识行为能力，能有效地替代劳动者在社会生产力中的脑力劳动。社会生产力便从资本生产力变革到知识生产力。

## 7.6 知识分离与知识集成后的飞跃发展

在人类原始任务中，"认识世界"与"改造世界"是时空领域中两个相对的独立事件，形成了三对二元化基因，即认识世界与改造世界中的主体与客体、认识世界中的感性知识与理性知识、改造世界中的知识创新与创新知识应用。所有这些二元化基因都会导致人类知识的分离性发展，知识的分离性发展规律成为人类知识发展的基础性规律。

知识的分离性发展，导致知识创新与创新知识应用形成专业化分工，最大化地节约了社会智力资源，以致能在最少知识创新投入下获得创新知识应用的最大产出。知识分离性发展促进了知识发展的飞跃。

知识分离性发展衍生出工具的知识集成，形成了知识集成性发展规律。知识集成性发展规律表明，人类在完成认识世界、改造世界的原始任务中，形成了人＋工具的社会生产力模式。这充分显示了工具知识集成在提高社会生产力中的巨大作用。从原始工具、手工工具，到机械化工具、智能化工具，可以看出人类社会生产力、人类知识总量的飞速发展趋势。

所有知识分离性、集成性发展因素，都大大地促进了人类知识的发展速度。在人类原始的混沌时期，原始知识发展经历了百万年的历史阶段；知识阶层诞生后，人类主体的分工性分离，导致出现封建时代人类知识总量的显著增长期；知识阶层中基础学科研究与应用学科研究的分离，导致出现机械化工具基础上，现代工业文明的知识飞速发展期；集成电路诞生后，出现了智能化工具基础上的知识创新与创新知识应用的彻底分离，使人类知识进入一个疯狂的发展时期。所有知识的分离性、集成性发展，都使人类知识发展呈现出指数式发展态势，这就是人类知识的非线性发展规律。

## 7.7 二元化基因与知识发展规律

人们从原始任务中两个独立事物的对立统一规律中，寻找到知识发展的二元化基因；又从二元化基因的演变中，总结出人类知识的分离性发展规律。支持知识分离性发展的，是工具中知识不断集成的集成性发展规律。随着知识的分离性、集成性发展，人类知识总量呈指数式增长。可以看出，在实现认识世界、改造世界的原始任务中，人类知识发展遵循着分离性、集成性、非线性三个规律发展。

分离性发展规律是人类知识发展的最基本规律，体现为人类在原始任务中的主体分离，认识世界中的知、识分离，以及改造世界中的知、行分离。人类经历过三次大的知识分离事件，即原始任务的主体分离、知识研究的专业分离、知识行为的主体分离。

原始任务的主体分离是指原始任务中人类主体的分工性分离，少部分人从事认识世界的知识研究工作，大部分人从事改造世界的知识应用工作，主体分离的标志是知识阶层的形成。

知识研究的专业分离是指知识阶层研究领域的分工性分离，一部分人从事脱离现实生产力的基础理论研究，另一部分人从事为现实生产力服务的技术科学研究。

知识行为的主体分离是指半导体集成电路诞生后知识行为与人类个体的分离。知识行为与人类个体分离后，集成到工具中形成的智能化工具具有人类的知识行为能力，导致人类在改造世界过程中逐渐被傻瓜化。

集成性发展规律是人类工具中知识、知识行为集成的发展规律。世界上没有无知识的工具，人类工具经历了从泛性知识集成到归一化知识集成、从知识集成到知识行为集成的两个大的历史发展阶段。原始工具、手工工具是人类知识的泛性知识集成，机械化工具是动力机械内核的归一化知识集成，智能化工具则是微处理器智力内核的归一化知识行为集成。工具知识集成中的重大变革都会引发人类社会的巨大变革：从原始工具到手工工具的变革展现了人类社会的农业文明；归一化的动力机械内核是18世纪工业革命的成果，机械化工具催生了资本经济，带来了人类社会的工业文明；归一化的微处理器智力内核是20世纪现代计算机知识革命的基础，智能化工具的广泛普及将人类社会从工业文明推进到知识文明时代。

非线性发展规律是指人类知识总量呈现出指数式增长的发展规律。知识发展的加速因素包括：结构性加速因素、商品化加速因素、工具变革加速因素、信息革命加速因素。结构性加速因素，是非线性发展的内部因素，包括知识的自举性与扇出性加速因素；商品化加速因素，是市场经济的利润驱动加速因素；工具变革加速因素，是从手工工具到机械化工具、从机械化工具到智能化工具两次重大变革的加速因素；信息革命加速因素，是人类知识传播方式革命的加速因素。

知识经济时代是人类知识发展的巅峰时代，人类知识呈疯狂性发展态势，引发了人类社会的自然动荡、社会动荡与政治动荡，人类社会进入到一个结构性动荡时代。

# 第八章　人类知识的分离性发展规律

## ——从原始混沌到彻底分离

8.1　知识发展中的统一与分离
8.2　人类知识分离性发展的必然性
8.3　人类知识发展的三次重大分离
8.4　知识分离性发展的工具因素
8.5　知识分离性发展的重要意义
8.6　知识分离与人类的边缘化进程

在人类知识发展进程中，原始任务中的主与客、知与识、知与行的分离，形成人类知识的分离性发展规律。分离性发展规律，是人类知识发展的基本规律，它源于原始任务中的二元化基因。

知识分离性发展导致知识、知识行为与人类个体分离，分离后的知识、知识行为集成到工具中，由此衍生出知识的集成性发展规律。知识分离性、集成性发展产生的巨大推动力作用，形成人类知识总量的指数式增长态势，使人类知识呈现出非线性发展规律。

人类知识发展史上出现过三次重大的分离性事件。第一次重大分离，是知识阶层诞生后，人类主体在原始任务中的分工性分离；第二次重大分离，是知识阶层在知识研究领域中基础学科与技术学科的专业性分离；第三次重大分离，是半导体微处理器诞生后，知识行为与人类个体的分离。知识发展的每一次分离，都会伴随人类社会的一次重大进步。

在人类知识分离性发展中，工具起着至关重要的作用。原始人类创造的知识，只有转移到外部，集成到工具中，才能得以积累与传承，才能形成改造世界的物质力量。知识、知识行为与人类个体分离后，转移到工具中，形成了工具的知识与知识行为集成。当人类工具进入知识行为集成的智能化工具阶段，人类个体便开始了社会生产与社会生活领域中的边缘化进程。

## 8.1 知识发展中的统一与分离

知识发展目标的统一观
知识发展的时空分离性
工具介入下的知识分离

当人类走上抗争性进化道路后，便把认识世界、改造世界作为人类发展的原始任务。主体与客体、感性认识与理性认识、认识与实践，统一在原始任务中，形成主与客、知与识、知与行的矛盾与斗争，导致人类在实现原始任务中，出现目标统一下知识的分离性发展倾向。

### ▶ 知识发展目标的统一观

毛泽东在《实践论》中，不断强调主观与客观、理论与实践、知与行的统一。这是人类实现原始任务过程中，知识发展目标的统一观，是辩证唯物主义的知行统一论。

为了生存、发展，人类走上了抗争性进化的道路。认识世界、改造世界是人类抗争性生存、发展的统一目标。在实现这一统一目标中，必须坚持主观与客观、理论与实践、知与行的高度统一，即人类个体的主观世界必须与客观世界的客观规律相符合；在认识客观知识世界中，必须坚持实践、认识、再实践、再认识，理论与实践相结合的统一观；必须将创新知识成果与创新知识成果应用落实到人类改造客观世界的现实目标中。然而，原始任务中，主与客、知与识、知与行的二元化基因，会导致在实现原始任务的统一目标中，知识发展出现分离性倾向。

按照唯物辩证法的对立统一观，人们既要看到原始任务中，主观与客观、理论与实践、知与行的统一性，还要看到事物发展过程中量变、质变的矛盾斗争，以及矛盾双方的否定之否定。这就是在原始任务中，对立双方的统一与分离的矛盾演化。在认识世界、改造世界的伟大斗争中，既要看到人类总体目标的统一性，又要看到矛盾方面的时空分离性。

### ▶ 知识发展的时空分离性

人类总是以个体的行为来实现原始任务的总体目标。人体个体在原始任务中的差异性行为，显示出人类知识发展中的时空分离特性，即知识发展中主与客、知与识、知与行的统一与分离。

主与客、知与识、知与行是原始任务统一目标中的两个方面，它体现了在人类历史进程中总体目标统一的同时，人类个体在实现统一目标过程中，时间、空间和行为不断分离，形成人类知识的分离性发展规律。

统一目标中的空间分离，体现了人类个体在认识世界、改造世界统一目标中的分工性分离。一部分人专职于认识世界，另一部分人专职于改造世界。

统一目标中的时间分离，体现了人类个体在认识世界过程中，感性知识与理性知识阶段上的人群分离与进程分离。一部分人停留在感性知识阶段，另一部分人将感性知识上升到理性知识。

统一目标中的行为分离，体现了人类个体在改造世界过程中，理论知识、知识行为与人类个体的分离。人们可以在感性知识基础上改造世界。在智能化工具阶段，人们可以完全依靠智能化工具的知识行为来改造世界。

人类个体在实现人类认识世界、改造世界的原始任务进程中，总是在主与客、知与识、知与行的分离过程中前进，在人类个体知识、知识行为的分离性发展基础上，实现人类认识世界、改造世界的总体目标。

## ▶ 工具介入下的知识分离

知识分离性发展的物质基础，是原始任务中的工具介入。人类个体没有知识遗传性状，必须把自己大脑中的记忆态知识转移到外部工具中，形成人类个体知识的原始分离，分离后的知识被集成到工具中。

工具中知识成果与应用界面的分离、智能化工具中知识行为与人类个体的分离、工具创新与创新工具应用的分离，形成了工具介入下，人类个体知识分离性发展的主线。

知识成果与应用界面的分离，体现了工具知识集成中的结构分离。知识创新者在将创新知识转化成工具时，将知识成果与应用界面分离，为工具应用者设计好应用界面，知识成果则隐含在工具中。

智能化工具的知识行为集成，实现了人类知识行为与人类个体的分离，改造世界的知识行为力量不再依靠人类个体。

工具创新与创新工具应用的分离，体现在工具创新者不使用工具，工具使用者不参与工具创新。这种趋势在知识经济时代达到极致，出现了知识创新与创新知识应用的彻底分离。

## 8.2 人类知识分离性发展的必然性

知识主体的分离性发展
知、识和知、行的分离性发展
知识行为的分离性发展

人类知识的时空分离性导致人类知识出现分离性发展现象。在人类知识发展进程中，知识主体不断分离，知、识不断分离，知、行不断分离，知识行为不断分离，形成人类知识的分离性发展规律。

### ▶ 知识主体的分离性发展

知识主体的分离性，是指原始任务中人类个体的分工性分离与专业化分离。

知识与工具的扇出性，决定了知识的分工性分离与专业化分离倾向，因为在知识与工具的扇出性效应下，不必人人都要认识世界并将认识世界的知识成果转化成工具。

在原始社会的知识混沌时代，生产力极度低下，为求得生存，人人都要了解恶劣的生存环境，人人都要思考恶劣生存环境下的应对方法。在原始人群中，每个人都要寻找带有斜刃的石块，或打造出带有斜刃的石刀。随着知识的发展，工具日益复杂。发现知识，创造工具，在新知识基础上改进工具，成为十分复杂的工作，因而出现了原始任务中知识主体的分离。一部分人专职于认识世界，并在认识世界的基础上打造工具；另一部分人专门使用工具，在使用工具中改造客观世界。

在原始任务的主体分离中，工具成为主体分工性分离的中介物，即专职于认识世界的人群，将认识世界的知识成果转化成工具；专职于改造世界的人群，在工具基础上改造客观世界。

人类主体产生分工性分离后，在专职于认识世界的人群中，还会出现专业化分离，即一部分人专门从事为当时社会生产力服务的技术科学研究，另一部分人专门从事与当时社会生产力相脱离的基础科学研究。这种知识研究的专业化分离，既兼顾了当时社会发展的现实需求，也兼顾了人类长远的发展需要。

## ▶ 知、识和知、行的分离性发展

知、识的二元性基因，导致感性知识与理性知识的分离，由此形成工具中知识成果与应用界面的分离、知识创新与创新知识应用的分离。

众所周知，人类个体在感性知识基础上就能实现知识应用，不必再上升到理性知识。例如，人们只要知道火能将水煮开，便可用火来烹煮食物，不必进一步了解水的升温原理、水的沸腾温度，以及沸腾温度与大气压的关系。

另外，由于人类个体依靠工具来改造世界，工具的介入将导致知识创新与创新知识应用的分离。这种分离的基础是工具中知识成果与应用界面的分离。人们使用工具时，只要了解工具的应用界面即可，并不需要了解工具中的知识成果。

知、行的分离性发展，大大降低了知识应用的知识门槛。

## ▶ 知识行为的分离性发展

知识行为的分离性发展，是指知识行为从为人类个体独自占有，到从人类个体中分离出来而集成到工具中，形成知识行为的二元化状态。

知识行为是知识基础上的行为表现，是人类智力的独特表现形式。人类个体大脑中有记忆态知识，在记忆态知识的基础上，表现出相应的知识行为能力。长期以来，知识行为一直专属于人类个体。

然而，工具中也有知识（集成态知识），也可能出现集成态知识基础上的知识行为能力。从机械化工具到自动化工具，是人类工具知识行为集成的尝试。半导体集成电路诞生后，人类开始了工具知识行为集成的新长征。半导体微处理器诞生后，人们终于找到了具有人类知识行为特征的智力内核，开始了人类工具普遍的知识行为集成。

虽然人类个体与智能化工具都具有知识行为能力，但两者的知识行为能力存在差异。人类个体记忆态知识的多样性与复杂性，决定了人类知识行为的复杂性与多样性；工具集成态知识是单一的专家成果知识，决定了工具中知识行为的单一性与专业性。例如，电子计算器中的知识行为能力，是数值计算的数学专家单一的知识行为能力；深蓝计算机“国际象棋大师”的知识行为能力，是国际象棋大师单一的知识行为能力。

知识行为的分离性发展，使人类个体的知识行为能力产生了极大的飞跃。有了智能化工具，人类个体原先不可能具有的知识行能力可以轻易拥有。没有数值计算能力的“数盲”，可以借助于计算器实现复杂的数值计算甚至函数计算的知识行为。

## 8.3 人类知识发展的三次重大分离

原始任务的主体分离
知识研究的专业分离
知识行为的个体分离

原始任务的主体分离、知识研究的专业分离、知识行为的个体分离，是人类知识发展的三次重大分离事件。原始任务中的主体分离后，诞生了知识阶层，人类进入农耕时代；知识研究中的专业分离后，导致技术科学迅猛发展，引发了18世纪工业革命，催生了资本经济；半导体微处理器的知识行为与人类个体分离后，产生了20世纪现代计算机的知识革命，将人类带入知识经济时代。

### ▶ 原始任务的主体分离

人类知识发展的第一次重大分离，是农耕时代知识阶层出现后人类主体的分工性分离。一部分人（知识阶层）从事知识研究，另一部分人（普罗大众）从事生产劳动。

在社会生产力极度低下的原始社会，为了在恶劣环境下的生存需求，人人都要同时承担起认识世界与改造世界的任务。进入原始农业社会后，社会生产力有了长足而稳定的发展，除满足社会基本需求外还有富余，出现了原始的剩余社会生产力。社会剩余生产力的出现，表明可以供养一部分人，让他们脱离社会生产劳动，专门从事知识研究，加上社会对知识研究的普遍认可，知识阶层便应运而生。

原始任务的主体分离后，知识阶层并没有深入到社会生产力领域，而是率先进入人类未知世界的探索领域。在这一领域，知识阶层首先开展的是未知世界探索中认识论、方法论的研究。这也是知识阶层诞生后，迅速进入先哲时代的原因。

在社会生产力领域，劳动者依靠聪明智慧，不断探索现实生产力中的实用技术，使实用技术得以迅速发展，人类进入一个生产力稳定发展的农耕时代。这时的知识阶层没有为现实生产力服务的压力，因而形成了古代学术上空前繁荣的自由发展时代。

## ▶ 知识研究的专业分离

人类知识发展的第二次重大分离，是知识阶层中知识研究领域的分工性分离。知识阶层中的一部分人从事为现实生产力服务的技术科学研究，另一部分人从事远离现实生产力的基础科学研究。

早期的农耕时代，知识阶层远离现实社会生产力，手工业者、工匠群体，是推动社会生产力发展的主导力量。然而，手工工具、实用科技基础上的社会生产力，无法满足日益增长的社会需求，急需知识阶层介入进来，从理论上提升实用科技的知识水平。这时，知识阶层的一部分人走上了为实用科技服务的道路，由此诞生了与实用科技相关的数学、力学、机械学、冶金学、水力学、营造学、造船学等一批技术科学，使实用科技走上了理论指导下的专业化发展道路。另一部分人则从事远离现实社会生产力需求、着眼人类未来技术发展的前瞻性基础学科研究。

知识研究领域的基础科学与技术科学的分工性分离，加速了人类认识世界的知识发展步伐，为当时或长远的社会生产力发展，提供了全面的技术支持。基础科学、技术科学分离后，在技术科学的基础上，蒸汽机应运而生，直接催生了18世纪的蒸汽机工业革命。蒸汽机综合了众多的技术科技成果，在众多技术科学的支持下，迅速引发了动力机械的革命热潮，并不断延伸到内燃机、电动机应用领域，将人类社会从农耕时代迅速推进到工业时代。

## ▶ 知识行为的个体分离

人类知识发展的第三次重大分离，是20世纪中叶半导体集成电路诞生后，由集成电路知识行为集成带来的知识行为的主体分离。知识行为的主体分离表明，知识行为不再为人类个体所专有，与人类个体分离后的知识行为集成到半导体集成电路中。一般半导体器件中集成了一维知识行为，半导体微处理器则集成了人类智力的多维知识行为。

半导体集成电路是一个集成了电路知识与电路知识行为的器件类工具，其本质上是一种归一化知识、知识行为集成的自动化工具。在对自动化工具的描述中，人们可以直接体会到存在于工具中的知识行为。例如，自鸣钟不仅集成有人类关于计时原理的知识成果，还集成有走时、报时的知识行为能力。在集成电路诞生前，所有自动化工具中的知识行为集成，都是泛性的知识行为集成。半导体集成电路出现后，才开始在半导体晶体管时空量子化的基础上，实现了归一化的知识与知识行为集成。

通常集成电路中的知识行为是一种自动化行为。微处理器集成电路诞生后，才真正开始人类知识行为(智力)的工具集成。因此，半导体微处理器是唯一一种实现了人类知识行为归一化集成的智力内核。在半导体微处理器基础上的通用计算机与嵌入式系统引发了现代计算机知识革命，将人类社会从资本经济时代推进到知识经济时代。

## 8.4 知识分离性发展的工具因素

分离性发展的物质基础
原始任务分离的中间介质
行为分离的知识行为载体

知识主体分离、知识应用分离、知识行为分离，以及人类发展史上的三次重大分离事件，都与工具密切相关，构成了人、知识、工具三位一体的人类知识发展环境。

### ▶ 分离性发展的物质基础

工具是知识分离性发展的物质基础，是人类个体知识与大脑分离后，传承与积累人类知识的外部条件；是知识创新与知识应用分离后的中间介质；是知识行为与人类个体分离后，知识行为的最终载体。随着知识的分离性发展，人类工具中的集成态知识不断丰富，最终产生知识行为集成的变革。

迄今为止，只有人类个体能够创造知识。在没有知识遗传的状况下，只有将大脑中的知识分离出来，转移到外部，集成到工具中，才能实现人类知识的传承与积累。人类凭借大脑的外部交互能力，可以将知识成果转化成工具，也可以从工具中学习前人的知识成果。

人类个体大脑中的记忆态知识是泛性知识，即知识内容多种多样，可靠与不可靠的知识混杂其中，感性知识与理性知识并存，不同个体的记忆态知识具有较大差异。工具中的集成态知识，经过工具使用过程中的不断检验与积累，成为人类可靠的成果知识。因此，工具成为人类知识外部积累、传承的最佳介质。

工具中知识的隐蔽性、可靠性，是知识分离性发展的可靠支柱。知识的隐蔽性，使工具使用者可以在不了解创新知识原理的基础上，实现创新知识应用，从而保证了知识分离性发展后人类知识的健康、快速发展。

## ▶ 原始任务分离的中间介质

人类要将认识世界的知识转化成改造世界的物质力量，必须借助于工具。因此，工具便成为知识创新与创新知识应用分离后的中间介质。

工具是人类认识世界与改造世界的物化力量，人类个体总是将成熟的知识成果转化成工具。工具在使用过程中，其可靠性与正确性会受到不断检验。因此，工具中的集成态知识是人类最可靠的知识形态。

在改造世界的过程中，人类不断将最新的知识成果集成到工具中，以增强工具改造世界的物质力量，形成了工具的知识成果积累效应。例如，金属材料出现后，用金属材料、热处理工艺等相关的知识成果改进原始刀具，将原始刀具演化成金属刀具，提升了刀具的切削能力；不锈钢诞生后，用不锈钢知识成果克服普通金属刀具易腐蚀的缺陷，产生了不锈钢刀具。可以看出，不锈钢刀具中，不仅积累了原始刀具中斜面省力的知识原理，还不断地积累了金属材料、金属工艺、热处理，以及不锈钢材料等相关知识成果。

## ▶ 行为分离的知识行为载体

知识行为与人类个体分离，是人类知识发展的最高境界，也是人类工具发展的最高阶段，即智能化工具阶段。智能化工具是知识行为与人类个体分离后，人类知识行为的最佳载体。

人类将知识集成到工具中的同时，也希望能将人类知识行为集成到工具中，使工具也具有知识行为能力。

在自动化工具阶段，人类开始了知识行为集成的探索。自动化工具实现了泛性知识行为的集成，因此，所有自动化工具都是知识行为集成的个案。自动钢琴、自鸣钟、自动磨房、自动水车等，其知识行为的原理与结构体系各异，很难实现人类工具普遍的知识行为集成。

半导体集成电路诞生后，人们在半导体集成电路中实现了电路知识成果的一维知识行为集成。半导体微处理器诞生后，微处理器中指令系统的多维知识行为选择、中央处理器的快速数据处理能力、中断系统的应急中断机制、总线的外部交互能力，使其具备了人类知识行为能力的基本要素。人类终于可以在半导体微处理器基础上，实现人类工具普遍的归一化知识行为集成。

智能化工具诞生前，工具中没有知识行为能力，改造世界的知识行为主体是人，不是工具。进入智能化工具时代，知识行为主体开始从人类个体向工具中转移，改造世界的知识行为主体变成智能化工具。

知识行为的转移、智能工具中独立的知识行为能力，形成了知识经济时代智能化工具基础上的知识生产力方式。

## 8.5 知识分离性发展的重要意义

最大化地节约社会智力资源
最有效地发挥工具的作用
最迅速地提升社会生产力

人类诞生至今，知识、工具一直与其相伴随。人类经历了百万年的混沌时代，直到近一万多年前，人类社会才开始飞速地发展，并形成了人类社会发展的三次浪潮。这三次浪潮分别与知识的三次分离性事件密切相关。知识分离性发展的重要意义，在于能够最大化地节约社会智力资源，最有效地发挥工具的作用，最迅速地提升社会生产力。

### ▶ 最大化地节约社会智力资源

认识世界与改造世界有不同的环境与特点，若人类个体同时兼顾知识创新与创新知识应用，则会阻碍人类认识世界与改造世界的发展进程。

人类主体分离后，由于知识成果的扇出效应，形成了知识发展的社会分工，少数人从事认识世界的知识研究，大多数人在知识成果基础上从事改造世界的工作，从而大大地节约了社会智力资源。

基础科学与技术科学分离后，知识阶层中一部分人专门从事为现实生产力服务的技术科学研究；另一部分人远离现实生产力，从事探索未知世界的基础科学研究。这可以使社会智力分配趋于合理，既能满足人类社会发展的当时需要，又能满足人类社会长远发展的需求。

知识行为与人类个体分离后，智能化工具广泛地普及，形成巨大的扇出效应，使众多没有知识行为能力的人，具有了超强的知识行为力量。

### ▶ 最有效地发挥工具的作用

知识分离性发展是在人＋工具环境中进行的，工具在人类知识发展中起着至关重要的作用。知识与人类个体分离后，被集成到工具中，最有效地解决了人类个体在没有知识遗传性状下，人类知识发展的积累与传承问题。

知识与人类个体分离后，被集成到工具中，这是一种从知识到知识力量转化的最有效方式。

知识的力量体现在人类个体使用工具的人+工具环境中。人类在提升工具中知识成果的同时，降低了使用工具的知识门槛，形成了工具能力提升与工具广泛普及的双重效应。

知识行为与人类个体分离后，被集成到工具中，形成智能化工具，最终实现了人类工具的傻瓜化应用。将高端的知识成果应用普及到全体民众，电子计算器则是一个最好的明证。

### ▶ 最迅速地提升社会生产力

知识是人类社会发展的源动力。人类知识发展的每一次重大分离，都伴随着社会生产力的巨大变革。知识主体分离、独立手工业兴起，引发了农耕时代的农业革命；基础科学、技术科学分离后，技术科学引发了 18 世纪的工业革命；半导体集成电路诞生后的知识行为分离，掀起了 20 世纪现代计算机知识革命的浪潮。

知识的分离性发展导致社会生产力不断变革，从劳动生产力、资本生产力到知识生产力，知识不断从后台走上前台。在劳动生产力时代，社会生产力的主宰力量是劳动者本人；在资本生产力时代，专业化生产、大型机器设备的使用，提升了知识在社会生产力中的地位；在知识生产力时代，劳动者被智能化工具、设备、生产线广泛替代，在社会生产力迅速提升的同时，普通劳动者在社会生产力中的作用迅速下降。

## 8.6 知识分离与人类的边缘化进程

---

劳动者在社会生产力中的边缘化
人类个体在社会生活中的边缘化

---

在人类抗争性进化环境中，无论是知识主体分离，知、识分离，还是知、行分离，知识与知识行为总是不断地向工具转移。这种不断转移的发展趋势，会使劳动者在社会生产力中边缘化。与边缘化发展的同时，人类个体改造客观世界的能力却空前增长。个中原因是人类依靠了工具的知识与知识行为力量。

## ▶ 劳动者在社会生产力中的边缘化

在手工工具的农耕时代，原始的手工工具只是劳动者肢体能力的延伸。在社会生产力中，劳动者依靠自己的知识与智慧，在土地上劳作。社会生产力水平主要取决于劳动者个人的知识与知识应用能力。

在机械化的资本经济时代，资本经济的社会化大生产中的大量知识成果集成在机器、设备等工具中，形成了劳动者＋工具的社会生产能力。商品质量与商品生产效率，更多地体现在先进的机器、设备等工具中，劳动者在社会生产力中的作用不断下降。在资本经济时代后期，自动生产线的大量涌现，急剧地降低了劳动者在生产力中的地位，开始了劳动者在社会生产力中的边缘化进程。

在知识经济时代的知识生产力中，几乎所有的生产工具、生产线都逐步实现了智能化改造。生产线上智能机器人的广泛使用，逐步淘汰了原有的生产工人。"创造先进工具，依靠工具的力量来提升社会生产力"成为知识生产力的重要指导原则，由此形成了社会的白领阶层。白领阶层、蓝领阶层与智能化设备成为社会生产力的中坚力量，普通劳动者则被边缘化。

## ▶ 人类个体在社会生活中的边缘化

人类在人、知识、工具的抗争性进化体系中，形成了人＋工具的社会生活方式。

随着工具的发展，工具中的集成知识会不断增长。工具中集成知识的不断增长，不会提高工具应用的知识门槛；相反，工具中应用界面的不断简化，会不断降低对工具使用者的知识要求。这是工具中知识成果与应用界面不断分离所产生的效应。

人类个体在社会生活中边缘化的两个重要阶段，是 18 世纪的工业革命与 20 世纪的现代计算机知识革命。18 世纪的工业革命，以动力机械方式广泛地代替了人类社会生活中繁重的体力劳动；20 世纪的现代计算机知识革命，以微处理器智力内核方式，实现了人类工具的普遍智能化，广泛地代替了人类社会生活中的脑力劳动。

在社会生活中，人类个体的体力劳动、脑力劳动被工具替代，使用工具的知识门槛不断降低，智能化工具得到傻瓜化应用，这都表明在人＋工具的社会生活方式中，人类个体在知识应用领域中不断被边缘化。

在人类个体的边缘化进程中，不免会出现一个怪圈，即知识经济时代，人类创造了智能化工具的同时，人类个体却在不断地被边缘化、傻瓜化。在傻瓜化的人群中,依靠谁来创造人类最先进的工具呢?无可置疑,在知识经济时代,仍然要依靠人类个体来创造先进工具。

智能化工具无限复制、无限时空扩展的扇出能力与傻瓜化的应用模式,形成少数精英与普罗大众的知识发展与知识应用模式。少数精英创造出的知识成果与工具,可以迅速为全球百姓的傻瓜化应用服务。从理论上讲,在一个知识领域中,只要有一个成功的知识创新精英团队,将创新知识转化成广义的智能化工具,全球的普罗大众就都可以依靠这些广义智能化工具,实现该创新知识的应用。即便是知识创新精英团队,他们在创新知识研究中涉及其他领域时,也会傻瓜化地使用许多智能化工具。

# 第九章　人类知识的集成性发展规律
## ——工具中的知识与知识行为集成

9.1　人类原始知识到哪里去了？
9.2　人类知识集成的起源环境
9.3　人类知识的集成性发展规律
9.4　人类工具中的知识成果集成
9.5　人类工具中的知识行为集成
9.6　集成电路中的一维知识行为集成
9.7　微处理器中的多维知识行为集成
9.8　知识集成与人类的傻瓜化进程

在认识世界、改造世界的过程中，人类依靠认识世界的知识力量来改造客观世界。当人类个体无法将认识世界的知识传承给下一代时，人类进化便会终止。然而，幸运的是，人类可以依靠工具的知识集成方式，实现人类知识的传承与积累。人类将认识世界的知识集成到工具中，依靠工具的知识力量来改造世界。

知识的集成性发展规律，是人类知识、知识行为在工具中传承与积累的发展规律。人类工具的知识集成，伴随着人类整个历史进程：从原始工具、手工工具的泛性知识集成，发展到机械化工具的归一化内核集成。人类工具的原始泛性知识行为集成，始于自动机具。归一化时空量子技术基础上的普遍知识行为集成，则始于半导体集成电路。从集成电路器件的一维知识行为集成，到微处理器的多维知识行为集成，人类终于在知识经济时代，在半导体集成电路基础上实现了人类知识行为与人类个体的彻底分离，完成了人类知识行为的数字归一化工具集成，开始了现代计算机的知识革命。

知识的集成性发展，是人类先进的知识发展模式。随着人类知识总量的发展，人们不断将知识成果集成到工具中，避免了“知识爆炸”对人类的威胁；随着知识行为集成的产生与发展，人类个体可以在知识贫困化基础上，展现出巨大的改造世界的知识行为力量，因为人们可以傻瓜化地使用这些智能化工具。

# 9.1 人类原始知识到哪里去了？

从人十工具知识环境说起
人类知识的原始增长点
寻找工具中的知识踪迹

人类依靠人、知识、工具三元生态体系，走上了认识世界、改造世界的抗争性演化道路，形成了人类知识的人＋工具发展环境。在人类几百万年的历史发展长河中，语言、文字诞生只是近万年才出现的事件。人类个体创造知识，却不能遗传知识，那么，远古时代人类的原始知识到哪里去了？人类依靠什么力量将人类个体知识转化成人类公共知识？

## ▶ 从人十工具知识环境说起

所有学者都一致认可工具伴随人类起源的事实。人们用旧石器时代、中石器时代、新石器时代的工具特征，来描述远古时代人类文明的发展步伐，证实了人＋工具的人类进化环境。

通常，人们从改造世界的角度来理解人类工具的诞生和发展，认为动物依靠肢体的力量求生，人类则依靠工具的力量改造世界。当人们进一步思考原始人怎样制造工具时，便能追寻到知识的内在因素。例如，原始人打造工具时，无一例外地都会打造出一个斜刃；在世界各地的远古人类考古现场，都能寻找到某个进化阶段中用火的痕迹。这是因为人类在不同的进化阶段，不断地认识客观世界，探寻客观事物的规律性，并将这些知识积累与传承下去。知识伴随人类进化，人类在人＋工具的环境中认识世界与改造世界。

## ▶ 人类知识的原始增长点

原始人类在认识世界中增长的任何知识，都首先寄存在大脑中，成为大脑中的激励因素，促进人脑皮层神经细胞的发育与神经元的网络连接。可以说，人类唯一的生理进化是大脑皮层的发育与进化。在以大脑皮层为主的脑容量的增长中，抽象思维能力的发展突出。具有意识活动物质基础的大脑皮层飞跃式发展，表明了知识在人类进化中的巨大作用。

承认知识在人类抗争性进化中扮演决定性作用的同时，不得不面对这样一个事实：人类大脑皮层在进化过程中，只有结构性遗传性状，没有功能性遗传性状，即人类抽象思维、意识活动的物质基础可以遗传，但抽象思维、意识活动的能力却不能遗传。知识是人类认识世界的抽象思维与意识活动，人类个体创造的知识只在其生命周期中有效，不能依靠自身的力量来传承与积累人类知识。

值得庆幸的是，所有人类学家、考古学家，都无法推翻人＋工具是人类唯一的进化环境这样一个客观事实。由此可以断定，当知识无法通过人类自身遗传时，工具中的知识成果集成，便是人类知识积累、传承的唯一方式。直到语言、文字出现后，人类才找到语言传递、文字记述的知识积累与传承方式。因此，工具成为人类知识的原始增长点。

### ▶ 寻找工具中的知识踪迹

原始人类个体将创造的知识转化成工具，使知识得以传承与积累，才有了人类的进化。因此，人类学的考古工作不是孤立的人类化石考古，而是人＋工具的环境考古。人＋工具体系的出现，表明了人类的诞生；人＋工具体系的演化，反映了原始人类的进化、发展。考古学家寻找到古人类化石时，必然会追寻人＋工具的活动遗迹。于是，便有了旧石器时代、中石器时代、新石器时代、陶器时代、青铜时代、铁器时代的文明断代。人们从马王堆汉墓出土的1000余件随葬器物中，了解了汉代社会在食品、医药、制陶、丝绸、绘画、印染等手工业技术上的成就；从湖北随州曾侯乙墓出土的编钟中，探寻到2400多年前先秦音乐的重要发展史料。人们从司马迁《史记》中追寻到的人类文明不过2000多年，工具中却积累了几百万年的人类文明。

## 9.2 人类知识集成的起源环境

---

人类抗争性进化道路

人类知识无遗传性状

工具的外部知识传承

---

人类在认识世界中创造知识，却不能遗传知识。因此，在人类知识起源时，便存在两种知识形态，即人类个体知识创新时大脑中的记忆态知识与外部工具知识传承的集成态知识。人类的抗争性进化道路、知识的无遗传性状、工具的外部知识传承，是人类工具中知识集成的起源环境。

## ▶ 人类抗争性进化道路

知识起源于人类认识世界、改造世界的抗争性进化道路。人类在认识世界中产生知识，利用知识的力量来改造世界，从此走上了一条创造超越肢体能力的生存发展道路。原始人在认识世界的原始感性知识基础上，走上了一条改造世界的生存发展之路。例如，始祖猿认识到在森林大火的灰烬中有可食的动物尸体后，逐渐走上了一条用火来改善生存环境的发展道路；当认识到有斜刃的石块易肢解食物后，便开始打造石器，以增强原始人类生存斗争的能力。

知识力量是超越人类肢体的力量。人类认识世界、改造世界的抗争性进化道路，必然是一条人＋工具的发展进化道路。人类在认识世界中形成知识，利用知识打造工具，形成人＋工具的改造世界的物质力量。

## ▶ 人类知识无遗传性状

在改造世界的物质力量中，人与工具是两个独立的组分。人类在认识世界中产生知识，知识存在于人类个体的大脑之中；人类个体在知识基础上创造工具，利用工具来改造世界，产生改造世界的现实力量。可以看出，人类个体大脑中的记忆态知识，形成了人类认识世界、改造世界的主导力量。然而，知识无遗传性状，父辈大脑中的知识会随着其个体的死亡而消失，子辈诞生时没有任何知识。子辈在父辈的指导下接受父辈的知识，这些知识包括大脑中的知识、制造工具的知识与使用工具的知识。在原始人没有语言、文字的环境条件下，记忆态知识的直接传承方式最不可靠。原始人传承的知识主要是制造工具的知识与使用工具的知识。

## ▶ 工具的外部知识传承

早期人类在感性知识的基础上打造工具与使用工具。原始人发现带有斜刃的石块易切割食物，便将天然石块打造出一个斜刃；在切割食物时总是将斜刃对准要切割的部分。这一现象表明，人类长期以来都停留在感性知识的进化发展阶段，只是在知识阶层出现后，才在大量感性知识基础上升华出理性知识。然而，人类大量感性知识的积累与理性知识的升华，并不是依靠大脑记忆态知识的直接授受，而是在打造工具与使用工具的感性知识基础上逐步形成的。

原始人在感性知识基础上打造工具，在使用工具中不断改进工具，形成了工具中的集成态知识。工具在实践中得到不断改进与考验，因此集成态知识是人类最可靠、最具确定性的知识形态，例如原始刀具中的斜刃、石斧中的斧头与长柄、运输车中的滚动车轮、钻木取火中的易燃物与摩擦动作等。知识阶层正是在这些知识内核基础上,将人类的感性知识上升到理性知识。

## 9.3 人类知识的集成性发展规律

什么是知识的集成性发展规律?
知识集成性发展的一般化进程
工具中的知识与知识行为

知识的集成性发展规律,是人类知识在工具中传承与积累的发展规律。知识的集成性发展规律表明,人类个体将创造的知识成果转移到外部工具中,实现知识成果的工具集成,使人类个体知识转化成人类共有的知识财富。知识在工具中不断集成,最终在半导体集成电路时代,引发了知识行为集成的巨大变革。

### ▶ 什么是知识的集成性发展规律?

随着知识的发展,人类总是要将知识成果转移到外部,集成到工具中,这就是人类知识的集成性发展规律。形成知识集成性发展的根本原因,是人类知识的外部积累特性与人类改造世界对工具的依赖。

知识集成性发展规律是人类知识积累与传承的发展规律,它给出了原始任务中认识世界、改造世界的具体实现方式,即人类个体不断将认识世界创造出的知识成果集成到工具中,依靠工具的知识力量来改造世界。它还描述了人类在没有知识遗传性状的环境下,如何将个体知识发展成人类知识;知识行为与人类个体分离后,如何依靠工具的知识行为集成,形成智能化工具独立的改造世界的现实力量。

在知识的集成性发展规律中,实现知识集成的工具是广义概念上的工具,它包括生产工具、生活用具,小到玩具、刀、叉、斧、锯、手工工具,大到机床、设备、生产线,甚至美术品、工艺品、食品等。尽管这些广义工具用途不一,但都具有相应的知识成果集成,即在知识的基础上,实现特定知识成果的特定结构、特定物化形态。在知识经济时代,工具的概念进一步扩展到集成电路器件、微处理器、通用计算机、嵌入式系统、计算机软件等知识平台工具。

## ▶ 知识集成性发展的一般化进程

人类工具中知识集成的一般化进程，是从泛性集成到归一化集成；从知识成果集成到知识行为集成。

从原始人打造原始工具开始，到18世纪工业革命前的百万年之间，人类工具一直处于泛性知识集成阶段，其特点是，不同工具的材质、结构、形态各不相同，没有可相互移植的公共知识内核。

18世纪的工业革命引发了人类工具从泛性知识集成到归一化内核集成的变革。18世纪蒸汽机工业革命中诞生的机械化工具，实现了工具中的归一化动力机械内核集成；20世纪现代计算机智力革命中诞生的智能化工具，实现了工具中微处理器的归一化智力内核集成。

在手工工具、机械化工具时代，工具中没有知识行为能力。在自动化工具时代，工具中开始具有原始的知识行为能力，即泛性知识行为集成的知识行为能力。半导体集成电路出现后，人类工具中实现了归一化的知识行为集成。所有的集成电路器件都有一维知识行为能力。微处理器诞生后，人类终于找到了一个具有多维知识（人类知识行为）的归一化智力内核。将它嵌入到工具中，可以实现工具独立的知识行为能力。在微处理器基础上，最终实现了人类工具中最广泛的知识行为集成。

## ▶ 工具中的知识与知识行为

工具中的集成知识不为人知，是人类的最大憾事。人们从人际交流中得知存在于大脑中的记忆态知识，从书刊、典籍中了解人类的记述态知识，唯独对伴随人类始终、无处不在的工具中的集成态知识熟视无睹。在自动化、智能化工具中，不仅有集成态知识，还普遍存在知识基础上的知识行为能力。自动化工具中有一维知识行为，智能化工具中有人类智力性质的多维知识行为能力。

工具中的知识以隐含方式存在，既看不见也摸不着。因为人们使用工具时，并不需要了解工具中的原理知识，一般百姓也无法通过这些特定的形态、功能，直接了解工具中集成的知识原理。

工具中的集成态知识，赋予工具特定的形态、结构与功能。我们可以从工具的特定形态、结构与功能中证实工具中存在的知识。下面用三个实例，证实工具中确实有集成态知识。

实例1：刀具。刀具的特定形态、结构是它的刀刃，特定功能是用来切削物体。刀具中的集成态知识是尖劈斜面省力的力学原理，人们使用工具时，只知道它有切削物体的能力,尖劈斜面省力的力学原理知识隐含在刀具中。

实例 2:弹簧秤。弹簧秤中的集成态知识是胡克定律,弹簧秤的特定形态、结构是金属弹簧、表盘与挂钩。这种特定结构可以用来称重。在称重过程中,人们观察到的是挂钩上的重物与表盘上指示的重量,看不到胡克定律。

实例 3:半导体集成电路。在半导体集成电路中,电子线路以特定的晶体管电路形态将电路知识集成在半导体介质上,封装成半导体器件。将半导体器件安装到电子产品中,实现它的特定功能,人们却无法直接窥视其中的电路知识。

在自动化工具、智能化工具中,除了知识集成外,还有知识行为集成。工具中的知识行为能力,是指它能独立地实现知识行为进程。人们可以从工具在无人介入下产生的知识行为进程中,证实工具中的知识行为能力。

原始工具、手工工具、机械化工具中没有知识行为能力,因为它们的知识行为只在人类个体使用中产生。如,农民用犁耕地的耕种知识行为,人们用刀切削水果的知识行为,商贩用秤称量商品的计量知识行为,都必须在操作者的控制下产生。

自动化工具、智能化工具具有知识行为能力,在无人介入下能产生有目的的知识行为。自鸣钟能产生计时的知识行为,自动水车能产生提水的知识行为,日历时钟集成电路能产生计时、计日的知识行为,电子计算器能产生数值计算的知识行为。

自动化工具中的知识行为是自动化行为,智能化工具中的知识行为是智能化行为。自动化行为是一维知识行为,即预先给定的知识行为进程;智能化行为是多维知识行为,即具有人类知识行为特征的智力行为。例如,在自鸣钟、自动水车、日历时钟集成电路等自动化工具中,人们无法干预,也无法改变其知识行为进程。电子计算器是智能化工具,人们可以任意设置它的计数行为,可以在行为过程中与其交互。

## 9.4 人类工具中的知识成果集成

---

世上没有无知识的工具

工具中的泛性知识集成

工具中的归一化知识集成

工具中的知识成果保护

---

在人＋工具的知识发展环境中，知识不断地在人与工具之间转移，形成原始人类的两种知识形态，即大脑中的记忆态知识与工具中的集成态知识。语言、文字诞生后，又出现了语言文字的记述态知识。承认工具中的知识形态，并了解了知识集成性规律与工具的集成态知识特性后，就能从工具知识形态的进化中了解人类工具的演化过程。世上没有无知识的工具，人类工具经历了从泛性知识集成到归一化知识集成，从知识成果集成到知识行为集成的发展历程。

## ▶ 世上没有无知识的工具

“世上没有无知识的工具”，这是知识学原理中关于工具论述的基本观点，剔除了某些人认为“动物也能使用工具”的错误观念。

在认识世界、改造世界的原始任务中，原始人充分利用认识世界形成的工具力量来改造世界，从而开始了人类工具知识集成的历史发展进程。

与原始人类不同的是，所有其他高等动物都没有越过从感觉到思考的门槛，始终停留在反复感觉的条件反射之中。没有知识萌芽的思考境地，也就不可能有知识基础上的工具行为，被某些人认为的所谓动物使用的“工具”都是伪工具。伪工具的共同特点是它们的天然性，即使用纯天然的材料，没有特定的加工印记。许多动物会用石块敲击食物，至今没有发现哪个动物能打造出带有斜刃的石块。

原始人在认识世界的基础上打造工具，工具有特定的与知识成果相关联的结构与形态，也有使用工具的知识印记。这一切都充分地表明，世界上没有无知识的工具。

## ▶ 工具中的泛性知识集成

在人类工具发展的四个阶段中，原始工具、手工工具阶段中的工具呈现出泛性知识集成的特点，即不同工具中没有可以共用的、相互兼容的知识内核。

### (1) 泛性知识集成的概念

在机械化工具、智能化工具诞生以前，工具中所有的知识成果都表现为该工具特定的形态、结构、组分，不同工具间没有可相互兼容的知识内核，这就是工具的泛性知识集成。例如，称重器中的杆秤与弹簧秤，计时器中的沙漏与钟表，计算工具中的算盘、计算尺与手摇计算机，运输工具中的车与船等，它们都呈现出特定的、不同的物化形态，没有可互相兼容的物化知识内核。

### (2) 泛性知识集成的知识内涵

所有工具中都有属性知识与状态知识，它们是泛性知识集成中的两个基本知识内涵。属性知识是用来界定工具类别的成果知识，它决定工具的基本功能；状态知识是给工具以特定形态、结构、成分的赋形知识。以刀具为例，刀具的属性知识是尖劈斜面省力的力学原理知识，所有刀具必须具备这一属性，否则不能称为刀具。状态知识是赋予工具不同状态的赋形知识，原始石刀使用天然材料，没有状态知识；青铜刀具的状态知识，是青铜冶炼、铸造、合金配比等知识；不锈钢刀具的状态知识，是不锈钢的合金配比与冶炼知识。

**(3) 知识集成与人类工具变革**

通过对工具中属性知识与状态知识的分析，可以了解工具的改进或创新变革。工具的改进，是保持属性知识基本不变的情况下，相关状态知识的不断集成；工具的重大变革，是属性知识的创新变革。

例如，刀具类工具历经从石刀、青铜刀、钢刀，到不锈钢刀的不断改进，其中斜面省力的属性知识没有改变。不断附加的是材料、合金配方、加工工艺等知识成果集成。从石刀到不锈钢刀，经历了千百年的不断改进，但不具有创新性。只有激光刀具出现后，将斜面省力的属性知识改变成激光束高温效应的属性知识，才实现切割工具的变革创新。

还以称重工具为例，杆秤的属性知识是杠杆定律，古今中外，不同用途、大小不一的杆秤都保留了杆、钩、锤这一杠杆定律的物化形态与结构。弹簧秤的出现，是金属弹性材料出现后称重工具的变革，是属性知识从杠杆定律到胡克定律的变革。计时工具是一个古老而又新兴的工具，古代的铜壶滴漏、18世纪的自鸣钟、20世纪的集成电路时钟芯片，是三种不同时代的创新计时工具，它们都有决然不同的属性知识。

## ▶ 工具中的归一化知识集成

若不同工具中具有相同的、独立的、可移植的物理内核，则称该内核为“归一化内核”。在原始工具、手工工具阶段，由于知识成果的泛性集成，工具中没有归一化内核。机械化工具诞生后，人类工具在泛性知识的基础上，进入归一化内核集成时代。机械化工具的归一化内核是动力机械内核，智能化工具的归一化内核是微处理器智力内核。

**(1) 归一化内核集成的概念**

在机械化工具诞生以前的手工工具时代，已经出现了不少机械工具，如以人为动力的纺纱机、织布机、独轮车，以牲畜为动力的磨面机、牛车、马车、爬犁，以风为动力的磨坊、帆船，以水为动力的提水工具、碾米机等。这些机械工具都具有动力与动力机构要素。然而，这些动力与动力机构要素的表现各不相同，而且与工具形成独特的紧耦合状态。帆船的动力是风，动力机构为风帆系统；自动提水工具的动力是水，动力机构是叶轮系统；手工纺纱机的动力是人，动力机构是纺轮系统。不同的动力机械工具之间，没有可以独立、相互移植的动力与动力机构。

所有机械工具都有动力与动力机构要素，人们期望有一个能满足所有机械工具动力机构要求的独立内核，这就是工具的归一化动力机械内核。蒸汽机及其后的内燃机、电动机便是这样的归一化动力机械内核。将归一化动力机械内核嵌入到机械工具中，可将众多不同的机械工具变革成机械化工具。

半导体集成电路诞生后，微处理器成为一个归一化的智力内核，将这样一个智力内核嵌入到工具中，可实现人类工具的普遍智能化。

**(2) 归一化动力机械内核集成**

归一化动力机械内核，起源于18世纪的蒸汽机工业革命。蒸汽机以归一化动力机械的角色，拉开了人类工具机械化革命的帷幕。帆船中嵌入蒸汽机成为轮船；运输机械中嵌入蒸汽机成为蒸汽机车。然而，具有庞大体积的蒸汽机很难实现机械工具的普遍嵌入，如手工纺纱机中很难嵌入庞大的蒸汽机，于是便出现了动力平台方式的蒸汽动力车间。蒸汽动力车间将曲柄连杆的机械动力通过皮带轮传送到天轴上，纺纱车间的每台纺纱机通过皮带轮将天轴上的旋转动力转化成纺纱机的驱动力。可以看出，要实现机械工具最广泛的动力机械内核集成，必须最大限度地减小动力机械内核的体积，降低成本。其后的内燃机、电动机的发展目标之一，就是不断减小体积，降低成本。与蒸汽机相比，内燃机实现了动力机械内核的小型化，电动机则实现了动力机械内核的微型化。如今，微型电子机械已可以在人体血管中潜行。

**(3) 归一化智力内核集成**

归一化智力内核集成起源于20世纪60年代出现的半导体集成电路。半导体微处理器具有人类的知识行为能力，是一个通用的归一化智力内核。在微处理器智力内核基础上构成的现代计算机，分为通用计算机与嵌入式计算机（嵌入式系统），它们以通用计算机智力平台与嵌入式系统智力嵌入两种方式，来实现人类工具最广泛的智力内核集成。

通用计算机智力平台实现的智能化工具，是一种在智力平台上运行的独立软件工具。独立软件是一个数字化文件，没有确定的工具形态，只有通用计算机＋软件工具的智力表现方式。

嵌入式系统是一个嵌入到工具体系中，实现工具智能化的智力内核。它是在嵌入式处理器基础上构建的智能化电子系统。为了实现工具的智能化控制要求，嵌入式系统与工具体系中要配置可实现状态监测的传感器接口、实现行为控制的伺服驱动接口、实现人机对话的人机交互接口、实现网络交互控制的网络接口。为了实现人类工具最广泛的智能化要求，低成本、微小型化是嵌入式系统不断追寻的目标。

## ▶ 工具中的知识成果保护

当知识创新与创新知识应用分离后，知识创新者将创新知识成果集成到工具中，但并不使用工具。在这种情况下，必须保护工具中的知识成果不被使用者侵害。工具中知识成果的隐蔽性特点，可以实现工具中知识成果的自我保护。在智能化工具中，还可以实现知识成果的主动保护。

### (1) 工具中的集成知识特点

与文字记述的直观知识成果不同，工具中集成的知识成果以物化方式隐含在工具中。人们可以直接从文献中读取论文作者的知识成果，却难以直接探寻到工具中集成的知识成果。例如，人们可以从陶瓷彩釉配方的文字记述中直接了解彩釉配方的知识成果，却无法从陶瓷制品中窥见彩釉配方的奥秘。文字记述形式知识成果的直观性，使其必然要寻求专利形式的法律制度保护。工具中集成知识的隐含性特点，使其有可能寻求知识成果的另类保护方法。

### (2) 工具中知识成果的另类保护

工具中知识成果的另类保护方式有隐蔽性保护与主动性保护两种。

隐蔽性保护，是指工具中知识成果与知识应用界面分离后，知识成果以隐蔽方式实现的保护效应。知识成果以物化方式隐含在工具中，工具制造者在隐含知识成果的同时，为工具创造一个良好的应用界面，工具使用者不必窥探工具中的成果知识就能使用工具。要想窥探工具中隐含的知识成果须花费巨大的人力、物力成本，这会使知识成果窥探者望而却步。

主动性保护，是指智能化工具中利用软件技术，实现工具中的知识成果保护。例如，在嵌入式产品系统中植入保护程序，当保护程序探测到有人想窃取产品中的知识成果时，产品系统就会在保护程序控制下产生自毁或反击行为。2008 年，微软公司用黑屏方式对付计算机中使用盗版操作系统的用户，就是一种利用软件技术实现的主动性保护措施。

### (3) 知识成果的法律保护

工具中知识成果呈隐含形式。要寻找工具中的知识成果，就要对工具中与知识成果相关的形态、结构、材料等进行综合分析。考古学家通过对出土文物的研究，可以了解古代人类的科学技术成果。如今，商业中的产品仿冒行为，是行家在对样品深入剖析并探寻到知识成果奥秘的基础上，实现知识成果仿真的盗窃行为。

工具中知识成果虽然呈隐含形式，但行家通过各种分析手段，仍然可以窃取其中的知识成果。因此，当工具创造者的权益受到侵犯时，仍要寻求知识产权的法律保护。

## 9.5 人类工具中的知识行为集成

知识行为集成的必然性
自动化工具时代的困惑
集成电路给人类带来希望

知识行为是人类特有的智力行为。工具中有集成态知识，也可能产生知识行为。使工具具有知识行为能力，一直是人类的梦想。半导体集成电路诞生以前，人类工具止步于泛性一维知识集成。半导体集成电路诞生以后，人类才寻找到工具的归一化知识行为集成手段。半导体集成电路的知识行为集成，也经历了从一维知识行为集成到多维知识行为集成的发展过程。

### ▶ 知识行为集成的必然性

工具始终伴随着人类，担负着人类知识的传承与积累任务。人类工具的发展不会止步于知识的传承与积累，必然会进一步向人类智力传承与积累的方向发展，即从知识集成发展到知识行为集成。这就是人类工具从手工工具、机械化工具向自动化工具、智能化工具发展的必然道路。

人类智力的知识行为本质表明，人类智力是人类大脑知识基础上的外部行为。工具中也有知识，也有可能产生知识基础上的外部行为。

自动化工具，是人类知识行为集成探索的初级阶段。机械化工具给工具以动力与运动机构，使工具具有行为能力基础。当工具具有独立的行为能力时，便是自动化工具。自动化工具的独立知识行为是一维知识行为，即在工具中事先设定线性知识行为进程。车床有动力与运动机构，是具有行为能力基础的机械化工具，在工人操作下产生车削的知识行为；自动车床则是具有独立行为能力的自动化工具，具有自主的车削知识行为能力。

人类知识行为的智力表现，是它的多维知识行为特征，即知识行为过程中的多维性，如多维进程选择、多种外部交互方式、多方位思考、多个决策方案、突然事件的多种应对等。

半导体集成电路诞生前，人类工具知识行为集成止步于自动化；半导体集成电路诞生后，人类工具则开始了智能化工具的多维知识行为集成。

### ▶ 自动化工具时代的困惑

早期的自动化工具是各种形式的机构与动力的泛性组合，如叶轮机构与水动力组合的自动水车，风车、磨盘机构与风动力组合的自动磨坊，钟摆、齿轮机构与弹簧动力组合的自鸣钟等。这些自动化工具体现了知识行为的泛性集成。

后期的自动化工具是归一化动力机械基础上的自动机、自动线。这些自动化工具中，有归一化的动力内核，如自动机床、自动灌装线中的电动机等。然而，所有自动化工具，无论其多么先进，都止步于一维知识行为。先进的自动车床只能按照预先设定的工步，自动地按照顺序完成钢棒装卡、进刀、车削、退刀、切断等工序，无法中途变更，无法应对中途出现的意外事件。若要改变加工过程，必须重新调整自动车床的工步。

人们期望自动化工具能向智能化方向发展。人们不仅希望有自动工具、自动机床、自动化生产线、自动化车间，还描绘了自动工厂的美好前景。然而，任何复杂的自动化进程，都会伴随智能化的要求。例如，对自动化车床的进一步要求，是能感知自动化行为进程中出现的问题，并且能自动纠正，如当出现钢棒装卡位置有误、车削过程中刀具断裂、进刀/退刀没有到位等问题时，都能自动察觉，并进行校正或中止行为，发布报警信号等。因此，在人类工具发展史上，自动化工具只存在了一个短暂时期。半导体微处理器诞生后，立即转入智能化工具阶段。

### ▶ 集成电路给人类带来希望

半导体集成电路诞生之前，工具中知识行为集成都止步于泛性的一维知识行为集成的自动化阶段。没有相同的物化形态与物化方式，很难实现人类工具普遍的知识行为集成。

半导体集成电路诞生后，出现了半导体晶体管的归一化时空量子。在归一化空间量子技术基础上，实现了电子线路归一化的知识集成；在归一化时间量子技术基础上，实现了电子线路归一化的一维知识行为集成。

半导体集成电路发展到微处理器时代，出现了独立的、具有多维知识行为能力的微处理器智力内核。这种微小型、低价位、数字归一化的智力内核，是智能化工具多维知识行为集成的基础内核。

## 9.6 集成电路中的一维知识行为集成

半导体集成电路的奥秘
集成电路中的一维知识行为
集成电路多维知识行为集成的期望

所有集成电路都有归一化的一维知识行为能力。集成电路这种知识行为能力的基础，是它的归一化时空量子技术基础；半导体的归一化体系结构使集成电路成为最普遍、最通用的电子器件。

### ▶ 半导体集成电路的奥秘

空间量子是构成一切物质的基础。空间量子加上时间量子，可以构成任何运动状态的事物。

半导体集成电路中的晶体管颗粒，是半导体集成电路中的空间量子；晶体管的开关进程，是半导体集成电路中的时间量子。半导体集成电路中的时空量子呈现出半导体材料与晶体管的归一化状态。

半导体集成电路的时空量子化技术，保证了电子线路知识、知识行为的无限集成；半导体集成电路的归一化状态，使集成电路器件具有标准化的应用界面。因此，半导体集成电路为人类提供了从一维知识行为集成到多维知识行为集成，从电路单元集成到电子系统集成的无限发展前景。

### ▶ 集成电路中的一维知识行为

所有的集成电路器件都是具有一维知识行为的电路器件，从最简单的门电路、逻辑电路、计数电路、译码电路，到存储器、定时器、模/数和数/模转换器、日历时钟等复杂的电路系统，只要为其提供运行的外部条件，接上电源，这些集成电路器件就能自动地实现电路的运行功能。

所有的集成电路器件都具有相同的电气特性以及相互兼容的外部引脚，可以方便地实现集成电路的互联，实现集成电路基础上的大型电路系统。

### ▶ 集成电路多维知识行为集成的期望

半导体集成电路在时空量子化技术支持下，可任意构建具有各种功能的电子线路器件。同时，在归一化电气特性与相互兼容的外部引脚状态下，可实现具有任意复杂功能的电子系统。因此，人们在任意构建和组合电路单元的思想指导下，开始探索集成电路的多维知识行为集成，期望能构造出具有人类智力的多维知识行为的电路系统。例如，半导体时钟芯片只有对时钟脉冲计时的一维知识行为，一个智能化的时钟系统，则必须具有时间设定功能、时间校对功能、定时功能，甚至能实现时钟控制、语言报时等功能。在半导体集成电路时空量子化基础上，完全有能力设计出相应的功能电路，来满足时钟系统的智能化要求。然而，人们不希望采取智能化系统的个别解决方案，而是希望能寻找到一个智能化控制的通盘解决办法，即设计出一个独立的智力内核，以实现所有电子系统的智能化。这个独立的智力内核便是半导体微处理器。

## 9.7 微处理器中的多维知识行为集成

---

微处理器与人类知识行为

通用计算机的智力平台

嵌入式系统的智力嵌入

---

半导体微处理器分为通用微处理器与嵌入式微处理器，它们都是从一维知识行为变革到多维知识行为的半导体集成电路，具有人类的智力行为能力，是独立的智力内核。其多维知识行为能力的基础，是内部的指令系统及相关的中央处理器等基本电路；其智力行为的表现方式，则是指令系统基础上的软件行为。通用微处理器用来构建通用计算机系统，嵌入式微处理器则用于工具对象中的智力嵌入。

### ▶ 微处理器与人类知识行为

本书第六章中，专门论述了人类知识行为的基本要素与人类知识行为的智力表现。知识行为的四个基本要素是知识存储、事件激励、信息处理与行为结果输出；知识行为的智力表现，是知识行为中的正确性、思考性、多维性、应急性、交互性、实时性等。微处理器中的指令系统、中央处理器、中断系统、存储器、总线系统及输入/输出端口，能充分满足人类知识行为的四个基本要素要求与知识行为的智力要求。中央处理器的快速运行处理，能满足知识行为中的思考性、实时性要求；指令系统基础上的程序编制，能满足知识行为中的多维性要求；总线系统及输入/输出端口，能满足知识行为中的交互性要求；中断系统的设置，能满足知识行为中的应急性要求；微处理器软硬件设计与运行的可靠性，则是知识行为正确性的保证。因此，半导体微处理器是一个能充分实现人类知识行为集成的归一化智力内核，是实现人类知识行为集成的基础。

### ▶ 通用计算机的智力平台

通用微处理器及其外围电路，构成通用计算机主板。通用计算机主板与计算机通用外围设备，组成一个完整的通用计算机智力平台；通用计算机上的操作系统，则是该智力平台的行为管理中心。

智力平台知识行为以程序设计的软件方式，集成为数字化文件，形成独立的软件商品，可存放在各种独立的存储介质（光盘、磁盘、U 盘等）中。当这些数字化文件输入到计算机中运行时，计算机便会展现出人类的知识行为。例如，软件开发公司将财务人员的财务统计知识行为转化成财务管理软件，以光盘方式出售；财务部门购买财务管理软件，安装到通用计算机上，只要输入原始财务数据，计算机就能完成相关的财务统计工作。如今，许许多多的软件工具，如办公自动化、科学计算、工程设计、文档管理、文字校对、语音识别、图片处理等，充斥在我们周围，代替人们的脑力劳动。我们的工作、生活离不开计算机所构建的智力平台。

### ▶ 嵌入式系统的智力嵌入

嵌入式系统（也称“微控制器”）是一个归一化智力内核。将嵌入式系统嵌入到工具中，可以实现工具的智能化。例如，将微控制器嵌入到家用电器中，可使家用电器智能化。将微控制器嵌入到微波炉中，可随意设定微波火力，可选择不同的烹饪过程与解冻过程。将微控制器嵌入到洗衣机中构成全自动洗衣机，可随意设定洗衣流程，自动完成洗衣全过程；还可以检测衣物放置是否均衡，若不均衡则能晃动衣物使之均衡，以防甩干时振动过大。

嵌入式系统具有独立的外部总线与输入/输出端口，因此，可以在外部添加相应的接口电路与功能器件，构成许多新兴的智能化工具，如 PDA、MP3、MP4、电子辞典、手机、电子书、录音笔、GPS 导航仪等，这些工具都是内部嵌有微处理器的智能化工具。

# 9.8 知识集成与人类的傻瓜化进程

先进的知识发展模式
人类个体知识的贫困化
人类知识应用的傻瓜化

人类通过知识在工具中的集成方式，走上了一条人类进化发展的快速路。知识、知识行为在工具中的不断集成，形成人类先进的知识发展模式。工具的知识集成、工具中知识成果与知识应用的分离，使人类个体以知识的贫困化方式，躲过了“知识爆炸”的威胁，开启了人类个体的傻瓜化进程。

## ▶ 先进的知识发展模式

在告别自然竞争的演化规则后，人类便进入认识世界、改造世界的人工生态环境中。人类依靠知识与工具的力量，在与恶劣生存环境的斗争中进化与发展。在这样的人工生态环境中，工具成为人类进化发展的核心因素。人类个体将认识世界的知识成果转化成工具，然后，人类依靠工具的力量来改造世界，形成了先进的人＋工具的人类知识发展模式。人类在人＋工具环境中开发智力、学习前人的知识成果，在人类共同的知识财富基础上，实现知识创新，又将创新知识集成在工具中。如此循环往复，人类知识得以迅速增长。即使人类进入语言、文字发展阶段，人＋工具的知识发展模式仍是人类知识发展的重要模式。机械化工具的动力机械内核、智能化工具的智力内核，成为人类知识发展的重要支柱。人类知识发展过程中对专家的依赖逐渐转化成对工具的依赖。

## ▶ 人类个体知识的贫困化

20世纪中期，随着人类知识总量的迅速增长，出现过所谓的“知识爆炸”论。知识爆炸论者认为，随着人类知识的迅猛增长，总有一天人们无法再接受新的知识而出现知识爆炸。然而，在人类知识总量空前增长的今天，人们不仅没有感受到任何知识爆炸的威胁，反而在知识的海洋中游刃有余。人们发现，人类个体可以在知识贫困化的状态下，呈现出巨大的知识行为能力。这是因为，人类知识、知识行为可以与人类个体分离，分离后的知识、知识行为集成到了工具之中。

工具中的知识原理与应用界面分离后，人们不必了解工具中的知识原理就能使用工具，就能实现知识成果的应用。例如，原先用纸与笔来进行数值计算必须掌握数值运算的原理与方法；有了计算器后，人们不必再了解数值运算的原理与方法，会用计算器即可。以前人们驾驶汽车需要掌握许多有关汽车构造、驾驶原理、保养维修等知识；如今，由于汽车及汽车服务体系的进化，开车人不再需要了解这些知识。以前使用照相机必须了解什么是光圈、快门、聚焦、光学成像原理等，学习如何保证最恰当的曝光、最清晰的图像；如今，有了傻瓜相机，这些知识都不需要了。

事实证明，在现代人类个体知识不断贫困化的进程中，人类知识仍然以空前的速度发展；借助于工具，人类个体改造世界的能力空前增长。

### ▶ 人类知识应用的傻瓜化

半导体集成电路诞生后，将工具中的知识集成变革到知识行为集成。微处理器基础上通用计算机智力平台与嵌入式系统智力嵌入的知识行为集成，将专家的智力行为转移到工具中，成为人人可以使用的傻瓜化工具。

时空量子化技术基础上的微处理器智力内核，形成了人类智力集成的最基本元素。这种具有元素性质的智力内核，可以构成更为广义的工具形态，除了传统的物质化工具外，出现了大量由专家知识库衍生出的软件工具。我们将众多具有专家知识与知识行为的广义工具称为“知识平台”。

知识平台工具最广泛地集成了专家的知识成果与知识行为，并以统一的协议、规范的格式、集成化的应用环境，创造出知识平台的归一化应用界面，从而形成人类知识成果最广泛、最普遍的傻瓜化应用模式。知识平台的广泛使用，将使人们不再需要了解前人的知识成果原理，最大化地节省了人类的智力资源。理论上讲，世界上只要有一个知识精英团队，将最新知识创新成果转化成知识平台后，全世界的科技人员就可以在这样的知识平台上，实现创新知识的应用。即使是知识精英团队，在其专业领域之外的相关领域，也呈现出知识平台的傻瓜化应用。

# 第十章　人类知识的非线性发展规律

## ——人类知识总量的指数式增长

10.1　感受知识总量的指数式增长
10.2　人类知识的非线性发展因素
10.3　结构性的知识发展加速效应
10.4　市场经济的知识发展加速效应
10.5　工具变革的知识发展加速效应
10.6　信息革命的知识发展加速效应
10.7　人类知识的非线性发展曲线
10.8　非线性发展的全面动荡时代

在摩尔定律面世40多年后的今天，人人都感受到了我们周围与知识相关领域中的指数式加速发展现象。再回顾人类历史，人们发现了人类历史的非线性发展进程，所有这些历史与现实，都表明了人类知识总量呈现出非线性的发展规律。人类知识总量非线性发展的基本因素，是知识的结构性加速因素、市场经济加速因素、工具变革加速因素与信息革命加速因素。

结构性加速因素由知识本身的特点所决定，是知识自举效应与扇出效应的加速因素；市场经济加速因素由知识的商品化程度所决定，在知识生产力时代，出现了商品化知识，在最大化利润的追逐下，出现了知识的疯狂性增长；工具变革加速因素，是18世纪机械化工具的加速效应与20世纪智能化工具的加速效应；信息革命加速因素，是语言、文字，纸张、印刷术，互联网三次信息革命带来的知识传播加速效应。

在知识经济时代，知识非线性发展带来人类知识总量的极度扩展，却没有给人类社会带来极度幸福，相反，使人类社会进入一个全面的动荡时代。斯蒂芬·霍金教授网上的世纪难题求解，发人深省。如今，受非线性发展规律影响，人类社会开始进入知识非理性的疯狂发展时代。抑制知识的疯狂发展态势，是人类面临的重大课题。

## 10.1 感受知识总量的指数式增长

摩尔的预测
托夫勒的描述
学者们的统计数据
看人们周围的一切

在早期人类发展进程中，人们无法体验到知识总量的指数式增长态势。直到最近几十年，人们才真正感受到“指数式增长”带来的社会冲击。关于指数式增长态势的描述，有阿尔文·托夫勒对三次浪潮历程的描述，有戈登·摩尔对集成电路中晶体管集成数量倍增现象的描述，还有一些经济学家的统计数据以及人们的亲身感受。

### ▶ 摩尔的预测

40 多年前，当戈登·摩尔发现摩尔定律时，人们不以为然。如今，当我们观察周围的世界时，发现到处都呈现出人类知识总量指数式增长的影子。

摩尔定律源于 1965 年戈登·摩尔为庆祝 *Electronics* 杂志创刊 35 周年所撰写的一篇论文。在这篇论文中，他对电子技术的未来发展速度提出了自己的见解。当时集成电路的集成度只有 30 个晶体管，而他领导的小组却研制出了 60 个晶体管的集成电路。在考虑了各种因素后，摩尔预测：在未来 10 年内，集成电路芯片上的晶体管数量将每年以倍增的速度发展。后来，他在 Cal Tech 的同行 Carver Mead 教授称这一预测为“摩尔定律”。摩尔发现了科技领域中的一个非线性发展现象。

### ▶ 托夫勒的描述

阿尔文·托夫勒是当代著名的未来学家，早在 1970 年就感受到了资本主义市场经济的巨大冲击，写出了《未来的冲击》一书。书中分析了快速变化的未来社会，以及未来社会的短暂性、新奇性、多样性特点。后来，他在 1980 年出版的《第三次浪潮》一书中，又明确地指出了人类社会的非线性发展进程。书中写道：“到目前为止，人类经历了两次重大的变化浪潮，每次都抹杀了早期的文化和文明，以前人不能想象的生活方式取而代之。第一次浪潮——农业革命——经历了几千年才结束。第二次浪潮——工业文明的崛起——只有300年的寿命。今天的历史速度更快，很可能第三次浪潮将会横扫历史，在几十年内结束。”托夫勒明确地指出了人类发展阶段上的非线性。

这种非线性发展进程也反映在人类社会发展史中。所有读过社会发展史的人，都知道原始社会、奴隶社会、封建社会、资本主义社会的阶段划分。如果统计它们的时间历程，便会惊奇地发现：人类社会的更迭速度也呈指数式的非线性增长态势。

人类诞生至今约几百万年，在这几百万年中，从人类诞生到人类社会形成占据了绝大部分时间，随后是几万年的原始社会、奴隶社会，几千年的封建社会，几百年的资本经济社会，如今留给知识经济的时间不到百年。这与托夫勒预言的三次浪潮周期不谋而合。

### ▶ 学者们的统计数据

有些学者从信息革命的角度回顾人类历史，用各种统计数据证实了人类知识总量的指数式增长规律。

这些统计数据指出：在农业经济后期，欧洲每年出版图书约1000种，一个世纪才出版约10万种；在工业经济时代，欧洲每年出版的图书就超过10万种。世界上第一本科技期刊出现在17世纪60年代，1750年世界上只有10种期刊；在工业经济时代，大约每过10年，科技期刊数量便增加10倍；在农业经济时代，200年才发现一个未知元素；在工业经济时代，自1990年以来，每3年就发现一个未知元素。有人估计人类知识总量在工业经济时代每10年翻一番，在知识经济时代则达到每5年翻一番。进入知识经济时代后的30年间，全世界发表的论文数量超过人类历史总和。在知识经济时代，发达国家中商品与劳务的生产量每15年翻一番。这意味着这些国家和地区的人，十几岁时要被2倍的人造产品所包围，在他们70岁的人生中，将发生5次翻番的情况，当其进入老年后，社会生产总量将是他们出生时社会生产总量的32倍。①

### ▶ 看人们周围的一切

所有对知识非线性发展的感受与论述，都出现在知识经济时代，因为只有在知识经济时代，人们才能在不到百年的人生中，感受到巨大的有形变化。

---

① 数据资料出自吉林人民出版社，1999年，《入世后的中国》，P987-989。

在封建社会里，人们祖祖辈辈、世世代代都生活在一个凝固的世界中，日出而作，日落而息，周而复始。在资本经济时代，人们可以感受到社会生活的巨大变化，祖辈们生活在机械化时代，孙辈们却进入电气化时代；祖辈们坐的是马车，孙辈们却开上了汽车。当20世纪60年代集成电路微处理器智力内核引发知识革命后，人类进入到一个眼花缭乱的知识经济时代。在如今的知识经济时代，人们10年人生所经历的事件是其父辈们一辈子都很难经历到的。父辈的照相机用了一辈子还想传给儿子，儿子的傻瓜相机只用了10多年就想更换，而如今的数码相机更是数年一换。

“代沟说”始于我们的父辈。祖辈说，从前没有代沟，都是“忠孝传家久，诗书继世长”，沿着祖辈的家训走，延续的是“书香门第，世家遗风”；父辈说与我们有代沟；如今又出现“80后、90后”现象，似乎是10年一个代沟。

所有这些社会现象都充分表明，人类知识总量的发展遵循着指数式的非线性发展规律。

## 10.2 人类知识的非线性发展因素

人类知识总量非线性发展的因素，包括结构性因素、市场经济因素、工具变革因素与信息革命因素。

结构性因素是知识非线性发展的内在因素，市场经济因素、工具变革因素、信息革命因素是知识非线性发展的外在因素。

结构性因素是由知识本身的自举效应、扇出效应形成的非线性发展因素。知识的自举效应，是知识发展中的阶梯效应，它表明人类个体的知识创新都是在原有人类知识基础上实现的创新。知识的扇出效应，是知识应用中的群体效应，它表明任何一个人类个体创造出的知识成果，都可以被众多的他人使用。

市场经济因素、工具变革因素、信息革命因素，是外部的知识非线发展因素。市场经济因素是市场经济时代利益驱动力的加速因素，工具变革因素包括机械化工具与智能化工具两次重大变革形成的加速因素，信息革命因素则是知识传播革命形成知识扩散的加速因素。

人类知识依靠结构性自举与扇出效应，经历了几百万年缓慢的发展时期。只是进入近几千年，有了巨大的外部加速效应，人类知识才出现了飞速发展的态势。

# 10.3 结构性的知识发展加速效应

知识的结构性自举效应
知识的结构性扇出效应

人、知识、工具是人类进化、发展的人工生态体系，也是人类知识发展的主客观环境。在这样的环境中，形成了人类知识加速发展的结构性因素，即知识发展的自举效应与扇出效应。

## ▶ 知识的结构性自举效应

知识的自举效应，是一种知识基础上的增殖效应。人类个体头脑中的知识不具有独立的自举效应，因为人类个体没有知识遗传性状，不能独自承担起人类知识的积累与传承任务。因此，知识的自举效应，是人、知识、工具生态体系的结构性效应。

人类个体创造知识，将知识集成到工具中，或转化成语言文字的记述态知识，由此形成了两种知识的结构性自举效应，即集成态知识的工具平台自举效应与记述态知识的知识创新自举效应。

工具平台自举效应，是指集成态知识发展的平台增殖效应。人类在知识的基础上创造工具，不断将知识物化成工具，工具中便有了人类的知识成果，并在使用中得以验证与完善。

工具创新也是在原有工具基础上的新兴知识成果集成。例如，电子计算机的创新，离不开半导体集成电路；半导体集成电路的创新，离不开晶体管与半导体材料，晶体管是电子管知识成果的转化。因此，任何人类工具都为未来的知识创新提供了一个良好的平台。

知识创新自举效应，是指任何知识成果的创新，都是在原有人类知识基础上的创新。人类知识总量越多，创新知识的深度与广度就越大。许多知识精英在谈及自己的科技成就时，都谦称是因为站在了巨人的肩膀上。知识创新自举效应始于原始人类的知识交互。语言文字诞生后，记述态知识为人类知识交互提供了极为有利的条件，这也是语言、文字诞生后，人类迎来知识大发展的重要原因。

### ▶ 知识的结构性扇出效应

知识的结构性扇出效应，是指在改造世界中，任何一个知识成果都可以无损耗地为无数多的人类个体所使用。知识应用的扇出效应，包括集成态知识的扇出效应与记述态知识的扇出效应。

集成态知识的扇出效应，是一种傻瓜化扇出效应。集成态知识隐含在工具中，由于工具中知识原理与应用界面的分离，人们使用工具时不必掌握工具中的知识原理，只需了解工具的应用界面，便能使用工具，产生改造世界的知识力量。

记述态知识的扇出效应，是一种知识性扇出效应。记述态知识是以语言文字记述的知识，人们必须充分了解它的知识原理，才能实现它的应用。

记述态知识的知识性扇出效应与集成态知识的傻瓜化扇出效应在知识应用上的巨大差异，导致知识成果工具化的不断发展与强化。任何创新知识成果如果不转化成工具，就容易在创新知识应用的竞争中败下阵来。这是因为，当人们难以在原理知识基础上实现知识应用时，可以利用工具来实现创新知识的傻瓜化应用。

## 10.4 市场经济的知识发展加速效应

---

清贫自乐的知识阶层
被资本雇佣的知识阶层
展现独立价值的知识阶层
利润驱动下的知识疯狂

---

市场经济的知识加速发展效应，是商品经济诞生后出现的利润驱动效应。长期以来，知识始终处于后台而默默无闻，知识阶层则处于清贫自乐状态。进入商品经济时代，知识的生产力效应与人们对知识力量的认可，使知识成果能产生直接商品经济效益。知识成果的商品化，迅速推动了人类知识的指数式增长。

### ▶ 清贫自乐的知识阶层

人类诞生已有几百万年的历史，知识阶层出现的历史却不过几千年。长期以来，人们承认劳动创造世界、劳工神圣，却看不见知识的直接力量。因为在人、知识、工具的生态体系中，知识力量总是隐含在工具中，人们看不到知识的独立价值。知识力量在人、知识、工具生态体系中的隐含性，导致知识阶层处于尴尬的境地。

早期宽松的社会环境，没有形成改造客观世界的压力，知识阶层可以远离社会现实生产力，致力于哲学、社会学研究。知识阶层也将自己的知识成果无偿地贡献给社会，而自己过着清贫自乐的生活。

随着人类社会的发展，社会需求不断增长，人类不再满足于大自然的恩赐，而要求知识阶层为现实生产力服务。大量的知识阶层开始关心实用科技的发展。秦始皇统一中国后，实行车同轨，书同文，并统一度量衡，兴修水利，促进了中国封建社会实用科技的大发展。实用科技的发展在宋朝、明朝达到巅峰，在水利学、天文学、造船学、机械学、营造学、航海学、纺织学等领域中，出现了专门为现实生产力服务的科技队伍。中国古代四大发明都诞生在这一时期，这一时期知识阶层的所有知识成果都已为全人类免费使用。

### ▶ 被资本雇佣的知识阶层

18 世纪工业革命后，形成了社会商品大规模的集约化生产方式。在集约化的社会大生产中，突出了资本增殖对知识的直接需求。大规模的厂房建设以及生产资料产业、原材料产业、能源产业，促进了社会对科技知识的需求。集约化大生产中的操作工人、技师、设备维护修理工，以及从事管理、培训工作的工程师，组成了庞大的为资本经济服务的知识服务体系。此时知识阶层处于被资本雇佣状态。由知识与资本共同创造出的财富被资本家占有，知识阶层被资本雇佣，只能获取脑力劳动报酬。

### ▶ 展现独立价值的知识阶层

在资本经济时代，无论是消费品生产领域、生产资料生产领域，还是原材料、能源领域，都不断显现出知识成果的巨大产业力量。知识成果的巨大经济效益，诱使知识阶层努力摆脱被资本雇佣的状态，专门从事知识创新，并将创新知识转化成可以直接为市场经济服务的科技成果，以获取知识成果的直接经济效益。一些原先被雇佣的知识阶层，摆脱了雇佣状态，独立设计出新型的设备或产品，以技术资料方式出售。与原先被雇佣的状态相比，知识阶层不仅享有完全的知识成果效益，而且其商品化知识成果可以为众多的厂家服务，破除了原先雇主对知识成果的垄断。这种独立的知识商品，就是最早的专利知识商品。

专利知识是商品经济利润驱动下的知识发展变革。专利知识开启了知识商品化的独立发展时代。从此，知识从后台转向前台，逐渐成为社会生产力发展的主导力量。

### ▶ 利润驱动下的知识疯狂

商品化市场经济突出了商品经济中的利润原则。在市场经济条件下，追逐利润是知识发展的疯狂驱动力量。与一般商品相比，专利知识商品只有一次性成本，即一次投入后，可多次获益。资本经济时代专利技术的迅速发展，使专利知识成为重要的支柱产业。然而，将专利知识成果转化成现实社会生产力，须有知识阶层的知识介入，这在一定程度上减弱了专利知识的扇出效应。

在知识经济时代，知识成果以知识平台商品方式进入扇形产业链的顶端，成为产业的垄断与驾驭力量，直接获取垄断的超额利润。例如，在PC机产业中，微软公司与Intel公司居于扇形产业链的顶端，它们不介入下游生产环节，在整个行业中居于不可动摇的垄断与驾驭地位，获取稳定的超额利润；英国的ARM公司则是一个脱离了有形商品生产的知识产业公司，专门从事嵌入式微处理器知识研究，以知识产权授权方式出售自己的知识成果。

知识经济时代独特的扇形产业结构与知识平台独特的垄断、驾驭地位，成为知识发展的疯狂力量。知识平台巨大的傻瓜化扇出效应，形成“微利”下的超额利润，成为人类知识发展的疯狂驱动力量。Intel微处理器与微软视窗操作系统所形成的通用计算机的扇形产业结构，便是典型的案例。

## 10.5　工具变革的知识发展加速效应

---

工具的最佳知识自举与扇出
机械化工具变革的加速因素
智能化工具变革的加速因素

---

工具在人类知识发展中有举足轻重的作用。工具中傻瓜化的扇出效应形成了工具中巨大的知识发展加速效应。机械化工具与智能化工具的两次重大变革，成为现代人类社会知识发展的两次重要加速因素。

### ▶ 工具的最佳知识自举与扇出

在人类的三种知识形态中，个体头脑中的知识没有扇出效应，因为头脑中的知识只能授受，无法与他人共享；文字记述的知识有自举效应与扇出效应，然而，这种自举效应与扇出效应有知识门槛要求；工具中的知识具有最佳的自举效应与扇出效应，因为工具中的知识成果可以为众多的他人使用，且使用时并不需要了解工具中的知识成果。工具中知识成果的隐含性与屏蔽性，常常使人忽视它在人类知识发展中的巨大自举效应与扇出效应。例如，在短短的十几年间，基因学科领域中，迅速地出现了大面积的基因工程应用，并在各个应用领域中产生了许多创新知识成果。然而，创造这些知识成果的基础，是众多基因工程应用的知识平台工具，包括用于 DNA 切片、测序、改造、重组、导入的各种仪器设备，基因探针、基因组图谱以及各种基因分析软件等。使用这些知识平台工具时，不必了解其中的知识原理，就能在这些知识平台基础上创造出许多新的知识成果。特别是知识平台工具中的各种自动化设备与科学分析软件，集成有科学家的知识行为，可以代替基因工程应用中的脑力劳动，从而形成了基因工程应用领域科技知识的疯狂性发展态势。

### ▶ 机械化工具变革的加速因素

机械化工具变革始于 18 世纪蒸汽机的工业革命。这次工业革命后，机械化工具的急剧扩展带动起一大批产业科技，呈现出机械化工具对人类知识发展的加速效应。

18 世纪蒸汽机的工业革命，为工具的机械化寻找到一个归一化动力机械内核。随后内燃机、电动机的出现，大大地优化了这一内核。各种类型、各种系列的内燃机、电动机，推动了人类工具普遍的机械化发展进程。机械化工具的广泛普及，逐渐地替代了人类在生产劳动、社会生活、科学研究中的体力劳动。

机械化工具的广泛使用，迅速带动了材料、能源、机械加工等相关学科的发展，促进了一大批与基础产业(如钢铁、煤炭、石油、电力、化工、机械、电气、电子等)科技的知识发展进程。

机械化工具的广泛普及、体力劳动的普遍替代、新兴基础产业的迅猛扩展，使人类社会迅速进入工业文明时代。

### ▶ 智能化工具变革的加速因素

智能化工具变革始于 20 世纪半导体集成电路的智力革命。智能化工具的广泛普及，前所未有地加速了人类的知识发展进程。工具的智能化带动了一大批新兴产业与前沿科技，从而实现了脑力劳动的广泛替代。

半导体集成电路的诞生，为人类智力革命奠定了时空量子化技术基础。人们可以在微观世界基础上，实现人类知识与知识行为最广泛的归一化工具集成。在半导体集成电路基础上，人类工具的自动化、智能化革命悄悄地开始了。所有集成电路中的电路系统，都能像自鸣钟、八音盒、自动钢琴那样自动运行。微处理器诞生后，出现了前所未有的归一化智力内核。这个智力内核可以为人类提供智力平台与工具的智力嵌入，从而实现人类智力最广泛的工具替代。

在智能化工具诞生以前，人们以学习与掌握专家知识成果的方式，实现知识成果的应用。以电子技术产品为例，在微处理器诞生前，收音机、录音机、电视机等产品，都是电子工程师在专利知识成果基础上，精心开发出的产品。微处理器诞生后，人们可以在知识平台基础上实现知识成果的傻瓜化应用。例如，半导体厂商将 VCD 的专家知识与知识行为集成到半导体集成电路中，变成形形色色的软、硬件知识平台。乡镇企业可以在没有一个电子工程师的状况下，在 VCD 软、硬件的知识平台基础上完成 VCD 机的大批量生产，大大地节约了人类知识发展中的原始知识投入。知识平台的巨大扇出能力，可使更多的普通人能轻而易举地在巨人的肩膀上起步。

## 10.6 信息革命的知识发展加速效应

记述态的知识传播革命
工业化的知识传播革命
数字化的知识传播革命

信息革命是知识的传播革命。知识传播的扩散效应，会形成更广泛的知识创新与创新知识应用，产生知识发展的加速效应。人类社会经历了三次信息革命，第一次信息革命，是语言、文字诞生带来的记述态知识传播革命；第二次信息革命，是纸张、印刷术、印刷机带来的工业化知识传播革命；第三次信息革命，是互联网的数字化知识传播革命。

### ▶ 记述态的知识传播革命

语言、文字记述态知识的诞生，是人类知识传播的第一次信息革命。此前，人类完全依靠工具来实现知识的积累与传承。工具中知识成果的隐含性，导致人类在几百万年前到近万年前之间知识发展缓慢。人类语言的历史不超过几万年，文字的历史不超过几千年，却形成了人类知识积累与传承从隐性到显性的革命，迎来了人类知识发展的辉煌时代。

从语音、语言到文字的诞生，逐渐形成人类原始的知识传播。由口势拟意的语音，经过漫长的进化阶段才出现象声表意的语言，语言和原始文字的出现不过是几千年的历史。文字载体（如岩壁、甲骨、竹简、丝绸、羊皮、草纸等）资源有限，因此，知识传播资源首先用于宗教祭祀、自然崇拜、氏族大事、生活动态的记述。纸张出现后，人类开始摆脱原始的知识传播方式。手工制作纸张的普及、书写工具的出现、知识阶层的诞生，形成极佳的知识传播环境，奠定了人类现代文明的基础。

### ▶ 工业化的知识传播革命

18 世纪工业革命将知识传播从手工方式推进到机械化方式，导致人类知识传播的第二次信息革命。

蒸汽机车、轮船，以及随后内燃机车、汽车等机械化交通工具的出现，加快了人类知识的传播速度。1825 年，世界上第一台蒸汽机车问世，其速度只有每小时 13 英里；而到 1880 年，就发明了每小时可运行 100 英里的先进机车。交通工具的变革，加快了信息的流通速度。

造纸机械、印刷机械的发展，使纸张、书籍普及到千家万户，使记述态知识的传播从手工方式发展到机械化方式。据统计，欧洲在农业经济后期，出版图书的速度为每年 1000 种；在工业经济时代，每年出版图书就超过 10 万种。在农业经济时代一个世纪的出书量，在工业经济时代一年便可完成。纸张、书籍的普及，导致社会教育的大发展。在人类知识普及的基础上，迎来了现代化科技、文化、艺术的巨大繁荣时代。有人估计，人类知识的总和在工业经济时代每 10 年便可翻一番。

### ▶ 数字化的知识传播革命

20 世纪中期，半导体集成电路诞生，从而引发了人类知识存储与传播的数字化革命。人们首先将电路知识成果与知识行为能力，以 0、1 的数字化符号方式集成到半导体中，形成数字化的半导体集成电路。1971 年诞生的半导体微处理器，具有人类知识行为的数字化仿真能力。在半导体微处理器基础上的现代计算机，引发了人类社会的数字化智力革命。半导体存储器、磁存储器（硬盘）、光存储器（光盘），实现了人类知识的数字化存储。如今，一个移动硬盘甚至可以存放一个小型图书馆的藏书。

0、1 数字化基础上的知识形态，可以通过各种 0、1 状态的物理信息，实现远距离、无差错的传输，通过有线电缆、光缆以及无线电波方式，将信息传播到世界各地。互联网出现后，借助于先进的信息传播工具，记述态知识从平面介质的有限传播，发展到全方位多媒体的无限传播，实现了人类知识总量在全球范国内的无限通达、无限扇出，迎来了知识经济时代人类知识传播的第三次信息革命，人类社会进入到一个知识疯狂性发展的时代。

## 10.7 人类知识的非线性发展曲线

上述各种非线性因素形成叠加后，便形成人类知识总量的指数式发展效应。图 10.1 显示了诸多加速效应叠加下，人类知识总量的指数式发展曲线。

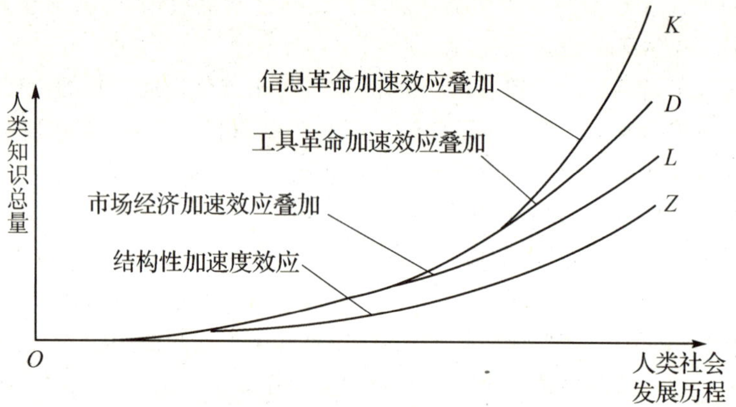


**图 10.1 人类知识的非线性发展曲线**

*Z* 曲线是结构性加速效应下的知识非线性发展曲线，它源于人、知识、工具生态体系中知识发展的自举效应与扇出效应。

*L* 曲线是市场经济加速效应叠加后的非线性发展曲线。知识成果的商品化以及商品化的商品经济效益，迅速推动了人类知识的指数式增长。

*D* 曲线是 18 世纪后，两次知识革命工具变革加速效应叠加后的非线性发展曲线。18 世纪工业革命的机械化工具变革与 20 世纪现代计算机智力革命的智能化工具变革，成为现代人类社会知识发展的重要加速因素。

*K* 曲线是信息革命加速效应最终叠加后的非线性发展曲线，即人类知识总量的指数式增长曲线。

在几百万年漫长的人类历史进程中，直到近几千年的商品经济时代，人类知识才开始有了明显的加速增长。18 世纪工业革命将人类推进到现代工业文明，导致人类知识飞速增长;20 世纪现代计算机知识革命,以及互联网的第三次信息革命,导致人类知识疯狂增长。

## 10.8 非线性发展的全面动荡时代

知识经济时代的结构性动荡
市场经济非均衡发展与两极分化
巅峰时代知识经济的全面动荡

任何一个指数式增长的事物最终都会进入一个不稳定的动荡时期。在知识经济时代,现代科技的疯狂发展导致与科技相关的一切事物都频繁更新,使科技发展的稳定期不断缩短,成为社会生活中不稳定的结构性动荡根源。疯狂的科技力量导致社会生产力疯狂发展,地球资源的过度消耗导致环境剧烈动荡,以至于生活在象牙塔中的斯蒂芬·霍金教授也震惊于这些动荡,2006 年他在网上提出了一个世纪难题求解:"在一个政治、社会、环境动荡的世界里,人类如何才能继续生存 100 年?"

### ▶ 知识经济时代的结构性动荡

知识经济时代的结构性动荡,表现为非线性事物极端化发展下形成的崩溃状态。任何一个非线性发展的事物最终只有两种结局:在阻尼作用下减速并趋于稳定,或在不断加速下崩溃。空中的羽毛在空气阻力作用下缓缓飘落。太空舱进入大气层后,依靠降落伞的阻尼作用,以恒定的速度平稳地降落到地面。若降落伞失效,太空舱便会因加速坠落,而在大气层中焚毁。

知识经济时代人类知识的疯狂性发展,使人类社会生产力发展超出了地球的承受能力。有好事的研究机构指出,在 2007 年,全球的资源利用已超出一个地球的承受能力,并迅速向消耗 $N$ 个地球资源进军,使人类社会处于结构性动荡之中。这种结构性动荡直接表现为环境动荡。人类为了免受崩溃之灾,必须将一部分社会生产力用来修补被人类破坏的地球,从而形成了全球范围的内耗性经济。

### ▶ 市场经济非均衡发展与两极分化

利润原则是市场经济的灵魂,也是市场经济的原罪。非均衡发展与两极分化是市场经济的绝对发展规律。在人类历史发展进程中,市场经济的出现具有重要意义。在社会生产力低下的社会里,"追逐利润"与"满足社会需求"的目标相一致,利润原则成为社会发展的积极因素。随着市场经济的发展,受市场经济利润原则的驱使,"认识世界、改造世界、满足社会需求"便蜕变为"认识世界、改造世界、追逐利润"。从此,知识成为市场经济的奴婢。

利润原则永远伴随市场经济,并给市场经济战无不胜的力量。然而,追逐利润的市场经济的原罪,使非均衡发展与两极分化日益加剧,并在适当时机演变成疯狂的非理性发展因素。当人类进入社会生产力高度发达的知识经济时代,社会平均生产力已满足整个人类社会平均需求时,对最大化利润的追逐便成为引发社会全面动荡的罪恶根源。

### ▶ 巅峰时代知识经济的全面动荡

从知识发展的角度,人们关心的是:当今的知识经济时代处于人类知识发展的哪一个阶段?在这个阶段上人类面临的是怎样一个局面?

知识经济时代是人类知识发展的巅峰时代,是所有非线性发展因素叠加后,知识指数式发展面临崩溃的时代。人类必须迅速决断,是任其疯狂发展而崩溃,还是迅速减速、降温,使知识走向理性化发展的道路。

图 10.2 描述了知识经济时代人类社会发展面临的问题。图中有两条曲线,一条是社会生产力发展曲线,另一条则是社会需求发展曲线。

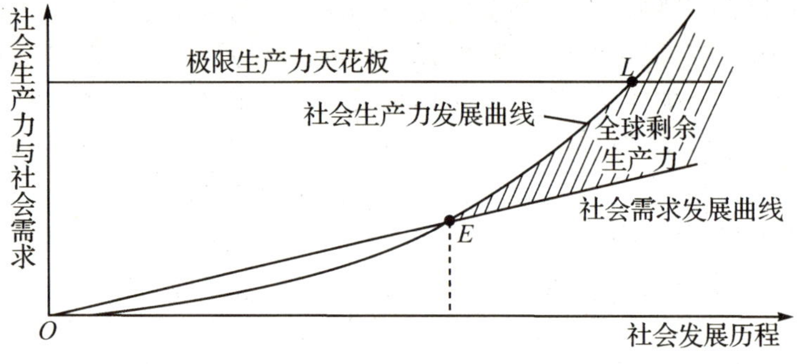


**图 10.2 社会生产力与社会需求发展曲线**

社会生产力呈鲜明的非线性指数发展特征,在知识发展基础上的社会生产力发展也呈现出明显的非线性特征。相对而言,人类的社会需求没有明显的加速效应,呈现出相对的线性特征。

远古时期,社会生产力远远不能满足人类社会需求,发展生产力成为社会第一需要，人类不断寻求刺激社会生产力发展的各种途径。在各种知识加速效应的驱动下，社会生产力不断加速发展，总会在某个社会发展阶段上超出社会需求，这一特征点即图中的 $E$ 点。当社会生产力发展到达 $E$ 点之后，理应减速，使社会生产力发展速度与社会需求发展速度相协调。然而，在市场经济最大化利润的追逐下，社会生产力依然疯狂发展。总有一天，社会生产力必然会突破极限生产力的天花板，这个天花板便是地球的极限承受能力。

当社会生产力发展到达 $L$ 点之后，便会出现全球性社会剩余生产力，使社会财富极大丰富，人类有望实现先哲们的大同世界与马克思的共产主义理想。然而，市场经济的现实是残酷的，市场经济非均衡发展与两极分化形成了富人化经济体系，社会剩余生产力被用于满足富人阶层的欲望消费与疯狂消费。

由此可以看出：知识经济时代人类正处于知识的巅峰发展时代，也是全球性社会剩余生产力迅速增长的时代。社会生产力疯狂增长，开始超越极限生产力的天花板，成为人类生存环境不可持续发展的自然动荡的根源。市场经济的非均衡发展与两极分化导致剩余社会生产力用于富人阶层，这种社会不公会引发社会动荡与政治动荡，从而形成知识经济时代的全面动荡局面。

# 第四篇　知识革命与人类未来

- 第十一章　集成电路的现代计算机知识革命——知识平台的知识行为革命
- 第十二章　数字化革命与数字化知识形态——人类知识的数字化革命
- 第十三章　现代计算机知识革命与人类未来——知识革命回顾与总结

知识经济时代，是人类知识发展到巅峰的时代，迎来了集成电路的现代计算机知识革命。现代计算机知识革命的技术基础，是集成电路的归一化数字时空量子技术。在集成电路时空量子技术基础上，实现了人类知识行为的工具集成。集成电路实现了一维知识行为集成，微处理器实现了具有人类智力的多维知识行为集成。通用微处理器与嵌入式微处理器，引发了现代计算机两大分支的知识革命。

现代计算机知识革命的本质，是人类的智力革命，是知识平台的脑力劳动替代性革命。知识平台具有知识行为能力，它以智力平台与智力嵌入两种方式，最广泛地代替人类个体的脑力劳动。在知识平台中，知识行为主要表现为计算机的软件行为，即通用计算机上的应用软件与嵌入式系统中的嵌入式软件的软件行为。

微处理器、通用计算机、嵌入式系统的技术基础，是归一化数字时空量子，它们都是相互兼容的数字化系统，引发了知识经济时代的数字化革命。在数字化虚拟技术基础上构建起虚拟世界，迎来了人类虚实交互的二元化世界、物联网与云计算的新技术时代。当人类完全进入这一时代时，标志着人类认识世界、改造世界的原始任务业已完成，人类将开始认识生命、改造生命的新长征。

现代计算机知识革命的直接成果，是将人类社会从资本经济时代变革到知识经济时代。知识学的建立，会为全面深入剖析知识经济时代诸多经济现象奠定坚实的理论基础。

# 第十一章　集成电路的现代计算机知识革命

## ——知识平台的知识行为革命

现代计算机知识革命的源头是半导体集成电路与微处理器智力内核。现代计算机知识革命经历了三个阶段，即智力内核形成阶段、两大分支独立发展阶段与物联网/云计算的智慧地球阶段。

半导体集成电路的时空量子化技术，奠定了现代计算机知识革命的技术基础。在时空量子化技术基础上，实现了人类工具的归一化知识行为集成；微处理器的诞生，将人类工具从一维知识行为集成变革到多维知识行为集成，使微处理器成为能实现人类知识行为的归一化智力内核；在微处理器基础上的通用计算机与嵌入式系统，成为现代计算机知识革命独立发展的两大分支，引发了通用计算机的智力平台革命与嵌入式系统的智力嵌入革命；现代计算机两大分支在高级阶段的交叉融合，诞生了物联网以及物联网基础上的云计算。

现代计算机知识革命，本质上是从知识应用到知识行为应用的知识平台革命。知识平台中的知识行为集成，导致人类在认识世界、改造世界过程中，从知识应用变革到知识平台中知识行为的傻瓜化应用。从知识平台的极大知识含量、极高知识行为能力、极低商品价格、极傻应用模式、极大扇出能力中，可以看出现代计算机知识革命带有众多人类知识应用的山寨化革命特点。

## 11.1 集成电路诞生与知识革命浪潮

第三次浪潮是知识革命浪潮
知识革命浪潮诞生的时代背景
知识革命的源头是集成电路

托夫勒1980年在《第三次浪潮》一书中，把我们这个时代定义为第三次浪潮时代。26年后，他在《财富的革命》一书中，明确了第三次浪潮是知识经济时代、知识财富时代的知识革命浪潮。托夫勒指出这个革命时代开始于20世纪60年代前后，这正是半导体集成电路诞生的年代。

### ▶ 第三次浪潮是知识革命浪潮

托夫勒在《第三次浪潮》一书关于三次浪潮的经典论述中指出："今天历史的速度更快，很可能第三次浪潮将会横扫过历史，在几十年内结束。生存在这个爆炸性时刻的我们会感受到第三次浪潮对这个时代的全面影响。"

托夫勒虽然对第三次浪潮没有深入描述，但他指出每一次浪潮都不是前一次浪潮的延伸，而是对前一次浪潮文明的否定，即"每一次都抹杀了早期的文明，以前人不能想象的生活方式取而代之"。可以看出，抹杀了农耕文明的，是18世纪的工业革命；抹杀了工业文明的，是20世纪的现代计算机知识革命。工业革命摧毁了农耕经济，使人类进入工业文明时代；现代计算机知识革命改变了资本经济，使人类进入知识经济的知识文明时代。

### ▶ 知识革命浪潮诞生的时代背景

虽然托夫勒没有对第三次浪潮进行明确的界定，我们还是可以从下面他对第三次浪潮的描述中，探寻到第三次浪潮的时代背景与知识革命特征。

"自从第三次浪潮约25年前降临以来，科学家利用许多新工具探测自然的极限……""这一历史性变化所代表的并不是工业社会直线的延伸，而是方向的骤变。这一转变至少和300年前的工业革命等量齐观。""我们所面对的不只是一场科技革命，而是一个全新文明的到来。"

从上述描述中，我们可以确定关于第三次浪潮的诞生年代，即20世纪60年代前后。第三次浪潮的历史性变化，不是工业社会直线的延伸，而是方向的骤变，可以与300年前的工业革命等量齐观，是一个全新文明的到来。26年后，托夫勒在《财富的革命》一书中，明确了第三次浪潮是知识经济时代，三个浪潮时代是三个不同的财富体系时代。他指出：“三种截然不同的创造财富的体系，分别以犁、生产线和计算机为代表。”

托夫勒从《第三次浪潮》到《财富的革命》不断探索，将一个现代计算机知识革命的身影逐渐清晰地呈现在我们面前：20世纪最伟大的事件是60年代半导体集成电路的诞生，70年代微处理器的诞生是半导体集成电路发展的里程碑事件。随后在微处理器基础上出现了个人计算机与嵌入式系统。在个人计算机与嵌入式系统基础上的现代计算机知识革命开启了人类的全新文明时代。

## ▶ 知识革命的源头是集成电路

托夫勒的伟大之处，在于他提出了人类社会三个浪潮时代的概念，清晰地展示了人类近代社会的文明变革史。托夫勒的失败之处，在于他无法找到三次浪潮的起因，并否定了未来探索这些起因的可能性。他在《第三次浪潮》一书中写道：“研究工业革命起源注定是一件徒劳无益的事。因为事实上并没有任何单一理由可以成立……所有其他变量所依靠的‘独立变量’并不存在，只有无比复杂的相关变量。”“我们不会知道第三次浪潮的起因究竟是单一的独立变量还是多层的连锁关系。事实上，探究起因并不是一个好问题，说不定根本就是错误的问题。‘第三次浪潮起因如何？’这是一个第二次浪潮的问题。”在探索近代史上两次浪潮革命的起因上，托夫勒陷入不可知论的泥潭中。

托夫勒的不可知论源于社会发展史研究中传统的社会生产力观念。通常认为社会生产力是社会变革的基础因素，这是一个无比复杂的相关变量，具有多层的连锁关系，复杂的社会生产力掩盖了人类社会变革的根本源头。如果我们抛开社会生产力的传统观念，寻找社会生产力背后的知识源头，就会发现农耕文明后，现代史上两次重大革命起源的独立变量。

如今，站在知识学的基点上，人们可以轻易地寻找到单一变量的人类社会变革源头。

18世纪蒸汽机的工业革命，是动力机械内核基础上，机械化工具的第一次知识革命，其独立变量是动力机械内核。动力机械内核基础上的机械化工具代替人类的体力劳动，将农耕文明的劳动生产力变革成资本生产力，催生了资本经济。

20世纪的现代计算机知识革命，是微处理器智力内核基础上，智能化工具的第二次知识革命，其独立变量是微处理器智力内核。微处理器智力内核基础上的智能化工具代替人类的脑力劳动，将工业文明的资本生产力变革成知识生产力，催生了知识经济。

## 11.2 集成电路技术发展的三个阶段

智力内核形成阶段
知识平台发展阶段
智慧地球服务阶段

现代计算机知识革命的源头是半导体集成电路，半导体集成电路是20世纪最重要的发明，荣获两个诺贝尔奖。集成电路技术经历了智力内核形成阶段、知识平台发展阶段与智慧地球服务阶段。

### ▶ 智力内核形成阶段

现代计算机知识革命的源头是半导体集成电路。这是因为半导体集成电路奠定了人类知识行为集成的归一化时空量子化技术基础。

1947年12月16日，威廉·肖克莱、约翰·巴顿和沃特·布拉顿成功地在美国贝尔实验室制造出第一个晶体管。1958年，美国仙童公司的罗伯特·诺伊斯与美国德州仪器公司的杰克·基尔比间隔数月分别发明了集成电路。半导体集成电路在晶体管归一化时空量子化技术基础上，实现了电路知识的知识集成与一维知识行为集成。由于集成电路中只有一维知识行为能力，无法承担起人类知识行为的智力革命任务。

1971年，Intel公司创造出世界上第一款微处理器，即四位微处理器4004，随后又推出了八位微处理器8008。1974年，Intel公司将8008发展成8080，成为第二代微处理器。

微处理器的诞生是半导体集成电路发展史上的里程碑事件。微处理器将集成电路从一维知识行为集成变革到多维知识行为集成，成为具有人类知识行为能力的归一化智力内核，从此，拉开了人类第三次浪潮的知识革命序幕。

### ▶ 知识平台发展阶段

知识平台是实现了归一化知识行为集成的广义化工具。微处理器诞生后，半导体集成电路进入两大分支的知识平台独立发展阶段。

微处理器智力内核既有数字计算能力，又有智能化控制能力。因此，在微处理器的应用中，必然会出现两大分支，即通用微处理器与嵌入式微处理器。在通用微处理器基础上构成通用计算机，形成可以独立使用的个人计算机桌面系统；嵌入式微处理器则以微控制器形式嵌入到对象体系中，实现对象系统的智能化。前者是通用计算机智力平台型知识平台，后者是嵌入到工具体系中，实现工具普遍智能化的嵌入式系统智力嵌入型知识平台。

通用计算机系统与嵌入式系统功能不同，应用环境迥异，技术发展方向南辕北辙。通用微处理器的技术发展方向，是高速海量数值计算与独立的应用形态；嵌入式微处理器的技术发展方向，是智能化控制能力与对象系统的嵌入式应用形态。由此形成了集成电路两大分支的知识平台发展阶段。通用微处理器高速海量数值计算的发展，不断拓展通用计算机向分布式计算、普适计算的智慧平台以及智慧互联网发展；嵌入式微处理器则从单机智能系统向多机系统、局域网络系统发展，从此掀起了人类社会全方位的智力革命浪潮。

### ▶ 智慧地球服务阶段

在集成电路、微处理器发展高级阶段上，通用计算机的互联网技术日趋成熟。与此同时，嵌入式系统也进入普遍的局域网应用时代。嵌入式系统天然的物联特性，使嵌入式应用系统成为物联系统，嵌入式系统局域网成为局域物联网。当嵌入式应用系统或嵌入式系统局域网与互联网相连后，互联网便变革到物联网。

物联网，以及物联网基础上的云计算，是集成电路技术发展的高级阶段上，现代计算机知识革命的最高形式。支持物联网的，是遍布全球万亿数量级的微处理器，因此，有人将物联网形容成“智慧地球”。在智慧地球中，1%的微处理器是通用微处理器，用以构成通用计算机及互联网，99%的微处理器是嵌入式微处理器，用以构成嵌入式物联系统或局域物联网。

智慧地球的智慧服务，是微处理器基础上的计算服务、软件服务，即通用计算机智力平台上应用软件服务与嵌入式系统智力嵌入的固化软件服务。

# 11.3 集成电路的时空量子化技术

归一化的空间量子
归一化的时间量子
归一化的数字符号量子

现代计算机知识革命的源头是半导体集成电路，要深入了解现代计算机知识革命，必须深入探索半导体集成电路的奥秘。

半导体集成电路的神奇之处，在于它为人类知识、知识行为集成提供了归一化的空间量子、时间量子与数字符号量子。空间量子是构成物质世界的基础，时间量子用以描述物质世界运动状态，数字符号量子是物质世界数字化虚拟的技术手段。0、1 状态的数字符号量子与具体物质无关。在现阶段，这种 0、1 状态的数字符号量子体现在半导体集成电路的晶体管中，未来不会因为半导体晶体管走到尽头而消失。

## ▶ 归一化的空间量子

空间量子是构成物质世界的基础。

人类感觉到的物质世界是一个呈连续状态的模拟世界。但是，当人们深入到微观的物质世界中时，便会发现，所有物质都由一个个呈离散状态的分子组成，这些分子，便是组成物质世界的空间量子。如果再深入到分子世界中，又会发现，所有的分子也不是连续的空间结构，而是由一些呈离散状态的原子组成。现代科技证实，所有构成物质世界的基本元素，其原子都是由原子核与核外电子组成，原子核与核外电子只占据原子的极小部分空间。如果深究下去，还可发现原子核是由离散的质子与中子组成。由此看来，一个个看似连续状态的物质，都是由相同的、呈离散状态的颗粒所组成。这些分子、原子、电子、中子、质子，还有尚未探测到的微粒子，都是不同层次的空间量子化颗粒。

上述这些空间量子化现象，是现代物理学研究的成果，人们很难真实地感受到它的存在。在现实生活中，人们可以用照相术来阐明空间量子化的魅力。客观世界多姿多彩的影像，都可以用相机拍摄成图片，记录下任何真实的场景。传统相机中，用感光胶片来记录影像；数码相机中，用电荷耦合器件 CCD 采集图像。无论是感光胶片，还是 CCD 器件，从其记录的图片中，人们感受到的都是连续状态的图像。实际上感光胶片的底片或相片，都是由一个个相同银盐颗粒构成的感光膜；数码相机中记录影像的CCD光敏器件上，都是一个个相同的、俗称“像素”的光-电敏感单元。这些银盐颗粒或像素，都是记录客观世界景象的量子化颗粒。只有将这些图片放大到尺寸足够大时，才能感觉到它的存在。同样在分析电视机的画面时，也会发现电视机屏幕上的量子化像素。这些空间量子化颗粒，在模拟一个真实的场景时，总能获得十分满意的效果。

在半导体集成电路中，空间量子化颗粒是集成电路中的晶体管。目前，一般中规模的集成电路中有千万量级的晶体管；大规模集成电路中有亿、十亿量级的晶体管。如此庞大的晶体管数量，形成了半导体中巨大的空间量子化环境。在这样众多的空间量子化颗粒基础上，可以构建出任意复杂的数字化电路。

## ▶ 归一化的时间量子

时间量子用以描述物质世界的运动状态。

任何一个运动状态的事物，都有一个时间进程。目前，人们还没有发现真实的时间量子现象，只得承认事物运动状态是一个连续的时间过程。然而，人们可以将一个连续运动过程分解成一个个离散状态的动画进程，这一个个动画进程便是连续运动过程的时间量子。时间量子化技术最早应用在电影中，人们在电影院里看到的连续电影画面，实际上是由一个个静止画面连续定格放映出的效果，它利用了人们的视觉暂留效应。当一个个静止画面定格放映的时间间隔小于视觉暂留时间时，人们看到的便是一个连续的运动过程。早期电影每秒定格放映16个画面，后来为24个画面，其量子化时间分别为62.5 ms与41.7 ms。目前，所有人工播映的连续画面，如电影、电视、动画，都是基于视觉领域的时间量子化技术制作的。

集成电路在晶体管颗粒的空间量子化基础上，集成了静止状态的电路系统，如果加上具有电路驱动能力的时间量子化技术，集成电路中的电路系统便具有了知识行为能力。例如，一个集成电路时钟芯片，就是一个在晶体管颗粒空间量子化基础上的时钟电路系统。当给日历时钟芯片添加脉冲激励源，并接通电源后，日历时钟芯片便会出现计时的知识行为。时钟芯片的计时知识行为，是一个个断续的脉冲时间进程。这一个个断续的时间进程，便是集成电路中的时间量子。

半导体集成电路中的时间量子，是晶体管的“开”、“关”进程。由晶体管构成的数字电路，其运行状态都体现在晶体管的开、关状态中。驱动晶体管运行的是脉冲频率源，俗称“集成电路的时钟源”。集成电路的时钟频率可达每秒亿次量级。由于晶体管的开关速度极快，集成电路的量子化进程极短。

## ▶ 归一化的数字符号量子

数字符号量子是物质世界数字化虚拟的技术手段。

半导体集成电路中，无论是晶体管颗粒的“有”与“无”、“有效”与“无效”，还是晶体管颗粒的“导通”与“截止”，它们都是两种独立状态，是独立的空间量子与时间量子，形成了时、空量子的二元化状态。这种二元化状态可以用0、1两个基本的数字符号表示。例如，将半导体集成电路中晶体管的“有”或“有效”设为1，“无”或“无效”设为0；将晶体管导通状态的“开”设为1，截止状态的“关”设为0。这样一来，半导体集成电路中的时空量子化状态，都可以用一个0、1二进制数字量来描述。二进制数码的状态表示半导体集成电路中的晶体管状态，二进制数码的变化，反映了晶体管电路的量子化运行状态。

时空量子化是观察、分析数字化世界事物普遍适用的规律。数码相机中采集的静止图像，反映了CCD器件像素上电荷的“有”、“无”状态。当用0、1表示电荷的“有”、“无”状态后，数码相机的静止图像便转化为一个0、1状态的数字化文件。数码摄像机采集的移动画面，是一帧帧具有固定时间间隔（即时间量子）的静止图像。可以把这些移动画面转化成一帧帧0、1状态的静止图像与固定时间间隔的0、1进程，从而形成一个可以描述运动事物的数字化文件。

0、1是客观事物数字化描述的最基本元素，是一个与具体物质无关的二元化符号状态。因此，一个二进制的数字化文件可以在不同的物质间传递，只要这些物质有相应的二元化形态即可。例如，可以将数码相机的CCD中以电荷“有”、“无”状态描述的图像，转化成二进制的数字化文件，存储到相机的SD卡上。SD卡是半导体存储器，它将数字化图像描述成晶体管的0、1状态。当把数码照片转存到硬盘中时，数码照片中的0、1数字化状态就变成磁性介质磁通量的“有”、“无”；当把数码照片刻成光盘时，数码照片中的0、1数字化状态就变成光盘介质光通量的“有”、“无”状态。

0、1二元化状态的数字符号量子技术，为数字化世界提供了无限的发展空间。当某一种物质的二元化状态发展到尽头时，可以转向另一种具有二元化状态的物质，原有的数字化文件依然有效。例如，当硅半导体晶体管量化到极限状态时，可以转向更微小的电子，利用电子的“有”、“无”，电子“正”、“反”向自旋的时空量子化特征来描述原有的数字化文件。2010年获诺贝尔物理学奖的石墨烯材料，或许为半导体材料寻找到了一个现实的替代目标。利用石墨烯中载荷子的势垒穿透效应，可以做成二维碳原子晶体管，它比半导体晶体管具有更高阶小量的时空量子化颗粒。

0、1数字化状态在各种客观物质、客观事物中的无限承载性，使数字化文件可以在不同的介质中存储、转移、传送、变换。例如，利用无线电波载波的“有”、“无”来描述二进制数字化符号文件，可以实现数字化文件的远距离无线传输；利用光通量的“有”、“无”，可以实现光缆的数字化文件传输。

## 11.4 从集成电路到半导体微处理器

一维知识行为与人类智力特征
从集成电路到微处理器的变革

现代计算机知识革命缘于半导体集成电路，因为半导体集成电路提供了知识革命的数字时空量子化技术基础。现代计算机知识革命真正起步却是在微处理器时代，微处理器特殊的体系结构提供了人类智力的知识行为集成，形成了归一化的智力内核。因此，只有半导体集成电路发展到微处理器时代，才真正地进入现代计算机的全方位智力革命时代。

### ▶ 一维知识行为与人类智力特征

半导体集成电路中，电路的量子化时间进程是一维线性进程，半导体器件只是一个具有自动化能力的器件，不具有人类知识行为的智力特征。人类知识行为的主要智力特征是其思考性、多维性、应急性、实时性与交互性。半导体集成电路发展到微处理器时代，情况发生了根本变化。微处理器的体系结构表明，它完全具有人类知识行为的四个智力特征，是一个归一化的智力内核。由此可以认定，现代计算机的智力革命源于半导体集成电路。

### ▶ 从集成电路到微处理器的变革

微处理器的诞生，是半导体集成电路的重大变革事件。此前，半导体集成电路只是一个实现电子线路功能与行为的集成电路器件。半导体微处理器则是由电子数字计算机中央处理器衍生而来的一个计算机核心部件。半导体微处理器具有人类知识行为的思考性、多维性、应急性、实时性与交互性等基本智力特征。

半导体微处理器包含中央处理器、指令系统、中断系统、总线系统。这四大部件可以圆满地演绎人类的知识行为能力。利用中央处理器的数据处理能力，通过建模、解算、数据分析、信号处理，表现出人类知识行为的思考性智力特征；

通过指令系统的程序设计，可以提供人类知识行为的多种选择，表现出人类知识行为的多维性智力特征；通过微处理器的中断系统，可以根据内外部条件，随时中断正在运行中的程序，转而执行另外一个程序，并能在完成这个程序行为之后，返回原来被中断的程序，表现出人类知识行为的应急性智力特征；处理器的快速运行，可以满足实时性控制要求；微处理器的总线系统，包括传统的三总线（地址总线、控制总线、数据总线）与 I/O（输入/输出）端口，是微处理器内部与外部世界联系的通道，表现出人类知识行为的交互性智力特征。

人类知识行为有四个基本要素，一个是知识存储基本要素，其余三个是事件激励、信息处理、行为结果输出的过程要素。微处理器内部有半导体存储器，也可以通过总线系统扩展各种类型的外部存储器，以实现知识存储。微处理器的中央处理器实现对数据的信息处理。通过 I/O 端口、总线系统，可以检测到外部的激励事件，也可以将微处理器处理后的行为结果输出到外部世界。因此，可以用微处理器代替人类个体，将图 6.1 中的人类知识行为模型，演化成微处理器基础上的人类知识行为模型，如图 11.1 所示。

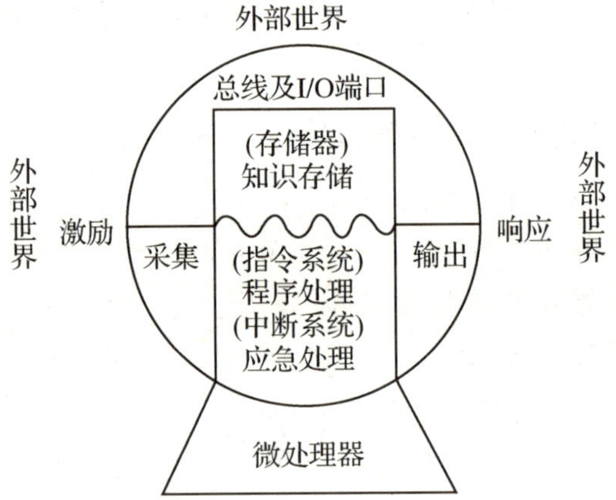


**图 11.1　微处理器基础上的人类知识行为模型**

在图 6.1 所示的人类知识行为模型中，人类个体的感觉系统接受外界的激励事件，经过大脑处理后，由行为表现系统（五官、肢体）输出到外部世界，在知识行为过程中，还表现出对意外事件的处理能力。图 11.1 中，微处理器的总线及 I/O 端口采集外部激励事件，或向外部世界输出响应结果；存储器实现内部、外部的知识存储，指令系统基础上编制的程序可以实现微处理器的处理功能，中断系统则表现出意外事件的应急处理能力。

微处理器的人类知识行为模型表明，微处理器具有实现人类智力的知识行为能力，是一个数字时空量子化技术基础上的归一化智力内核。

## 11.5 现代计算机基础上的知识平台

知识平台的定义与由来
知识平台的种类
知识平台的基本特征

在微处理器基础上，形成了现代计算机独立发展的两大分支，即通用计算机智力平台与嵌入式系统的智力嵌入。现代计算机的智力革命、产业革命、数字化革命、生活方式革命，本质上都是知识的革命，即知识平台基础上的革命。知识平台是实现了人类知识行为集成的广义化工具，包括集成电路知识平台、通用计算机知识平台与嵌入式系统知识平台。

### ▶ 知识平台的定义与由来

知识平台是在集成电路时空量子化技术基础上，集成了人类知识行为的广义化工具。知识平台中不仅集成了人类的知识成果，还集成了人类的知识行为能力，体现了知识应用的平台效应。

众所周知，知识的力量在于知识的行为力量。例如，数学家具有数学知识，数值分析、数字计算等是其知识的行为能力；国际象棋大师具有棋谱、棋艺知识，与他人对弈是其知识的行为能力；电子工程师具有数字电路知识，设计日历时钟是其知识的行为能力；商店的售货员有辨认商品与对商品计价的知识，应对顾客、结算货款是其知识的行为能力。所有这些都表明，知识行为能力是人类个体记忆态知识的产物，属于人类个体所专有。所有外部的文字记述态知识与传统工具中的集成态知识，都没有知识行为能力。日历时钟的专利成果知识，只有依靠电子工程师将它转化成时钟电路系统后，才具有计时的知识行为能力；算盘只有在掌握珠算方法的账房先生手中，才能出现数值计算的知识行为能力。

然而，当集成电路出现后，上述状态发生了根本性改变。集成电路不仅集成了专家的知识成果，还集成了专家的知识行为能力，知识行为不再为人类个体所专有。人们购买集成电路，不仅买到了知识成果，还买到了专家的知识行为。例如，人们购买了一个半导体日历时钟芯片，就拥有日历时钟计时的知识行为能力；购买了电子计算器，就拥有数值计算的知识行为能力。

集成电路能使普通人具有专家的知识行为能力，这是一种知识成果应用的平台效应。20 世纪 60 年代，16 位模/数转换器是国家级科研课题；如今，16 位模/数转换器是一个不到百元的集成电路芯片，任何不懂得模/数转换知识原理的技术人员，都能将它应用在电路系统中，实现模拟信号的数字化转换。由此，我们可以将知识平台定义成：知识平台是一种实现了人类知识成果与知识行为归一化集成的广义化工具。知识平台的基础是半导体集成电路与微处理器。集成电路与微处理器不同的知识行为能力导致知识平台的多样性。

### ▶ 知识平台的种类

知识平台源于集成电路、微处理器的知识与知识行为集成。因此，可以按半导体集成电路与微处理器智力内核的不同应用，将知识平台划分成集成电路知识平台、通用计算机知识平台与嵌入式系统知识平台。

**(1) 集成电路知识平台**

集成电路中只有一维的知识行为能力，不具备人类知识行为的智力特征。因此，集成电路是一个初级状态的知识平台。

集成电路中的一维知识行为能力，是一个预先给定的线性进程，在行为进程中无法改变其预先规定的进程。由于通常的电路知识成果都是一维知识行为能力的知识成果，如脉冲计数器、日历时钟、模/数转换器、数/模转换器等，因此，集成电路知识平台仍有广阔的应用天地。

集成电路知识平台代替了电子工程师的脑力劳动，使其从繁重的电路设计、电路制作等脑力劳动中解放出来，进入“器件解决”的傻瓜化时代。

微处理器诞生后，出现了具有人类多维知识行为能力的归一化智力内核。在微处理器基础上，通用计算机与嵌入式计算机两种不同的应用状态，形成了两种不同形式的知识平台，即通用计算机知识平台与嵌入式系统知识平台。

**(2) 通用计算机知识平台**

通用计算机知识平台的基础是通用微处理器。通用计算机知识平台是在通用计算机基础上，以通用计算机＋应用软件的桌面方式，实现人类脑力劳动替代的知识平台。通用计算机是知识行为的硬件基础，应用软件是知识行为的集成系统。

通用计算机系统的桌面系统，是实现人类主观世界知识行为的最佳环境。通用计算机与通用操作系统构成实现人类知识行为的基础平台，各种计算机应用软件是实现人类知识行为的软件工具。将应用软件输入到计算机中，以人机对话方式实现人类的知识行为，代替了人类的脑力劳动。

计算机应用软件有各种文字处理、办公自动化、科学计算、工程设计、数据分析、信息搜寻、专家咨询、财务统计、专家智力活动等软件工具。这些软件工具所具有的知识行为能力，原先都是必须由专家完成的知识行为，如今都可以用计算机来完成。将专家的知识行为转化成相应的应用软件后，任何人都可以在通用计算机知识平台上，轻而易举地完成原先必须由专家才能完成的脑力劳动。

计算机应用软件有独立的商品形态，是依附在各种介质（如光盘、磁盘、半导体存储器）上的商品化软件。

**(3) 嵌入式系统知识平台**

嵌入式系统知识平台，是在嵌入式系统基础上，以嵌入式系统硬件+嵌入式软件方式，实现人类脑力劳动替代的知识平台。

嵌入式系统知识平台没有独立存在的价值，嵌入式系统是以物理的嵌入方式，与对象系统紧耦合，实现对象系统智能化控制的智能化电子系统。对象系统是指客观世界中广义化的工具，如大型的机车、汽车、轮船、飞机，小型的玩具、家用电器、便携式设备，工业领域的机床、生产线、机器人、加工工具、仪器仪表等。由于广义化工具复杂的空间环境、恶劣的运行条件、敏感的成本要求，嵌入式系统要根据对象系统的普遍要求，做成单芯片形态的嵌入式微处理器、微控制器或片上系统，它们统称为“嵌入式系统”。

嵌入式系统知识平台嵌入到对象系统中，与对象系统紧耦合，实现对象系统的智能化，成为智能化对象系统不可分割的部分。因此，每一个嵌入式系统知识平台，都是一个专用的智能化电子系统。

通用计算机知识平台与嵌入式系统知识平台，都是用来实现人类知识行为的知识平台。在某些情况下，通用计算机知识平台可以转换成嵌入式系统知识平台。例如，早期的汽车故障诊断系统，是在通用计算机上实现的；后来，利用嵌入式系统做成了智能仪表式的便携式汽车故障检测仪。“国际象棋大师”是深蓝计算机上运行的一个应用软件，随着嵌入式系统的发展，将来可以将“国际象棋大师”软件固化在嵌入式系统中，嵌入到机器人中，并与机器人的感觉系统、运动系统相耦合，最终成为一个顶级的“国际象棋大师”机器人。

## ▶ 知识平台的基本特征

无论是集成电路知识平台、通用计算机知识平台，还是嵌入式系统知识平台，都具有行为性、分离性、黑箱性、专业性、黑洞性、商品性、扇出性、山寨性等特征。

**(1) 行为性**

知识平台的行为性，是指知识平台中不仅集成了人类知识成果，还集成了人类知识行为能力。集成电路中集成了一维知识行为能力；通用计算机智力平台与嵌入式系统的智力嵌入平台中，集成了具有人类智力特征的多维知识行为能力。

**(2) 分离性**

知识平台中实现了知识创新与创新知识应用的彻底分离。知识平台诞生前，无论是知识创新者，还是创新知识应用者，都要了解创新知识原理。知识平台诞生后，知识平台使用者不必了解知识平台中的知识成果。例如，半导体厂家将电子技术专家的电路知识成果转化成半导体集成电路，并不使用集成电路；电子系统技术人员使用集成电路，不必了解电路知识成果。半导体厂家将 VCD 的创新知识成果转化成 VCD 软硬件套件的知识平台后，决不制造 VCD 机；乡镇企业利用 VCD 套件生产 VCD 机，并不需要了解 VCD 的知识原理。

**(3) 黑箱性**

在知识平台中，知识创新与创新知识应用彻底分离后，创新知识成果隐含在知识平台中，知识平台应用者无法窥视其中的知识成果，形成了知识平台的黑箱性特征。

知识平台诞生前，创新知识应用者进入创新知识应用领域时，必须了解创新知识成果，才能将知识成果转化成知识行为。知识平台诞生后，知识平台已经完成了从知识成果到知识行为能力的转化，平台中知识成果的物化形态，以及知识成果、知识行为与应用界面的分离，使创新知识应用者不必了解，也无法了解知识平台中的知识成果，使知识平台呈现出黑箱状态。

集成电路中知识成果的电路集成状态、现代计算机中知识成果的软件代码隐含状态，形成了知识平台普遍的黑箱性特点。

**(4) 专业性**

知识平台的专业性包括两个含义，即知识平台中的知识以及知识行为的专项性与专家性。通常，一个知识平台中只含有某个领域中的一个专项知识，如电子计算器中的数值计算知识，“国际象棋大师”中的国际象棋知识。但是，这些专项知识都是顶级专家或专家集团的知识成果。“国际象棋大师”知识平台只能用于象棋对弈，却汇集了众多大师的专业棋艺知识。汽车故障自动诊断系统知识平台只用于汽车故障诊断，却集中了汽车工业领域顶级专家、技师的知识成果。

**(5) 黑洞性**

黑洞性是指知识平台会不断地吞噬与知识平台相关的知识和知识行为能

力。知识创新者专门致力于知识创新与创新知识成果的知识平台转化工作，使知识平台不断更新与升级，以确保知识平台产业对知识平台应用产业的垄断与驾驭。

按照知识平台的产业模式，知识创新企业从事知识创新，并将创新知识成果转化成知识平台；知识创新应用企业在知识平台基础上，实现知识成果的终极应用。知识创新企业在推出第一代知识平台后，便会迅速转入下一代知识平台的研发工作。由于知识平台黑箱性对知识成果的屏蔽作用，知识创新应用企业使用知识平台时，对知识平台中的知识成果一无所知，当最终产品更新换代时，就需要重新购买知识创新企业的下一代知识平台。VCD/DVD 知识平台的黑洞性、黑箱性与分离性确保了 VCD 厂家对半导体厂家的无限依赖。

**(6) 商品性**

知识平台有软、硬件物化形态的知识成果与知识行为，具有使用价值，完全具备了商品的基本特征。因此，知识平台是一个典型的知识商品、智力商品。知识平台的商品性，形成了知识经济时代以知识平台为中心的产业分工，即知识产业与制造产业的分工。

知识平台的商品属性，使其成为知识成果商品化的最高形态。早期，知识成果被无偿使用；在手工业时代，许多工匠的知识成果受到家族保护；在资本经济时代，知识成果实现了专利制度的法律保护；在知识经济时代，知识平台商品依靠知识成果的屏蔽特性与知识行为能力，实现了知识成果的自我保护。知识平台将知识成果的利益回报，分摊到每个知识平台商品的成本中。知识平台屏蔽了平台中的知识成果，可以对恶意窃取平台知识成果的行为实施各种形式的报复行动。微软公司对视窗操作系统盗版用户实施的黑屏行为，就是软件类知识平台商品典型的自我保护行为。

一般说来，知识平台商品的黑箱性，保证了知识成果在使用中不会被转移；知识成果的利益回报已分摊在商品的成本中；知识平台又有能力保护知识成果不被窃取。因此，知识平台商品中的知识成果常常不寻求专利保护，对知识平台使用者也不再收取专利使用费。

**(7) 扇出性**

知识平台的扇出性，是指任何一项知识成果转化成知识平台商品后，可无限复制，可供无数人使用。知识平台知识成果的扇出性，与资本经济时代知识成果的封闭性形成强烈对比。在资本经济时代，每个企业中都有独立的研发部门，知识成果只限于企业内部使用，严格防止外泄，形成了资本经济封闭性的一体化产业模式。在知识经济时代，知识平台的黑箱性与商品性，可以保证知识成果在不被转移的状况下，获得最广泛的应用，以攫取最大利润，形成了知识经济时代特有的、以知识平台为中心的扇形产业生态系统。早期的VCD行业、PC机行业，如今以联发科技股份有限公司（简称“联发科”）为扇端的山寨手机行业，都出现了由知识平台扇出效应而形成的扇形产业结构。知识平台的巨大扇出能力，使单个商品能在低廉价格下获取巨额利润。

**(8) 山寨性**

傻瓜化、组装化是知识平台的基本应用特征。有了知识平台，任何人都能表现出专家级的知识行为能力，这就是知识平台的山寨化应用特性。由于知识平台中集成了知识成果与知识行为能力，因此才会有知识成果应用的山寨化。当人们追寻山寨手机的源头时，就会发现山寨手机产品的知识平台身影：半导体厂家将手机上游产业链80%～90%的研发工作整合成手机的厂家平台后，下游无数个手机厂家，只需要购买屏幕、摄像头、外壳、键盘等简单零部件，就可以实现手机的拼装性生产。

由于知识平台应用的山寨性特点，几乎所有基于知识平台的最终产品的生产，都有山寨化身影，VCD/DVD产业如此，PC机产业如此，手机产业亦如此。

## 11.6 知识平台的知识行为应用变革

---

人类知识应用的变革
商品化的知识行为应用
人类知识应用的两极分化

---

知识成果应用，体现为将知识成果转化为知识行为的应用。集成电路诞生以前，人类一直遵循着“在认识世界中产生知识，在知识基础上改造世界”的原则；集成电路诞生后，各种形式的知识平台已经完成知识行为转化任务，从而实现了在知识平台基础上傻瓜化地改造世界。这就是现代计算机知识革命的精髓，它体现了人类从知识应用到知识行为应用的变革。

### ▶ 人类知识应用的变革

知识的力量，体现为知识的行为力量。人类对知识的应用，体现在知识行为能力的转化上。在集成电路诞生以前，人类在知识的基础上实现知识的应用。

例如,人们进行数值计算时,要先学习数学知识;用相机照相之前,要懂得如何对焦、选择快门、选择曝光时间等。有了这些知识后,知识的应用便体现在使用者的数值计算、对焦、选择快门、选择曝光时间等知识行为转化上。

集成电路诞生后,开始了人类工具的知识行为集成。人们在使用智能化工具时,不再需要学习相关的知识,以及完成从知识到知识行为的转化,因为在智能化工具(知识平台)中,已经完成了相应的知识行为转化工作。工具中有了知识行为,省去了使用工具时的知识行为转化工作,也就不需要学习与知识行为相关的知识内容。例如,电子计算器中有了数值计算知识行为能力,使用计算器的人,不必学习数值计算知识就会拥有数值计算的知识行为能力;数码相机中有了自动对焦、选择快门、选择曝光时间等知识行为能力,使用数码相机的人不必掌握相关摄影知识。这就是人类在改造客观世界中,从基于知识应用到基于知识行为应用的变革。

### ▶ 商品化的知识行为应用

基于知识平台的知识行为应用是一种商品化的知识行为应用,因为知识平台是一种实现了知识行为集成的智能化、傻瓜化应用工具。

知识实现专利化后,知识成果便进入市场交易。但是,专利知识没有知识行为能力,不是人人都能使用的知识商品。专利知识只有转化成知识平台后,才能成为人人可以使用、代替脑力劳动的大众化工具。

实现电路知识、知识行为集成的半导体集成电路知识平台,省去了电子工程师从电路知识到电路知识行为的转化。在半导体集成电路基础上实现了电路知识成果的傻瓜化应用。

通用计算机知识平台,以计算机软件方式实现了专家的知识与知识行为能力,使人人都能从事原先必须由专家才能完成的工作。

嵌入式系统知识平台,使人类工具普遍智能化。智能化工具中普遍的知识行为能力集成,使人类社会进入一个傻瓜化的知识应用时代。

### ▶ 人类知识应用的两极分化

人类工具从知识集成到知识行为集成的变革,引发了从知识应用到知识行为应用的变革,人类开始了在知识应用领域中的傻瓜化进程。在傻瓜化进程中,人们开始质疑"学以致用",因为"用不必学"。

当人类从知识应用进入基于知识平台的知识行为应用后,知识平台的巨大扇出能力,必然导致知识创新与创新知识应用的两极分化,少部分知识精英从事知识创新，并将创新知识转化成知识平台工具，大多数人则在知识平台工具基础上实现创新知识的傻瓜化应用。

从知识应用到知识行为应用变革的傻瓜化进程，引发了人们对知识创新的担忧。因为，知识创新者是知识基础上的创新，只有掌握了丰富的知识成果，才能拥有丰富的创造力。这种担忧是有道理的。然而，随着知识平台的发展，人类知识创新的脚步却并没有减缓，反而出现了疯狂的发展势头。这是因为知识创新者在知识创新与知识平台的转化过程中，会得到众多相关知识平台的支持，这有利于加快创新知识的发展进程并提高知识行为的转化速度。例如，从手摇计算机到计算器，节省了科学家用于数值计算的时间，增加了其创新的思考时间；超级计算机的使用，使人类更容易探知未来世界。

在专利知识阶段，知识成果只能被少数人使用。当知识成果转化成知识平台商品以后，知识成果的专利费用已分摊到每一个知识平台商品之中，不再向知识平台使用者收取专利费用。知识平台的傻瓜化应用，使创新知识成果应用普及到千家万户。知识平台商品巨大的扇出效应使其拥有巨大的用户群体，因此，单个商品可以极低的价格销售。因此，知识平台是知识经济时代一个极端化的知识商品，即极大的知识含量、极高的知识行为能力、极低的商品价格、极傻的应用模式、极多的客户应用。

## 11.7 知识行为应用的山寨化现象

---

什么是山寨化现象？

山寨化现象源于集成电路技术

山寨化现象中的精英与草民

未来云计算的山寨化现象

---

知识平台将人类知识应用变革到智能化工具的傻瓜化应用，这是一种基于知识平台中知识行为应用的山寨化革命。“山寨化”一词形象地反映了知识平台的专家知识行为集成后，百姓大众在知识平台基础上普遍拥有专家知识行为能力的现象。

### ▶ 什么是山寨化现象？

“山寨化”一词来源于山寨手机产业现象。本书第九章、第十章中，曾详细阐述过知识分离性发展的人类边缘化进程与知识集成性发展的人类傻瓜化进程。山寨手机现象印证了人类知识应用中的边缘化、傻瓜化现象。本书借用“山寨化”一词形象化地描述人类知识分离性、集成性发展的知识革命现象。

山寨化现象泛指某个领域中，普通百姓或弱小企业，突然出现专家、精英企业才能拥有的知识、科技、产业能力的现象。山寨化现象源于半导体集成电路技术，是一种精英与草民捆绑后，草民的特定行为现象。山寨化现象的根本原因是，知识平台诞生后，知识创新与创新知识应用出现了彻底分离，少数精英从事知识创新，并将创新知识转化成知识平台，使知识平台具有独立的知识行为能力，“草根”们便可以在知识平台上实现知识成果的傻瓜化应用。

## ▶ 山寨化现象源于集成电路技术

山寨化现象源于集成电路技术。早期，最普遍的山寨化行为是电子技术领域中的“器件解决”行为，即在电子系统设计领域，从依靠电子技术专家，变革到依靠半导体集成电路实现“器件解决”的傻瓜化行为。

集成电路中有两个诺贝尔物理学奖，用任何疯狂的语言，都无法表达其对人类社会发展所作出的巨大贡献。20 世纪 60 年代，16 位模/数转换器是国家级科研项目，如今它只是一个在市场上花费几十元钱就能买到的半导体器件。任何一个电子工程师都不必懂得模/数转换原理，只要购买了它，直接接入电路系统中，就能实现系统中的模/数转换。试想一下，如果没有集成电路，即使有免费使用的模/数转换电路知识成果，还必须依靠电路系统设计专家，设计、制作出具有模/数转换知识行为能力的具体电路，然后才能实现模/数转换。有了模/数转换集成电路器件，普通的电子工程师就能傻瓜化地实现模/数转换任务。这就是电子技术科技领域中的山寨化现象。

如今，知识平台遍布于人类所有的知识领域，形成了普遍的山寨化现象。山寨化现象存在于早期的器件解决时代、如今的知识平台时代，也会存在于即将到来的云计算时代。

## ▶ 山寨化现象中的精英与草民

山寨化现象的基础是知识平台。知识精英在知识创新基础上构建出具有知识行为能力的知识平台，众多草民在知识平台的知识行为基础上实现创新知识应用，由此形成了“精英＋草民”的山寨化体系结构。知识平台巨大的扇出效应与互联网时代无限时空的传播特性，形成了精英与草民数量上的极大反差。理论上讲，只要有一个精英团队从事知识创新，并将创新知识成果转化成知识平台，全球范围内的所有人类个体，都可以在这个知识平台上实现创新知识的傻瓜化应用。知识平台巨大的扇出效应，可最大化地降低单个知识平台的价位，使得人人都能用得起知识平台。以低廉的单价获取超大的总体利润，有利于知识平台的不断更新换代。“精英＋草民”的山寨化结构体系，导致知识经济时代人类知识形成疯狂性发展态势。

在“精英＋草民”的山寨化结构体系中，精英集团从事的只是某一领域的知识创新。在该领域的知识创新以及知识平台转化过程中，会使用诸多其他领域的知识平台工具，在面对这些知识平台工具时，这些精英们也扮演着“草民”的角色。因此，知识平台时代，“草民”现象是一个普遍的社会现象。

### ▶ 未来云计算的山寨化现象

云计算的基础是物联网，物联网中形形色色的软硬件知识平台是构成云世界的物质基础；物联网中的数字化文件能将所有物质性软硬件平台虚拟化成物联网中的“云朵”；物联网的无限通达性，可以构建出飘浮在全球上空的“云世界”，并赋予云世界搜索与交易功能。

物联网诞生后，形形色色的知识平台有可能在全球范围内连通，形成拥有无数个知识平台的云世界，实现全球化的专家知识共享、专家智力共享、专家能力共享。任何地点的人类个体都可以从云世界中，寻找到其所需要的知识平台，使一个个孤立的知识平台山寨化革命进入云世界的高级阶段。

从互联网的信息网络到物联网的物理网络，开启了现代计算机全方位的知识革命，即智力革命、产业革命、数字化革命、生活方式革命。

未来物联网、云计算的山寨化医院，是解决人类医疗难的最终出路。目前，医疗领域的各类专家系统、各种智能化的诊断设备、外科手术机器人，以及临床知识的数字化手段、大规模的医学知识存储、互联网的广泛接入、人机交互手段的广泛普及，奠定了山寨化医院的技术基础。人们有理由相信，科学家既然可以创造出深蓝计算机上的“国际象棋大师”，也能够创造出顶级的“医疗专家”、“外科手术专家”、“虚实交互的医疗平台”。通过互联网，将一个个医疗知识平台纳入到云世界中，可以形成遍布全球、共享全球医疗资源的顶级山寨化、云计算医疗体系。

随着半导体集成电路、通用计算机智力平台、嵌入式系统智力嵌入知识平台深入到人类社会的各个领域，山寨化现象已成为知识经济时代一个普遍的产业现象、经济现象、社会现象，这是一个不可抗拒的知识革命潮流。

# 第十二章　数字化革命与数字化知识形态

## ——人类知识的数字化革命

12.1　什么是数字化革命？

12.2　数字化世界的技术基础

12.3　知识形态的数字化终结

12.4　数字化知识的基本类型

12.5　数字化知识的基本特性

12.6　数字化知识的行为能力

12.7　数字化世界与人类未来

数字化革命是现代计算机知识革命、智力革命、产业革命的基础。数字化革命诞生于半导体集成电路。半导体集成电路的神奇力量，是它的时空量子化技术，这是一种数字化符号量子技术。人们在数字符号的时空量子技术基础上，可以将现实世界数字化成虚拟世界，以至于现实世界中的一切事物都可以映像成虚拟世界中的虚拟事物。数字化革命将原先人类真实世界中人际交互的一元化生活方式，变革到真实世界与虚拟世界人-机交互、人-机-人交互的二元化生活方式。

数字化革命将人类知识形态与知识行为终结为数字化文件，它包括记述态知识的数字化存储、集成态知识的数字化集成与记忆态知识的数字化仿真。数字化文件类型有数字化资信、数字化电路与数字化软件，它们都有知识行为能力。

数字化知识的基本特性，是它的符号性、行为性、归一性、隐蔽性、智能性、可靠性与永存性。

与具体物质无关的0、1数字化符号的知识与知识行为集成，保证了数字化技术的无限拓展能力，人们无法预见数字化世界的发展尽头。但是，如今人们看到了三个清晰的数字化世界，即数字化平台世界、数字化虚拟世界、数字化物联世界。这三个数字化世界奠定了知识经济时代人类社会的经济基础与基本生活方式，也是人类未来的发展轨道。在20世纪60年代，人们找到了半导体晶体管集成电路形态的0、1数字符号时空量子，历经半个世纪，构造起硅半导体基础上的数字化世界。当硅半导体走到量子化尽头时，人们又看到了石墨烯单晶体管的希望。石墨烯单晶体管有可能将硅半导体的量子化水平提升到一个新的高阶小量，在石墨烯单晶体管高阶小量的时空量子化基础上，人类又将开始新一轮的数字化革命。即使石墨烯单晶体管在未来实践中遭遇失败，人类也会寻找到更好的数字时空量子化载体。

# 12.1 什么是数字化革命?

数字化知识集成
数字化知识存储
数字化知识行为
数字化变换与传输

数字化的革命,是指人类社会从数字计量、数值计算到数字化知识的革命。数字化知识包括数字化知识集成、数字化知识行为、数字化知识存储以及数字化知识变换与传输。数字化知识革命缘于半导体集成电路的时空量子化技术。

## ▶ 数字化知识集成

数字化知识集成包括电路知识的硬件集成与知识成果的软件集成。电路知识的硬件集成是指,电路知识成果在半导体集成电路中实现的归一化数字集成。知识成果的软件集成是指,专家知识成果在指令系统基础上的应用软件转化。半导体集成电路与软件形式的专家系统都具有知识行为能力。

在谈及知识集成时,便会涉及知识集成性发展规律中论及的工具知识集成。在集成电路诞生前,工具中都是泛性知识集成,知识成果表现为不同物质形态、不同物质结构的模拟状态集成。杆秤中的杠杆定理知识集成,表现为秤杆、秤钩、秤砣、提手的物质结构体系;弹簧秤中的胡克定律知识集成,表现为金属弹簧、表盘、指针的物质结构体系。

半导体集成电路诞生后,可以将形形色色、功能各异的电子线路知识成果实现 0、1 状态的归一化数字集成,形成电路知识硬件集成的数字集成电路器件。数字集成电路器件具有相同的晶体管数字化时空量子、相同的材料、相同的晶体管、相同的数字化形式、相同的数字化应用界面。

半导体微处理器诞生后,可在微处理器指令系统基础上,以机器码、汇编语言、高级语言方式,编制出可在通用计算机或嵌入式系统中运行的软件,这就是人类知识成果的数字化软件集成。各种科学计算软件、办公软件以及嵌入式系统中的固化软件,都是数字化软件。

## ▶ 数字化知识存储

数字化知识存储，是指由0、1数字化记忆单元实现的二值化状态存储、代码存储与数据存储。无论是哪种存储方式，最终都体现为一个具有知识内涵的数字化文件。例如，一幅世界名画，可以通过数码相机转化成光电耦合器件(CCD)上0、1的数字化状态，经过处理后，再转化成SD卡上的数字化文件；公民身份证中的身份数字代码，可作为个人身份证明，存放在户籍档案数据库中；一篇学术论文，可以通过文字符号的数字化协议，在计算机上转化成数字化文件，存放在计算机中。

0、1数字化记忆的是一种量子化数字符号，与具体物质无关，可以映射到任何具有二元化状态的物质上。例如，数码照相机CCD感光器件上的数字化图像，反映了电荷“有”与“无”的0、1数字化记忆状态，可以转化成数字化文件，存放在相机中的SD卡上。随后，可以将SD卡上的数字化文件转移到U盘、光盘、磁盘中。CCD感光器件中是电荷“有”、“无”的0、1状态，SD卡U盘中是晶体管“开”、“关”的0、1状态，光盘中是光通量“有”、“无”的0、1状态，磁盘中是磁通量“有”、“无”的0、1状态。因此，数字化知识存储是一种二值化0、1状态的量子化符号存储。

## ▶ 数字化知识行为

半导体集成电路诞生前，除自动化工具外，人类所有工具中只有集成知识，没有相应的知识行为。自鸣钟、八音盒、自动水车、风力磨坊等自动化工具中都具有一维知识行为能力，但它们的一维知识行为结构、动力源、驱动机构各不相同，是一种泛性知识行为集成。半导体集成电路诞生后，开始了集成电路的归一化知识行为集成。半导体集成电路中的知识行为集成，是一种数字归一化的知识行为集成。它们有相同的晶体管结构、相同的电平驱动，以及相同的0、1状态的量子化行为进程。

半导体微处理器诞生前，所有半导体集成电路中的知识行为，都是一维知识行为。半导体微处理器诞生后，集成电路的一维知识行为集成被变革为具有人类智力的多维知识行为集成。集成电路中的数字化知识行为，是晶体管“开”、“关”状态的0、1量子化进程；微处理器基础上的数字化知识行为，是时钟频率驱动下指令系统基础上的软件行为。它们都是数字化的知识行为，即0、1时间量子进程下的知识行为。

### ▶ 数字化变换与传输

集成电路归一化的外部电气特性、标准的总线连接界面、规范化的信号输入/输出通道，可以方便地将功能各异的数字集成电路器件组成一个数字化电子系统。在这样的系统中，数字信号的 0、1 符号化状态可以在各种物理状态间变换与转移。例如，计算机中的数字化文件可以转移到磁介质的磁盘中，或通过刻录机刻录成光盘文件，或通过 USB 接口存储在 U 盘中。

在数字系统中，数字信号的 0、1 符号化状态还可以转化成各种电信号，实现远距离的有线、无线传输，如 0、1 数字化调制的无线电波传输，光纤中光调制的光缆转输，0、1 数字化电平载波的有线电缆传输等。

在所有数字化存储、转移、变换、传输中，传送的都是 0、1 数字化符号或二进制代码，这是一种二值化的存储、转移、变换与传输。二值化信息有较宽的定义域，使数字化信号具有极高的本质可靠性。通过对存储、转移、变换、传输中的数据、代码进行实时校验、修正，可保证数字化系统具有极高的可靠性。

## 12.2 数字化世界的技术基础

---

物质世界的数字电子技术
二进制操作的数字化桥梁
计算机的数字化知识行为

---

在归一化的数字时空量子基础上，构成了遍布全球的数字化智能电子系统。基于数字化信息传输的互联网，将遍布全球、形态多样、功能各异、数量众多的数字化智能电子系统，构建成一个完美的数字化世界。数字化世界的微观技术基础，是物质世界的数字微电子技术、二进制的符号化数据操作、数字化软件的知识行为；数字化世界的宏观技术基础，是局域网、互联网的数字化连接。

### ▶ 物质世界的数字电子技术

集成电路诞生以后，电子化、数字化是物质世界事物的普遍发展趋势。

集成电路诞生以前，人类社会已进入电气化、电子化的电子技术时代。在电子化时代，诞生了模拟电子技术基础上的收音机、录音机、扩音机、录像机、电视机。集成电路诞生后，迎来了数字化的电子技术时代。在集成电路基础上出现了数字逻辑电路，以及数字逻辑电路基础上的功能电路；在微处理器基础上诞生了电子计算器、数码相机、数字电视、数字音响、数字摄像机等音视频领域的数字化电子设备；在计算机技术基础上诞生了数字化语言、文字，以及电子地图、电子图书等数字化文件。

在人们周围的日常生活里，也充斥着数字化的变革。原先的弹子门锁变成了数字化门禁系统；户口本的户籍管理制度变成了以身份证为中心的IC卡数字管理系统；航空机票变成了电子机票；电台的标准时间准点授时发展到GPS数字授时。人类社会已进入一个普遍的数字化电子技术时代。

物质世界数字化电子的基础，是半导体集成电路、微处理器、计算机的归一化数字时空量子技术。

### ▶ 二进制操作的数字化桥梁

无论是半导体集成电路，还是微处理器、现代计算机，其所有的数据操作行为，都是在0、1基础上的二进制运算操作。二进制的数据操作是沟通数字化微观物质世界与宏观物质世界的桥梁。数字化微观世界中普遍存在的是0、1数字时空量子；现代计算机中普遍操作的是0、1二进制数。现代计算机中可以将所有的二进制数转化成人机交互的十进制数或十进制代码。这样一来，集成电路中的0、1时空量子化状态、现代计算机中的0、1二进制操作、宏观世界中二进制与十进制的人机交互，都能在二进制基础上实现一个无限通达、无限平坦的数字化世界。

### ▶ 计算机的数字化知识行为

半导体微处理器诞生后，出现了软件形式的数字化知识行为。这些数字化知识行为表现为数字化空间调度与数字化时间进程。例如，通过微处理器指令系统基础上的程序设计，可将某个数据传送到某处，对某个数据进行逻辑运算或数值计算，在某个特定条件下实现某个特定的数据操作等。

微处理器的多维进程选择、中央处理器的复杂处理能力、中断系统的应急处理能力、输入/输出端口的外部交互能力，使微处理器具有人类的知识行为能力。所有这些知识行为能力，都表现为0、1二进制的读/写、传输、变换、逻辑处理、数值计算等，呈现出形形色色的数字化知识行为。

计算机的知识行为，突出地表现为计算机中的软件行为，即现代计算机＋软件的知识行为。深蓝计算机的“国际象棋大师”，是深蓝计算机＋国际象棋大师应用软件的数字化知识行为。计算机中运行的是二进制数，应用软件是二进制数字指令集，因此，计算机中的知识行为都是数字化知识行为。

计算机的数字化知识行为，还是实现真实世界数字化虚拟的基础。例如，在数码相机中，用 CCD 像素的 0、1 状态描述了一幅幅外部世界的模拟景象，并以二进制文件形式存放在 SD 卡中；随后可以由计算机读取，成为计算机中的一个数字化文件，在计算机中进行各种形式的处理，如裁剪、修饰、色彩平衡、亮度调节等；最后可以将处理后的二进制数字化文件传送到打印机上打印成图片，通过电子邮件发送给同事，或公布在互联网上。在数字化世界中，数字化知识与知识行为通行无阻。

## 12.3 知识形态的数字化终结

---

记述态知识的数字化存储
集成态知识的数字化集成
记忆态知识的数字化仿真

---

记述态知识、泛性集成态知识，都是真实世界中的模拟状态知识。至今人们仍无法弄清人类大脑记忆态知识的微观结构、记忆机理，也没有发现大脑的数字时空量子化痕迹，姑且将人类记忆态知识也列入模拟状态知识范畴。人们可以在数字时空量子化基础上，将这些知识归一化成数字化文件，即记述态知识的数字化存储、集成态知识的数字化集成、记忆态知识的数字化仿真，从而实现人类知识形态的数字化终结。

### ▶ 记述态知识的数字化存储

数字化存储是一种记述态知识最直接的数字化方法。通过计算机的文字处理软件，可以将书刊、典籍中的文字转化成数字化文件；或用数码相机、数字扫描仪转化成数字图片。数字图片形式的文字状态，还可以通过图像文字识别软件，转化成纯数字化文件。

纸张、书籍易磨损，故其保存的记述态知识具有易失性特点。转化成数字化形式后，数字化文件不会磨损，且易复制、易转换、易传送，并可以大量复制，也很容易改变存储介质，从而使记述态知识可以永久保存与广泛传播。

记述态知识的优点是它的直观性。记述态知识转变成数字化形式后，便失去了直观特性。因此，所有以数字化形式存储的知识，都必须借助现代计算机的译码操作，才能窥见其知识内容。电子书实现了记述态知识的数字化存储，打开电子书时，电子书中的微处理器便将数字化文件译码成数字化文字，并显示在屏幕上。

## ▶ 集成态知识的数字化集成

集成态知识有两种，一种是通常工具中的泛性集成态知识，另一种是半导体集成电路中的数字化集成态知识。泛性集成态知识，突出地表现了与知识成果相关的物质形态与结构。把这些泛性集成态知识转化为数字化形式，是一件十分困难的事情。相比之下，半导体集成电路借助于时空量子化技术，可直接将电路知识成果转化成晶体管 0、1 状态的数字电路。人们也可以通过相应的集成电路设计软件，将这些数字电路中的 0、1 状态知识成果转变成数字化文件保存起来。

虽然工具中泛性集成态知识的物化形态、结构各不相同，但仍然可以用综合的数字化描述方法来实现数字化保存或转移。例如，对于集青花瓷工艺、造型、结构、材料、釉色等集成态知识于一体的青花瓷器，可以通过数字化工程图学、三维动画技术、数字摄录像技术、数字化资信技术，将其工艺、造型、结构、材料、釉色、辅助的文字说明等，转化为成套的数字化文件保存起来。这些数字化文件可以成为再现青花瓷器的基础。

## ▶ 记忆态知识的数字化仿真

至今人们并不清楚知识在大脑中是如何形成的，也不清楚知识行为是在怎样的状况下发生的。

然而，人们能亲身体验到智能化工具与计算机软件如何真实、有效地实现人类的知识记忆与专家的知识行为。例如，手机、具有来电显示功能的电话机，能够准确、实时地记忆对方的电话号码；电子计算器能够实现专家的数值计算知识行为；深蓝计算机上的“国际象棋大师”软件，可以具有国际象棋大师的知识与知识行为。所有这些都是依靠数字化系统（计算机或嵌入式系统）与数字化软件来实现专家的记忆态知识与知识行为。

# 12.4 数字化知识的基本类型

数字化资信
数字化电路
数字化软件

人类知识形态的数字化终结，形成了最广泛、最普遍的数字化知识世界。数字化知识的基本类型包括，数字化资信、数字化电路与数字化软件，它们被归一化成可在计算机上操作的数字化文件。

## ▶ 数字化资信

数字化资信，是以 0、1 数字化符号存储的图像、文字，以及与音频、视频相关的资料、信息。这些数字化资信可以单独存放在各种类型的数字存储器上，也可以送入计算机中，并进行数据处理。例如，数码相机中，由 CCD 感光元件采集的 0、1 数字化符号图像，以数字化文件形式存放在 SD 卡上；当数码相机与计算机连接后，计算机可以读取这些数字化文件，并且可以对其进行数据处理，如对图像进行放大、缩小、旋转、裁剪、修补、色彩平衡等。

数字化资信可以有多种存储方式，如存放在 SD 卡、U 盘、磁盘、光盘中，存放在手机、MP3、MP4、电子书、电子辞典等智能化工具的内存中。智能化工具都含有嵌入式微处理器，可以独立处理内存中的数字化资信。如果要处理 SD 卡、U 盘、磁盘、光盘中独立存储的数字化资信，则须将其调入计算机的内存中实现。

为了保证数字化资信在不同存储介质间传输或转移，所有存储介质都应有规范的数据输入(读)、输出(写)标准总线与标准接口，如近程的并行/串行总线、USB 接口，远程的局域网、以太网通信接口等。

## ▶ 数字化电路

数字化电路中，有物化成半导体集成电路的数字化集成态知识，这种数字化集成态知识有归一化的结构与形态。微观上，它们都由相同的半导体晶体管构成，都有相同的量子化技术基础；宏观上，它们都有相同或相似的电气特性，以及相同的外部总线与接口。

半导体集成电路的知识集成，几乎是电路知识成果唯一的数字化集成方式。数字化时空量子化技术的出现，为知识集成展现了无限的应用前景。

从规模上看，集成电路中的晶体管数量按照摩尔定律迅速扩展。早期（1965 年），一个集成电路芯片上只有 50 个晶体管，目前最先进的集成电路已含有 10 多亿个晶体管。过去集成电路只能集成有限规模的功能电路知识成果，如今，可以将超大规模的智能化电子系统知识成果集成在一个芯片上。

从智能化水平上看，Intel 公司早在 1971 年，在 2000 多个晶体管基础上，推出了第一个微处理器；1978 年，在 2.9 万个晶体管基础上，推出了正式用于通用计算机的通用微处理器；2006 年，在 2.9 亿多个晶体管基础上，推出了酷睿双核微处理器；2007 年，在 5.8 亿多个晶体管基础上，推出了酷睿四核微处理器。

在嵌入式系统领域，智能化电子系统，如手机、电子书、MP4、PDA、便携式网络终端等，都已进入片上系统（SoC）时代。

### ▶ 数字化软件

数字化软件的基础，是微处理器的指令系统。数字化软件中集成有专家的知识成果与知识行为能力。数字化软件有两种类型，即独立式软件与嵌入式软件。

独立式软件，是具有独立形态的知识商品，如微软公司的视窗操作系统，各种形式的办公软件、文字处理软件、工程设计软件、专家咨询系统，“国际象棋大师”等。独立式软件在本质上是巨大的程序指令集合体，其本身不具有独立的知识行为能力，只有在通用计算机上运行时，才能呈现出它的知识行为能力。独立式软件易受盗版者侵害。在计算机上运行时，独立式软件便被调入可以读/写的存储器中，易受病毒侵袭。因此，独立式软件常常寻求知识产权的法律保护，或者在通用计算机上运行时，实现对盗版用户的直接制裁。

嵌入式软件，是嵌入式系统中固化的应用软件。嵌入式软件的知识行为，是嵌入式系统中微处理器基础上应用软件的知识行为，用于嵌入对象的智能化控制。目前，家用电器（如微波炉、电冰箱、自动洗衣机等）、消费类电子产品（如数码相机、数码摄像机、手机、PDA、电子书等）以及大型设备（如大型机床、自动生产线、汽车、飞机等）的电子系统中，普遍内嵌有嵌入式系统。嵌入式软件是与嵌入式系统紧耦合的固化软件，存放在非开放性的只读存储器中，不易受病毒侵害。

## 12.5 数字化知识的基本特性

符号性　行为性　归一性　隐蔽性
智能性　可靠性　永存性

数字时空量子化技术是数字化知识的基础，数字化知识形态的基本特性是它的符号性、行为性、归一性、隐蔽性、智能性、可靠性与永存性。

### ▶ 符号性

数字化知识革命缘于半导体集成电路。数字化知识的技术基础，是晶体管颗粒的时空量子化技术。半导体集成电路中的一切行为，都可以归结为晶体管颗粒的有效、无效，以及有效、无效间的跃迁进程。半导体集成电路中的这些时空量子化行为，可以符号化为 0、1 的静止状态与开关运动状态。这样一来，半导体集成电路中所有的数字化知识(包括知识行为)，都可以抽象化为与物理状态无关的数字化文件。这种与物理状态无关的符号性，为数字化革命创造了无限的发展空间，使数字化知识可以在不同的介质间变换、转移、存储、传输。例如，当数码相机将一幅幅画面转化成 CCD 上以 0、1 表示的数字化图像后，可以将其用数字化文件方式存储在 SD 卡上；当数码相机连接到计算机上时，计算机可以读取 SD 卡上的数字化文件，对其中的数字图像进行修正、裁剪等处理，随后可以在打印机上打印图片，或通过电子邮件进行远距离传送。人们甚至可以将数字图像文件中的 0、1 字符串，以无线电波调制方式向外太空发射，外星人接收到这些字符串后，可以用独特的方法准确地还原出地球人发送的图像，因为二元化状态是宇宙中最普遍、最基本的物质状态。

### ▶ 行为性

集成电路具有一维知识行为能力，微处理器基础上的现代计算机知识平台具有多维知识行为(人类智力行为)能力。这是因为它们都是基于时空量子化基础上的数字化知识，除了空间量子化的知识集成，还有时间量子化的行为转化。这些知识行为能力中，除了与知识成果直接相关的行为能力外，还有数字化资信，数字化集成电路，数字化软件间的变换、转移、传输、处理等交互行为能力。所有数字化知识的行为能力基础，都是空间量子化技术；数字化知识行为能力的表现，则是微处理器基础上的软件行为。

### ▶ 归一性

数字化知识的归一性，是指0、1二值状态的归一性。这是一种二值状态物质虚拟基础上0、1符号的归一性。它表明任何一个0、1数字化符号，均可以表现为某个特定物质的二值化状态。例如，在半导体集成电路中，0、1数字化符号表现为半导体晶体管的“有效”、“无效”，以及晶体管的“开”、“关”进程；在现代计算机中，0、1数字化符号表现为磁盘中磁通量的“有”、“无”、光盘中光通量的“有”、“无”；在数字化文件传输中，0、1数字化符号表现为电缆传输电平的“高”、“低”，无线传输载波频率的“有”、“无”，光缆传输光通量的“有”、“无”等。

二值状态的归一性，使数字化知识具有无限的生命力。例如，当硅半导体量子化能力走到尽头时，人们可以寻找到比硅半导体量子化能力更高阶的二值化物质。

二值状态的终极归一性，还能使数字化知识具有无限的演绎能力。这种无限的演绎能力，表现为数字化知识的无限变换、无限扩展、无限传递。

### ▶ 隐蔽性

隐蔽性，是指数字化知识与知识行为能力隐蔽在具体的物质形态中，人们不能直接感受到其存在。人们可以从书籍中直接看到文字记述的知识，却不能直接看到U盘中数字化文件中的知识，看不到数码相机中的0、1数字化图像阵列如何向SD卡中转移。人们也看不到“国际象棋大师”计算机软件中，象棋知识成果与象棋对弈的知识行为进程，只能从深蓝计算机与国际象棋大师的对弈中，感觉到“国际象棋大师”计算机软件巨大的知识与知识行为力量。

数字化知识、知识行为能力的隐蔽性，是知识商品化的利益保障，也是数字化知识产权自我保护的前提条件。

### ▶ 智能性

智能性，是指所有数字化知识都具备与微处理器的交互能力，都能在微处理器基础上呈现相关的知识行为能力。例如，可以将SD卡上的数字化图像文件读入通用计算机中，通过图像处理软件实现图像处理；自动洗衣机可以依靠内部嵌入式系统的数字化软件实现洗衣过程的智能化控制。

数字化知识的智能化基础，是微处理器智力内核。无论是数字化资信、数字化电路，还是数字化软件，都必须在微处理器内核基础上，即在通用计算机上或嵌入式系统中，实现它们的智力行为。

### ▶ 可靠性

数字化知识具有极高的可靠性。数字化知识极高的可靠性基础，是数字符号的二值可靠性、数字化集成电路的本质可靠性、可靠性的智能化控制，以及数字传送、转移、变换过程中的可靠性保障。

数字化知识用 0、1 的符号化状态来描述。在具体的物质形态中，0、1 是两个极端化状态，其极大的物理差异性形成了较大的可容许误差。因此，在实际应用中，当出现 0、1 的物理状态偏差时，可通过二值化处理来消除这些误差。

数字化集成电路的本质可靠性，由微电子设计与集成电路工艺来保证。集成电路的商品化行为，促进了集成电路器件的成熟与可靠。集成电路的可靠性控制，则是集成电路设计中的重要内容。集成电路设计中，除功能性设计外，可靠性设计、电磁兼容性设计成为集成电路设计中的重要组成部分。因此，尽管集成电路集成度一直在疯狂增长，但其可靠性不仅没有降低，反而空前地增强。

数字化知识的变换、传送、转移、通信等，都是现代计算机管理下的行为。在这些变换、传送、转移、通信的数据流中，会设置各种形式的数据校验、数据备份、数据冗余、数据修复环节，以保证数字化知识在运行中的可靠性。

所有数字化知识的知识行为，都表现在现代计算机基础上的软件操作行为中。在相关硬件的本质可靠性与可靠性控制达到一定的高度后，软件的可靠性将成为数字化系统可靠性的主要成分。与传统电子系统中“好”、“坏”的二值可靠性不同，数字化电子系统的可靠性，主要表现为系统中软件运行的出错概率。

### ▶ 永存性

数字化知识的永存性，源于 0、1 的符号化状态。数字化知识是唯一一种永不磨损、永不消失并可以随意变更其物理形态的知识。记忆态知识会随着人类个体的死亡而消失；语言传承的知识会产生畸变；文字记述的知识会因介质的损坏而丢失；而数字化文件无差异的无限变换与存储，可以保证其永不磨损、永不消失。

40 多年前，美国阿波罗登月时用胶片拍摄的模拟图片必须在冰库中保存，以防损坏。2007 年 6 月美国启动了“阿波罗照片档案”计划，旨在将所有照片转变成数字化文件永久保存。

人类向宇宙传递地球文明的唯一方法，是向太空发射二进制的数字化无线电波，或在宇宙飞船上刻画出二进制的数字化图形。这样一来，即使地球毁灭，人类的知识还会在宇宙中飘荡。

## 12.6 数字化知识的行为能力

数字化资信的交互行为
数字化电路的功能行为
数字化软件的知识行为
现代计算机的交互行为

数字化资信有用于读/写的交互能力，但没有知识行为能力；数字化电路有一维知识行为能力，但没有交互能力；数字化软件有交互能力与知识行为能力，但其知识行为能力只能表现在现代计算机的运行之中。

### ▶ 数字化资信的交互行为

数字化资信的交互行为，是指数字化资信应用中的各种调度行为。数字化资信可以用不同方式存储在不同的介质中，如半导体存储器、硬盘、U 盘、SD 卡、磁盘、光盘。尽管数字化资信有不同的物理状态，但却有相同的 0、1 符号化状态与二进制的计数规则，以及满足数字化资信应用的读/写交互能力。这种归一化的数字化符号与输入/输出的读/写能力，是数字化资信的交互基础。实现数字化资信交互的基础，是各种标准的输入/输出通道接口，各种类型的总线系统。

在计算机内部，有完善的地址总线、数据总线与控制总线，计算机中的硬盘、半导体存储器与这些总线相连，在计算机操作指令的指挥下，实现数字化资信的统一时、空调度。

U 盘、SD 卡、外置硬盘、光盘，都是独立状态的存储器，由于它们的制造商不同、应用环境不同，故其总线结构与数字化资信的读/写方式各不相同，但都应有相应的转换协议与标准接口。例如，不同的数码相机有不同的存储卡，如 SD 卡、CF 卡、记忆棒等，它们有不同的总线读/写状态与不同的数字化文件方式，因此，必须在数码相机内部，将存储卡的个性化总线转化成统一的标准总线，如 USB 总线。

总之，数字化资信有多种多样的介质存储方式，所有的介质存储方式中，都必须有统一的文件标准、相互兼容的读/写方式以及传输文件的标准总线。

### ▶ 数字化电路的功能行为

半导体集成电路具有一维知识行为能力。这些知识行为能力表现为电路的功能行为能力，如电子计数器的计数能力、日历时钟芯片的计时能力、半导体存储器的读/写能力，以及模/数转换芯片从模拟信号到数字信号的转换能力等。

半导体集成电路没有独立的存在价值，它们都被用来构成一个个智能化的电子系统。因此，所有数字化集成电路，都必须有归一化的电气特性、相互兼容的总线结构，以及与总线的交互能力。例如，要在电子辞典中设置日历时钟功能，只需在电子辞典硬件电路设计时，将日历时钟芯片连接到系统总线中即可。通过电子辞典中微处理器与日历时钟芯片的交互行为(即读、写控制)，便可实现电子辞典日历时钟的功能行为。

### ▶ 数字化软件的知识行为

数字化软件，主要是指现代计算机的操作系统与应用软件。数字化软件是专家知识成果的程序化数字文件，具有专家群体的知识行为能力。数字化软件没有独立的知识行为能力，只有在现代计算机中，才能展现出它的知识行为能力。例如，微软公司的视窗操作系统，必须安装到个人计算机中，才能实现其计算机运行管理的知识行为能力；“国际象棋大师”是深蓝计算机上的一个应用软件，其对弈的知识行为不能脱离深蓝计算机。嵌入式系统中的数字化软件则与硬件呈捆绑式状态，其知识行为只限于对象体系的智能化控制。例如，手机中的应用软件，只有在手机硬件系统基础上，才能实现手机的各种知识行为。

数字化软件是一种不断完善中的程序化文件。专家认识的有限性及片面性，决定了世界上没有不出错的终极化软件。因此，不断升级与完善是数字化软件的重要特征。数字化软件的出错现象，是数字化系统中重要的非可靠性因素。这种出错现象不会造成硬件系统损坏，属于小概率事件，人们可以用出错概率来表示数字化系统的可靠性。

数字化软件没有独立的形态，须依附在各种介质上，其形态各异。例如，商店里以光盘形式出售的视窗操作系统，在计算机中则是硬盘中的数字化文件。

### ▶ 现代计算机的交互行为

在数字化世界中，无论是数字化资信、数字化电路还是数字化软件，它们都统一在一个计算机应用系统中，以不同的方式服务于现代计算机的智力革命。

现代计算机的智力(知识行为),主要表现为以微处理器为中心,与数字化资信、数字化电路、数字化软件的交互行为。下面以照相机的智力革命为例,介绍智力革命进程与微处理器的交互行为。

传统照相机,是一个十分精密的机械工具,它有精密的光学系统、精密的机械结构。使用传统照相机时,使用者要有光学聚焦、成像、曝光量选择等知识。传统照相机没有知识行为能力,摄影过程中的知识行为依赖于摄影师的脑力劳动。

数码相机,是一个将照相机与照相技术集合为一体的智能化机电系统。数码相机中,用数字化光敏器件(CCD)代替感光胶片;半导体集成电路与微处理器构成的嵌入式系统,成为数码相机的智力核心。摄影师的全部知识行为被转移到数码相机中,用以实现摄影过程中诸多独立的知识行为。例如,打开数码相机后,景象聚焦、成像显示、曝光量选择等知识行为,由数码相机立即自动完成,只要选好场景,按下快门便会采集到满意的景象画面;与此同时,在嵌入式系统软件的调度下,CCD 上的数字化图像会立即转化成 SD 卡上的数字化文件。每按下一次快门,SD 卡上便会增加一个新的数字化图像文件。原先依靠摄影师的专业知识行为,变成了数码相机独立的知识行为。

数码相机的智能化革命,不只是相机本身的革命,还实现了从影像传输、图片加工、艺术处理、档案管理等全过程的智能化革命。例如,将数码相机通过 USB 接口与计算机相连,计算机即可读取数码相机 SD 卡上的图片文件,并转化为计算机内存中的数字化图像文件;通过计算机图像处理软件,可对数字化图像文件进行数据处理,实现后续图片加工、艺术处理、档案管理等工作。所有这些智力行为都体现在计算机的软件运行过程中,人类个体在这些任务执行过程中所要完成的工作,只是用手指“点击”而已。

## 12.7 数字化世界与人类未来

半导体集成电路诞生后,人类世界便开始了疯狂的数字化进程。这种基于时空量子化技术基础上与具体物质无关的 0、1 数字化符号的知识与知识行为集成,保证了数字化的无限拓展能力。人们无法预见数字化世界的发展尽头;但是,人们看到了清晰的数字化世界的发展前景,即数字化平台世界、数字化虚拟世界与数字化物联世界。

今天,万亿个微处理器以智慧细胞方式弥漫全球,弥漫在人们周围,形成一个“智慧地球”。微处理器以不同方式构成形形色色的知识平台,形成无所不在的数字化平台世界。数字化平台可以代替人类个体的脑力劳动，改变人类社会生活方式，使人人都能实现傻瓜化的生活方式。

通用计算机的智力平台从桌面智力系统向互联网挺进，依靠数字化软件的力量，构建起人类的数字化虚拟世界，实现了全球化的信息革命，拓展了人类的生存、生活空间。人们可以生活在数字化虚拟世界中，实现虚实交互的宅男、宅女生活方式和工作方式。

嵌入式系统以智力嵌入方式，实现了人类工具（物理对象）的智能化革命，完成了物质世界的智慧物联。嵌入式系统从单台智能化工具发展到智能化局域网，智能化工具以及局域网与互联网的融合，将互联网变革成物联网，形成一个数字化物联世界。数字化物联世界，以物联网为基础，以软件服务为中心，将人类推进到一个全球化无限时空的云计算时代。

# 第十三章　现代计算机知识革命与人类未来

## ——知识革命的回顾与总结

13.1　人类文明的三次浪潮
13.2　三次浪潮的知识革命
13.3　现代计算机知识革命的基本特点
13.4　现代计算机知识革命的两大分支
13.5　物联网的智慧平台革命
13.6　云计算的智慧服务革命
13.7　物联网、云计算与人类未来

人类诞生至今已经历了几百万年，人类社会发展史却只有数万年时间。社会学家、历史学家将人类社会划分为原始社会、封建社会、资本经济社会、知识经济社会；阿尔文·托夫勒从人类文明的变革出发，提出了人类社会发展史上的三次浪潮，即农业文明浪潮、工业文明浪潮与知识文明浪潮。无论是社会发展史观，还是人类文明浪潮学说，都给人类知识发展史的论述奠定了良好的基础。

人类几百万年的漫长进化史，将直立人演变成现代人。完善的人、知识、工具三元生态体系，为现代人类的社会文明变革奠定了坚实的基础，迎来了人类文明的飞速发展时期，即几万年的史前文明、几千年的农耕文明、几百年的工业文明和不到百年的知识文明。

知识文明时代始于20世纪60年代的半导体集成电路的诞生，并于21世纪初进入物联网、云计算的高级阶段。在21世纪中叶，人们将看到人类知识革命的最终成果，即社会生产力从劳动生产力、资本生产力到知识生产力的最终过渡。在“劳动者＋工具”的社会生产力结构中，最终实现从劳动者主宰到智能化工具主宰的社会生产力发展模式。少数知识精英从事智能化工具的物联网系统整合与云计算服务计算平台的构建工作，全社会人群则充分享受“智慧地球”基础上云计算的无限智慧服务。无论是社会生产领域，还是社会服务领域，普通百姓都被边缘化；人类从个体化智慧向群体化智慧转型，在享有无限能力的状态下，进入一个傻瓜化的生活方式时代。

## 13.1 人类文明的三次浪潮

回顾托夫勒三次浪潮的论述
农业文明、工业文明与知识文明
劳动生产力、资本生产力与知识生产力
手工工具、机械化工具与智能化工具

阿尔文·托夫勒将人类文明划分成农业文明、工业文明与知识文明三次浪潮,与三次浪潮相对应的社会形态,是封建社会、资本经济社会与知识经济社会;与三次浪潮相对应的社会生产力,是劳动生产力、资本生产力与知识生产力;与三次浪潮相对应的工具形态,是手工工具、机械化工具与智能化工具。

### ▶ 回顾托夫勒三次浪潮的论述

托夫勒关于三次浪潮的论述,最经典地界定了人类社会文明的三个历史发展阶段,并点明了人类文明的指数式非线性发展现象。让我们再次回顾托夫勒在1980年出版的《第三次浪潮》一书中的相关论述:“到目前为止,人类经历了两次重大的变化浪潮,每一次都抹杀了早期的文明,以前人不能想象的生活方式取而代之。第一次浪潮——农业革命,经历了几千年才结束。第二次浪潮——工业文明的崛起,只有300年的寿命。今天历史的建设更快,很可能第三次浪潮将会横扫过历史,在几十年内结束。生存在这个爆炸性时刻的我们会感受到第三次浪潮对这个时代的全面影响。”

30多年前,托夫勒明确指出了三次文明浪潮现象。值得注意的是,托夫勒指出了三个文明阶段更替速度的指数式非线性发展现象,并大胆预言人类第三次浪潮将在几十年内结束。在《第三次浪潮》中,托夫勒明确指出第三次浪潮诞生于20世纪60年代前后,这意味着21世纪中叶,第三次浪潮即将结束。

### ▶ 农业文明、工业文明与知识文明

托夫勒在《第三次浪潮》中,没有着力描述第三次浪潮的文明特征。细心的读者可以在他2006年出版的《财富的革命》一书中,看出他对第三次浪潮知识文明革命的呼喊。托夫勒在《财富的革命》一书导言中指出:“财富不仅仅产生于农

田、工厂、办公室和机床上，而且革命的财富也不光指金钱。现在，就连最迟钝的观察家也不得不承认，美国和无数其他国家正在向高智商的'知识'经济过渡，但是这种变化的真正冲击力还有待人们去感觉。过去的半个世纪仅仅是个序幕。”在这里，托夫勒指出了第三次浪潮的“知识经济”观念。

在清晰地界定了社会财富体系的知识内涵后，托夫勒明确指出了第三次浪潮的知识文明特征：“第三次即最近的一次财富浪潮向所有工业主义原理提出了挑战。它用愈加精深的知识替代着工业生产、土地、劳动和资本的各种传统因素。”“第一次浪潮农民接管了土地，残留的狩猎者和食品收集者逐渐消失；第二次浪潮农民涌向城市，在工厂里打工；第三次浪潮到来时，网吧与软件工程骤然出现。”

托夫勒在《财富的革命》中明确地提出，与财富相关的三个基本原理是时间原理、空间原理与知识原理，指出了第三次浪潮中，知识在无限时空中的变革与革命。遗憾的是，囿于传统的知识观念，托夫勒未能找到解开知识革命的金钥匙，却给我们留下了人类社会农业文明、工业文明、知识文明三次浪潮的辉煌思想。

## ▶ 劳动生产力、资本生产力与知识生产力

从社会生产力的观念出发，可以将农业文明、工业文明、知识文明归纳为劳动生产力、资本生产力与知识生产力三种典型的社会生产力时代的文明。

劳动生产力对应于农业文明时代。农民在土地上耕作，社会财富生产决定于劳动者（农民）劳动的数量与质量。劳动创造世界直接表明了劳动者个体的直接财富生产方式。

资本生产力对应于工业文明时代。工人在工厂里做工，社会财富生产取决于资本的整合效应，即在资本基础上，建设厂房，购置机器，雇佣工人及工程师，实现大规模的集约化生产方式。普通劳动者成为机器的奴婢，在社会财富生产中，突出了资本的整合力量。知识以工具集成方式，首次超越劳动者在社会生产力中的地位与作用。

知识生产力对应于知识文明时代。万亿数量级的微处理器智力内核，以智力平台与智力嵌人方式与互联网相结合，形成智慧地球。微处理器的知识行为能力，以各种方式代替了人类的脑力劳动，最终将社会生产力中的劳动者边缘化。广义智能化工具独立的知识行为能力，形成以知识平台的知识行为为主宰的知识生产力方式。

## ▶ 手工工具、机械化工具与智能化工具

认识世界、改造世界是人类走上抗争性进化道路必须承担的原始任务。人

类将认识世界的知识集成在工具中，利用工具的知识力量来改造世界，从而形成人＋工具的社会生产力结构与普遍的社会生活方式。随着工具中知识集成的不断进化，人＋工具的社会生产力与社会生活方式不断变革。这种变革与三次浪潮、三种文明、三种社会生产力相对应，形成了手工工具、机械化工具与智能化工具的三个工具变革阶段。

手工工具阶段对应于农业文明的劳动生产力时代。泛性知识集成的手工工具，只能成为人类改造客观世界的辅助力量。农民用锄头耕种土地，既要付出脑力劳动，也要付出体力劳动。

机械化工具阶段对应于工业文明的资本生产力时代。18 世纪蒸汽机动力机械内核的知识革命，将手工工具变革成机械化工具。随后出现的内燃机、电动机，以动力机械内核方式嵌入到工具中。机械化工具的普遍使用，代替了社会生产与社会生活中的体力劳动。

智能化工具阶段对应于知识文明的知识生产力时代。20 世纪 60 年代半导体集成电路诞生后，人类工具从知识集成变革到知识行为集成。半导体微处理器是一个具有人类知识行为能力的智力内核。微处理器以通用计算机智力平台方式与嵌入式系统智力嵌入方式，掀起了人类工具最广泛的智力革命。万亿数量级的微处理器，借助于互联网，形成一个无限时空的智慧地球，最广泛、最彻底地代替了社会生产与社会生活中的脑力劳动。

在机械化工具阶段后期，人们期望能进入一个自动化工具阶段。然而，机械化基础上的自动化只是个空想。只有在智能化工具的基础上，才有可能实现真正的自动化、无人化的广义工具体系。

## 13.2　三次浪潮的知识革命

---

人类文明起源的知识背景
农业文明的生存方式知识革命
工业文明的生产方式知识革命
知识文明的智力方式知识革命

---

无论是手工工具的农耕文明变革、18 世纪机械化工具的工业革命，或是 20 世纪微处理器的智力革命，都是人类知识发展史上的知识革命。人类在几百

万年的进化过程中，一直遵循着认识世界、改造世界的法则，从而奠定了人类文明的知识革命内涵。

### ▶ 人类文明起源的知识背景

从始祖猿到直立人的变革，诞生了原始人类。原始人类与其他高等动物的根本区别，是其走上了认识世界、改造世界的进化道路。原始人类在认识世界中产生知识，在知识基础上创造工具，依靠知识与工具的力量改造世界，从而形成与人类进化伴生的知识演化历程。从某种意义上讲，研究人类的进化史就是研究人类的知识发展史。

我们可以将几百万年人类的进化史，划分成直立人的三元生态体系形成时期与现代人的三元生态体系发展时期。直立人的三元生态体系形成时期占据了人类进化史的绝大部分时间，现代人的三元生态体系发展时期只有始于原始社会的几万年时间。这几万年时间，是人类文明不断发展的时代。在这样的文明时代里，三元生态体系中人、知识、工具剧烈的动态演化，导致人类文明急剧变革，引发了农业文明生存方式、工业文明生产方式与知识文明智力方式的知识革命。

### ▶ 农业文明的生存方式知识革命

农业文明诞生之前，原始人沿袭着其他高等动物作为猎食者与采食者的生存方式。进入农耕社会以后，人类生存观念产生了重大转变，从猎食到畜养，从游牧到定居，真正开始了改造世界的生存方式革命。第一次浪潮时期，农民接管了土地，残留的猎食者和采食者的生存方式逐渐消失，生存方式的变革紧紧依靠着工具与知识的发展。稳定的农业收成，形成了稳定的生存环境与社会文明发展环境。稳定的生存环境，使人类有更多时间用于观察自然现象，进行知识交流。家庭式的农业生产与食品加工，导致人们对工具产生多种需求，促进了实用科技与实用工具的发展，使人类社会迅速进入农业文明的手工工具时代，并形成了劳动者＋劳动工具的社会生产方式。

### ▶ 工业文明的生产方式知识革命

农业文明奠定了知识在人、知识、工具三元生态体系中的核心地位与作用，使人类从生存需求发展到改善衣食住行的生活需求，人类不再依靠自身的力量改造世界。在农耕时代，耕作、运输、灌溉、收获、加工等沉重的劳动内容，促使人们渴望对劳动的解放。各种畜力的辅助劳动与畜力工具的大量出现，是农耕文明后期知识、工具的重大变革。如从锄到犁，农耕工作从人力转向畜力。除了畜力，人们还广泛地利用天然动力辅助人类劳动，如利用水力提水灌溉，利用风力加工磨坊食品等。人类不断地将畜力、天然动力的辅助劳动扩大到衣食住行各个方面，形成了农耕文明后期庞大的泛性知识集成的机械工具群。在泛性知识集成的机械工具群中，没有共同的、可以相互移植的动力机械内核，这成为机械工具发展的瓶颈，极大地阻碍了人类文明的发展。

18 世纪蒸汽机的工业革命，给人类工具提供了归一化的动力机械内核，将手工工具、机械工具迅速变革到动力机械内核基础上的机械化工具。

动力机械内核的出现，形成了机械化工具生产与机械化工具应用产业。在生产领域，机械化工具代替手工工具，在资本整合下，形成了社会集约型的工厂化生产方式；在生活领域，形成了快速便捷的城市生活方式。高效率的机械化工具提高了农业生产效率，集约化的工业生产需求使大量农民转变为城市工人。城市化、工厂化、工具机械化，使人类社会迅速进入工业文明时代。工业文明的重要标志是机械化工具最广泛地替代人类在生产、生活中的体力劳动。

### ▶ 知识文明的智力方式知识革命

机械化工具代替了人类的体力劳动，极大地提高了劳动效率，但并未给人类带来相应的舒适感，人类仍然处于人＋工具紧张的生产关系之中。机械化工具巨大的运行效率，要求人类个体以快速的节奏相配合。手工纺纱的生产节奏由人控制；而机器纺纱的生产节奏由纺纱机决定，人类个体变成了纺纱机的奴隶。因此，在机械化的工业文明中，自动化是人类的第一渴望。

自动化设备、自动化机床、自动化生产线是工业文明时代后期的重要成果。然而，工业文明时代的所有自动化工具都止步于泛性一维知识行为集成。所有的自动化设备、自动化机床、自动化生产线，其自动化体系和结构方式各不相同，没有可相互移植的内核。泛性一维知识行为集成成为人类工业文明进一步发展的瓶颈。

人类渴望的自动化，应该是智力基础上的自动化，不仅能实现自动化的行为过程，还能随着外部环境的变化不断调整自己的行为进程。例如，在自动车床上，除了要求能自动完成零件加工，还期望能在刀具损坏时自动更换刀具。具有智力基础的自动化不仅是单个工具的自动化，还应该具有集群的自动化网络体系。

半导体集成电路诞生后，智力型自动化工具终于有了突破的希望。半导体微处理器是一个独立的归一化智力内核，具有人类的知识行为能力。由微处理器构成的智能化工具,可以实现独立的具有人类智力的自动化行为,从而将人+工具这种传统社会生产、生活方式中的人类个体边缘化。在社会生产与生活方式中所形成的智能化工具的独立行为力量,使人类从工业文明时代迅速进入知识文明时代。知识文明时代的重要标志,是智能化工具、智能化体系等知识平台代替人类个体的脑力劳动。

## 13.3 现代计算机知识革命的基本特点

微处理器智力革命的隐蔽性
与动力机械内核革命的相似性
现代计算机知识革命的三个阶段

现代计算机知识革命缘于半导体集成电路。与庞然大物的蒸汽机工业革命相比,半导体微处理器基础上现代计算机的智力革命更具隐蔽性。然而,它们都是归一化内核的知识革命,有巨大的相似性。现代计算机知识革命有明显的三个阶段特征。

### ▶ 微处理器智力革命的隐蔽性

18 世纪工业革命广为人知,是因为它是一种显性变化的革命。巨大的蒸汽机,由蒸汽机演化而来的蒸汽机车、轮船,工业厂房中的蒸汽动力车间,以及随后出现的形形色色的具有内燃动力、电动力的机械化工具,极大地改变了城市的面貌。呈现在大众面前的是,实现了工厂化大生产,农民进入城市,工人阶级队伍形成,资本实现产业整合。人人看到了蒸汽机革命带来的巨大变化,经济学家、社会学家可以从这些巨大的显性变化中深入研究工业革命与工业文明。

与广为人知的 18 世纪工业革命不同,20 世纪现代计算机知识革命,是由半导体集成电路与微处理器引发的隐性革命。人们可以看到通用计算机巨大的智力平台效应,却看不到它后面微处理器智力内核的知识行为集成。如今,全球微处理器的数量级已达万亿,人们通过个人计算机所能看到的通用微处理器数量只占微处理器总量的 1/500,其余数量巨大的隐含在智能化工具中的微处理器却鲜为人知。现代计算机知识革命中,集成电路、微处理器智力内核、嵌入式系统智力嵌入、计算机软件的智力集成等科技专业内涵,很难被传统经济学家、社会学家所窥视,因此他们也就无法揭示出现代计算机知识革命的内涵。

## ▶ 与动力机械内核革命的相似性

从形式上看，18 世纪蒸汽机的宏观工业革命与 20 世纪现代计算机的微观智力革命存在巨大的差异；从本质上看，这两次革命又有极其相似之处。它们都是人类知识发展进程上的革命，都是人类工具、生产方式、社会形态、生活方式、产业结构变革的革命。

**(1) 知识革命的相似性**

18 世纪蒸汽机工业革命与 20 世纪现代计算机知识革命，都是人类知识发展变革阶段的知识革命。按照知识的集成性发展规律，在蒸汽机工业革命以前，是泛性知识集成阶段；蒸汽机工业革命将泛性知识集成变革到归一化动力机械内核的知识集成；现代计算机知识革命则将归一化内核知识集成变革到归一化内核的知识行为集成。

**(2) 工具革命的相似性**

18 世纪蒸汽机工业革命与 20 世纪现代计算机知识革命，都是人类工具发展阶段上的革命。蒸汽机的工业革命，以归一化动力机械内核方式，将手工工具变革到机械化工具；现代计算机知识革命则以微处理器的归一化智力内核方式，将机械化工具变革到智能化工具。

**(3) 生产方式变革的相似性**

18 世纪蒸汽机工业革命与 20 世纪现代计算机知识革命，都出现了生产方式的变革。蒸汽机的工业革命在机械化工具基础上，实现了社会集约型的工厂化生产，将农耕时代手工工具基础上的劳动生产力，变革成资本整合下的资本生产力；现代计算机知识革命以知识平台方式，实现了智能化工具的独立社会生产力，将资本生产力变革成知识生产力。

**(4) 社会形态变革的相似性**

18 世纪蒸汽机工业革命与 20 世纪现代计算机知识革命，都产生了社会形态的变革。蒸汽机的工业革命将以农耕经济为基础的封建社会，变革到资本整合下的资本经济社会；现代计算机知识革命则以知识平台的独立生产力方式，将资本经济社会推进到知识经济社会。

**(5) 生活方式变革的相似性**

18 世纪的蒸汽机，以及后续的内燃机、电动机，形成了多种多样、无处不在的机械化工具，最广泛地替代了人类的体力劳动；20 世纪现代计算机知识革命则以智力平台与智力嵌入方式，形成多种多样、无处不在的智能化工具，弥散在人们周围，最广泛地替代了人类的脑力劳动。

**(6) 产业变革的相似性**

18 世纪蒸汽机工业革命与 20 世纪现代计算机知识革命，都出现了产业变革效应。蒸汽机工业革命以专业化产业方式，将弥散的手工业变革成一体化的封闭型产业结构，即在一个产业部门中，出现了将知识创新到创新知识应用全过程封闭在一个企业中的一体化封闭型企业；现代计算机知识革命则以知识平台方式，将知识创新与创新知识应用分离，形成了多个企业上、下游的扇形产业生态体系。

**(7) 全球化效应的相似性**

18 世纪蒸汽机工业革命与 20 世纪现代计算机知识革命，都有相应的全球化效应，前者为贸易全球化，后者为经济全球化。封建时代的农耕经济将农民束缚在土地上，形成了孤立的地区经济。18 世纪工业革命带来的巨大生产力形成了大规模的商品生产能力。商品的市场需求与商品生产的资源需求，导致形成 18 世纪工业革命后的全球化贸易。现代计算机知识革命以知识平台方式将知识创新与创新知识应用分离。为寻求最大化的市场经济利益，第一世界国家固守知识产业，将制造产业向第三世界转移，形成了知识经济时代的全球化经济。

## ▶ 现代计算机知识革命的三个阶段

现代计算机知识革命有三个阶段，即现代计算机的起源阶段、两大分支的独立发展阶段、物联网与云计算的高级发展阶段，如图 13.1 所示。

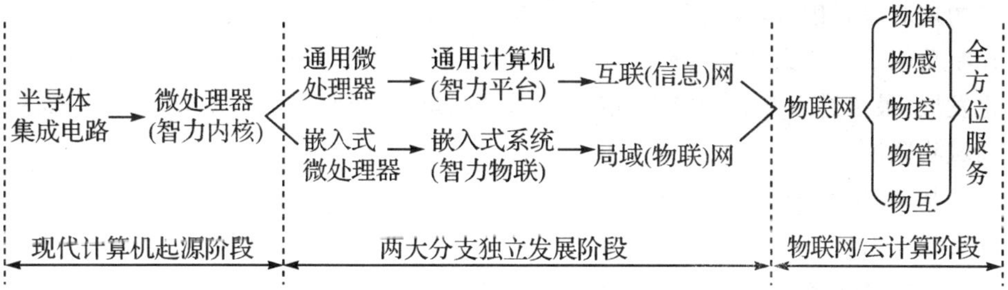


**图 13.1 现代计算机知识革命的三个阶段**

现代计算机的起源阶段，是集成电路技术的准备阶段；两大分支的独立发展阶段，是通用计算知识平台与嵌入式系统知识平台的独立发展阶段；物联网与云计算的高级发展阶段，是通用计算知识平台的互联网与嵌入式系统知识平台的物联体系交叉融合形成的智慧地球阶段。

**(1) 现代计算机的起源阶段**

现代计算机知识革命缘于 1958 年发明的半导体集成电路。从集成电路诞生到微处理器出现,是现代计算机知识革命的起源阶段。这一阶段的最大功绩在于,奠定了数字时空量子化技术的基础,在数字时空量子化技术基础上,拉开了人类工具知识行为集成的序幕。所有集成电路中的知识,都有归一化的一维知识行为(自动化行为)能力。微处理器的诞生,使得半导体集成电路从一维知识集成变革到具有人类智力的多维知识行为集成,微处理器成为实现人类知识行为集成的归一化智力内核,从此拉开了现代计算机知识革命的序幕。

**(2) 两大分支的独立发展阶段**

为满足人类主观世界与客观世界两个方面的智力革命进程,微处理器形成了通用微处理器与嵌入式微处理器两大分支。通用微处理器以通用计算机方式,满足人类主观世界的智力革命;嵌入式微处理器以嵌入式系统方式,满足人类客观世界的智力革命。通用计算机与嵌入式系统是现代计算机发展的两大分支。

主观世界的智力革命进程,以通用计算机+应用软件方式构成智力平台,代替人类个体的脑力劳动;客观世界的智力革命进程,则是嵌入式微处理器基础上的嵌入式系统,以智力内核方式嵌入到客观世界的物理对象中,实现物理对象系统的全面智能化,包括传统工具实现智能化与发展新的智能化工具。

主观世界与客观世界两个决然不同的智力环境,形成了无法兼容的两个技术发展方向。主观世界的个人计算机在显性环境中发展,有独立的形态以及高速海量数值计算的技术发展方向。客观世界的嵌入式系统在隐性环境中发展,与物理对象紧耦合,没有独立的形态,技术发展方向是小型、廉价、高可靠、突出控制功能。在两大分支的智能化工具阶段,通用计算机从单个智力平台向网络化发展,最终进入互联网时代;嵌入式系统则从单个智力嵌入的物联系统发展到局域物联网。

从 20 世纪 70 年代初到 21 世纪初,现代计算机经历了长达 30 多年的两大分支独立发展阶段。

**(3) 物联网、云计算的高级发展阶段**

在两大分支独立发展时期,通用计算机智力平台沿着单机计算、分布式计算、网络计算、普适计算的互联网形式发展,形成了无限时空、无限通达的信息网、人文网;嵌入式系统则嵌入到物理对象中,实现了人类工具单机智能化及局域智能化的网络体系。

在两大分支独立发展阶段的后期,两个分支中出现了成熟的互联网与局域物联网技术。当人们利用互联网构建虚拟世界，并在虚拟世界中不断扩大其应用时，必然涉及与物质世界的交互，如网上银行与个人银行卡的交互，电子商务与物流体系、仓储体系的交互，智能家居中人与家用电器的远程交互等。这些都要求实现互联网与智能化工具、智能化工具局域网相连，前者实现了全球无限时空上的无限通达，后者则将这种通达从虚拟世界延伸到物质世界。

当互联网与智能化工具或智能化工具局域网连接后，便将互联网变革到物联网。从某种意义上讲，物联网就是能与所有物体相连的互联网。物联网实现了从真实世界到虚拟世界、从人-机交互到人-机-物交互的无限时空中一个巨大的智慧网络体系。有人将物联网形容成“智慧地球”。

物联网与云计算是密切相关的两个事物。物联网是硬件基础，云计算是硬件基础上的软件服务。

## 13.4 现代计算机知识革命的两大分支

---

微处理器应用目标不同的两大分支

知识行为的智慧集成与智力嵌入

两大分支在高端的交叉融合

---

微处理器诞生后，人类工具迅速进入知识行为的归一化集成时代。微处理器主观世界知识行为集成与客观世界知识行为集成的两个不同应用目标，形成了通用微处理器与嵌入式微处理器两大分支，使计算机知识革命迅速进入两大分支的独立发展阶段。主观世界的知识行为集成，是通用微处理器基础上通用计算机知识平台的智慧集成；客观世界的知识行为集成，是嵌入式微处理器基础上嵌入式系统物理对象的智力嵌入。两大分支历经 30 多年的发展，终于在物联网、云计算阶段找到了相互融合的统一归宿。

### ▶ 微处理器应用目标不同的两大分支

人类社会有主观世界与客观世界两大空间。主观世界是人类思维自由驰骋的空间，客观世界则是人类具体的生产、生活空间。主观世界的物质基础是人类大脑，客观世界的物质基础是工具。

半导体微处理器具有人类知识行为能力。为了实现人类社会最广泛的脑力劳动替代，必须有主观世界与客观世界两种替代方式，即大脑思维的脑力劳动替代与人类在使用工具时的脑力劳动替代。例如，用深蓝计算机“国际象棋大师”软件替代国际象棋大师在对弈时的脑力劳动，用自动洗衣机替代人们洗衣时的脑力劳动。前者是大脑思维的智力平台替代方式，后者是使用工具时脑力劳动的智力嵌入替代方式。

无论是智力平台还是智力嵌入，它们的基础都是微处理器。然而它们实现脑力劳动替代的方式、环境、技术要求决然不同。前者可以是桌面方式，后者必须是对象系统的嵌入方式；前者要求高速海量数字运算，后者要求突出控制功能；前者对形态、价位、可靠性没有严格要求，后者则要求微小型、低价位、高可靠。

两种不可兼容的脑力劳动替代方式，决定了两种不同的微处理器结构体系。一种是追求高速海量数字运算的通用微处理器，用来构成通用计算机智力平台；另一种是突出控制功能的嵌入式微处理器，用来构成满足嵌入式应用环境要求的嵌入式系统（微控制器）。

### ▶ 知识行为的智慧集成与智力嵌入

现代计算机知识革命的两大分支，满足了人类社会主、客观世界全面的、最大化的脑力劳动替代。主观世界的脑力劳动替代体现为通用计算机的智慧集成，智慧集成的成果是通用计算机智力平台上的应用软件；客观世界的脑力劳动替代体现为嵌入式系统的智力嵌入，智力嵌入的成果是智能化工具。它们的基础都是微处理器基础上的知识行为集成，知识行为的本质是微处理器指令基础上的程序行为。

应用软件是计算机程序指令的集合体，具有智慧能力，没有智慧行为。应用软件的智慧行为表现在计算机智力平台的运行之中。例如，“国际象棋大师”是一种具有国际象棋大师智慧能力的应用软件，它必须在深蓝计算机智力平台上才能产生国际象棋大师的智慧行为。

智能化工具则是嵌入式系统与对象系统紧耦合、程序指令与控制要求密切相关的综合体系。智能化工具有独立的知识行为能力，可以产生独立的知识行为。例如，自动洗衣机具有独立的洗涤衣服知识行为能力，启动后，可以实现洗衣过程的知识行为。

### ▶ 两大分支在高端的交叉融合

在微处理器诞生后，在现代计算机知识革命两大分支的主流趋势中，通用计算机智力平台沿着单机桌面系统、分布式系统、信息高速公路、互联网方向发展，形成了无限时空中无限通达、无限智慧的网络世界，并在无限智慧的网络世界中构造起一个虚拟世界，在虚拟世界中实现许多真实世界的智慧服务，例如，网上银行与网上交易体系、电子商务与网上购物平台、电子图书馆与电子图书服务等。

嵌入式系统则与对象系统紧耦合，最广泛地实现了人类工具的智能化。从单机智能化到智能化工具的局域网，从传统工具的智能化改造到智能化设备、移动终端，形成了真实世界中最广泛的智能化物联体系。

无限通达的互联网与智能化工具广泛的物联体系相融合，将现代计算机知识革命推进到物联网与云计算时代。

## 13.5 物联网的智慧平台革命

---

什么是物联网？
物联网的三个源头
物联网与物联网系统
物联网系统中的物联网事件

---

物联网与云计算是计算机知识革命的最高阶段。通用计算机智力平台的互联网与嵌入式系统智力嵌入的物联体系交叉融合，构成了具有无限智慧的物联网。物联网有三个源头与三个层次。三个源头是智慧源头、网络源头与物联源头；三个层次是物联网、物联网系统、物联网事件。物联网是智慧平台，云计算是智慧平台基础上的计算服务。物联网涉及国计民生，有大量的超技术、超市场行为，国家须有相应的工程建设投入。

### ▶ 什么是物联网？

物联网是连接到物理对象的互联网。互联网无法依靠自身的技术力量与物理对象相连，必须借助嵌入式系统。因此，在嵌入式系统发展的高级阶段，嵌入式系统或嵌入式系统局域网普遍接入互联网后，互联网迅速变革成物联网。

从智力革命的角度，可以将物联网看成是智慧地球。智慧地球有三个组成要素，即智慧大脑、智慧神经与智慧细胞。智慧大脑是通用计算机应用软件的智慧集成；智慧神经是互联网无限时空、无限通达的信息互联；智慧细胞是智能化工具的无限普及与无限交互。

智慧大脑中智慧集成的典型事例，是深蓝计算机的"国际象棋大师"与沃森超级计算机的"智力挑战"。它们以计算机软件形态、集体智慧(象棋大师的集体智慧与人类综合的知识智慧)的集成方式实现人类的集体智慧。这个典型事例表明，物联网中智慧大脑的智力水平会远远超出人类个体。目前，有众多实现人类智慧集成的计算机软件，如科学计算、工程设计、办公自动化、财务处理、专家咨询、部门管理等软件系统。

智慧神经以互联网形式，实现无限时空的信息传递与交互、全球范围内的智慧共享与智慧管理。

智慧细胞以智能化工具的形式在全球范围弥散，一方面与物理对象、物理参数相连，另一方面通过交互接口形成智能化工具局域(物联)网的智慧细胞集群，以形成分门别类、形形色色的物联网系统。

智慧地球的三个组成要素，使物联网成为一个无限时空、无限通达、无限智力的全球化、全方位的智慧平台。

### ▶ 物联网的三个源头

物联网不是互联网的自然延伸，物联网有三个独立的技术源头，即智慧源头、网络源头与物联源头。

**(1) 智慧源头**

物联网的智慧源头是半导体微处理器。物联网的所有智慧皆源于微处理器，通用微处理器是通用计算机知识平台的智慧基础，嵌入式微处理器是智能化工具的智慧基础，互联网的智慧路由也须借助微处理器构成。如今，万亿数量级的微处理器在全球弥散，使人类赖以生存的地球成为智慧地球。

**(2) 网络源头**

物联网的网络源头是通用计算机的互联网与嵌入式系统的局域网。互联网是无限时空、无限通达的人文网、信息网；嵌入式系统局域网是与物理对象、物理参数紧密相连的局域物联网。当嵌入式系统或嵌入式系统局域网普遍接入互联网时，互联网便变革成物联网。

**(3) 物联源头**

物联网的物联源头是嵌入式系统。嵌入式系统有四个与物理世界相连接的通道接口，如图 13.2 所示。

四个外部通道接口与物理对象、物理参数紧密相连，它们分别是前向通道的

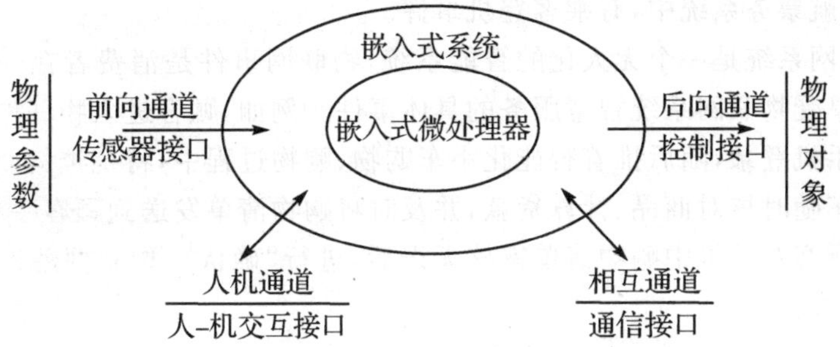


图 13.2 嵌入式系统的四个物联通道接口

传感器接口、后向通道的控制接口、人机通道的人-机交互接口与相互通道的通信接口。这些接口既满足了物联要求、互联网接入要求，还提供了物联网终端的人-机交互界面。

## ▶ 物联网与物联网系统

物联网是现代计算机知识革命无限时空领域中的一个大概念——一个技术时代的概念。物联网应用都是在有限时空中的应用，表现为一个个有限时空领域中应用的子系统，称为“物联网系统”，如，物联网超市、物联网智能家居系统、物联网城市交通管理系统、物联网公共服务系统、物联网交通服务系统，以及酒店、大厦的物联网服务系统等。

物联网系统的基本特征是无人化、智能化及后台隐蔽化。人们可以看到一个无人化、智能化的超市，却看不到一个具体的物联网系统，因为物联网系统只为超市的无人化、智能化提供后台技术支持。

物联网中有无限多个形形色色的物联网系统。不同物联网系统的结构、体系、组分各不相同，却有共同的元素，称为“物联网系统的基本元素”。物联网系统的基本元素有物储、物感、物控、物管、物互。物储是物联网系统中知识与信息的存储，物感是物联网系统对物理对象、物理参数的感知，物控是物联网系统对物理对象、物理参数的控制，物管是整个物联网系统的集中管理，物互则用来实现物联网系统中人与物、物与物之间的交互。

## ▶ 物联网系统中的物联网事件

物联网事件是物联网系统中的一个具体行为过程。例如，物联网超市中，有消费者购物事件、商品物流事件；物联网城市交通管理系统中，有违章处理事件、交通管理事件、车辆管理事件；物联网酒店系统中，有入住事件、自助服务事件；

物联网民航票务系统中，有乘客登机事件。

物联网系统是一个无人化的智能系统，物联网事件是消费者在一个无人化系统中，享受物联网系统智慧服务的具体事件。例如，顾客进入物联网超市购物时，先用手机登录，随后推着智能化小车购物；购物过程中，将挑选的商品放入小车中，小车随时核对商品、计算货款，并及时将购物清单发送到顾客手机中；购物结束时，顾客对手机中购物清单审核无误后，进行“确认”，物联网超市系统在接受支付后放行。

## 13.6 云计算的智慧服务革命

什么是云计算？

云计算的物质基础

云计算的两大任务

云计算是一种服务计算，是计算技术发展的最高阶段。在计算领域，人类经历了硬件计算、软件计算与服务计算三个阶段。云计算的基础是云世界；云计算的计算服务是一种虚实交互、无限时空的智慧服务。

### ▶ 什么是云计算？

云计算是一种软件智慧集成基础上的服务计算。在计算领域，人类社会经历了硬件计算、软件计算、服务计算三个大阶段。

硬件计算，是在传统计算工具基础上的数值计算。例如，古代人用算筹计算，后人在算盘上用珠算方法计算，近代人在手摇计算机、计算尺等工具基础上进行工程计算。硬件计算的知识行为能力表现在计算者身上。

软件计算，是通用计算机与嵌入式系统基础上的智慧计算。这种智慧计算是微处理器指令系统基础上的软件行为。智慧计算是一种广义计算，除传统的数值计算外，主要是数字信号处理、分析、判断、决策、仿真、管理等，以实现人类的智慧。软件计算的知识行为能力集中体现为通用计算机或嵌入式系统的应用软件运行之中。

服务计算，是网络基础上无限时空的智慧计算。借助互联网、物联网，可以实现无限时空、虚实交互、全球智慧共享的服务计算；依靠数字化、虚拟化技术，可以构建云世界，以及惠及全球、无限受众、无限时空的云世界智慧服务体系。

## ▶ 云计算的物质基础

云计算的物质基础是智慧地球。这是一个万亿级微处理器基础上，通用计算机、嵌入式系统，与互联网、物联网构建起的智慧体系。因此，云计算无处不在、形式多样。

云计算的技术基础是数字化与虚拟化。依靠数字化与虚拟化技术，可以将真实世界最大化地虚拟成云世界，以实现真实世界与虚拟世界的无限交互、无障碍交互。因此，有了互联网、物联网基础上的云计算，原先真实世界中有限时空、有限智慧的智慧服务，便进入到无限时空、无限智慧的集团智慧服务时代。在这个时代，借助于云计算，人类个体可以呈现出无限的智慧力量。

## ▶ 云计算的两大任务

云计算有两大任务，一是云世界构建，二是云世界服务。无论是云世界构建，还是云世界服务，都是在真实世界与虚实世界的交互中进行的。人们生活在真实世界中，真实世界中的服务都是有限时空（地理时空）、有限智慧（个体智慧）的个体服务。云世界构建好之后，可以为人类个体实现无限时空下的无限智慧服务。

云世界构建，是在无限通达、无限时空的互联网、物联网基础上，利用数字化、虚拟化技术，建立起一个无限通达，具有无限智慧、无限扇出能力，可以方便地为人类个体利用的虚拟世界。在这个虚拟世界里，集合了人类社会一切知识成果与知识行为能力。因此，云世界是一个漂浮在地球上空、无处不在、充满智慧与能力的庞大体系，可方便地为人类个体服务。

云世界服务，是在云世界基础上实现为真实世界人类个体的智慧服务。此前，人类社会的所有服务手段都来自真实世界。互联网诞生后，人类可以在互联网构成的虚拟世界里寻求他人帮助。云计算诞生后，通过数字化手段，将大量的智能化工具、资源、知识成果虚拟成"云朵"，人类个体可以直接从"云朵"中获取最直接、快速的智慧服务。

云计算的服务对象是真实世界中的人类个体，众多的服务内容是真实世界中的真实服务。云计算消除了真实世界服务中有限时空、有限智慧的障碍。

云计算的服务计算有虚拟化服务计算、广义存储服务计算、广义用户服务计算与交互服务计算。虚拟化服务计算是云计算的基础，用以实现真实世界电子化的云升腾与应用软件的云集合；广义存储服务计算是广义数据库建设，用以实现真实世界的虚拟化数据库与云存储；广义用户服务计算是云计算服务体系建设，包括安全体系、经营方式建设；交互服务计算则为人类个体提供真实世界与云世界的实时交互服务。

## 13.7 物联网、云计算与人类未来

智慧地球与人类边缘化
从边缘化到无人化
从傻瓜化到拥有世界
人人享受公平的顶级服务

原始社会以前，人类经历了几百万年的进化，形成了人、知识、工具三元生态体系。其后，人类在三元生态体系中，沿着认识世界、改造世界的目标，不仅改造了客观世界，也改造了人类的主观世界。随着知识、知识行为在工具中的不断集成，人类逐渐被傻瓜化、边缘化，会在物联网、云计算时代达到巅峰，从而实现人类高级自动化的理想。

### ▶ 智慧地球与人类边缘化

物联网是智慧地球，云计算是智慧服务。从智慧人类到智慧地球，人类为之奋斗了几十万年。在原始社会，只有人类个体拥有智慧。原始人依靠自己的智慧创造工具、改造世界，在改造世界的进程中不断提高知识水平，将知识成果集成在工具中，使工具成为除人类以外唯一的知识拥有者。工具中集群性的知识成果集成，是人类社会发展的制胜性基因与边缘化基因。集群性知识成果集成，使工具成为积累与传承人类知识文明唯一可靠的载体；人类个体无知识遗传的性状、大脑知识的不可靠性，决定了人类在知识、工具发展的高级阶段必然会出现边缘化状态。

半导体微处理器诞生后，人类工具开始从知识集成变革到知识行为集成。半导体微处理器基础上的智能化工具在全球弥散，成为智慧地球的智慧细胞；互联网成为智慧地球的智慧神经；通用计算机智力平台上的各种应用软件则是智慧地球的智慧大脑。

由此，我们看到了一个智慧的庞然大物，吞噬着人类的一切智慧，又给予人类个体前所未有的智慧与力量。人类个体在智慧地球上生活，进入一个“只有想

不到，没有做不到”的时代。智慧地球集合了全人类的智慧，人类个体无法想象它所具有的无限智慧潜力。

### ▶ 从边缘化到无人化

物联网与云计算的无限智慧，代替了人类个体的脑力劳动，加上机械化工具的体力劳动替代，人们可以构建起各种无人化体系。

物联网与云计算时代各种无人化或少人化体系的广泛普及，将会造成社会职业岗位数量的急剧衰减。

在资本经济时代，工业化、城市化、商品经济的急剧扩张，形成了生产领域、服务领域职业岗位数量的急剧增长。随着各种机械化设备、自动生产线的完善，生产岗位数量由于生产效率不断提高而呈现减少趋势。然而，社会经济的复杂化使服务业岗位数量持续增长。

在知识经济时代，除在生产、服务领域的岗位数量继续资本经济时代的增长趋势外，在IT产业领域出现了大量的白领工作岗位。在智能化工具时代及互联网时代，白领工作岗位数量一直呈增长趋势。进入物联网与云计算时代，物联网、云计算无人化体系的广泛普及、地球智慧的全球化扇出能力，会使社会职业岗位数量进入一个绝对衰减期。

### ▶ 从傻瓜化到拥有世界

人类知识的分离性发展最终导致劳动者在社会生产力中的边缘化；物联网系统的广泛普及，使人类进入一个傻瓜化、边缘化的社会生活方式时代。云计算的智慧服务将使人类个体、家庭、公司、企业对世界的有限拥有，变成“拥有整个世界”。

在云计算时代，拥有世界的标志是“世界为人人”与“人人为世界”的智慧服务。云世界中集合了人类的群体智慧，提供了个人与云世界方便的交互手段，人人可以享受到便捷的智慧服务；与此同时，云世界中众多开源的智慧软件与仿真、开发环境，为人类每个个体都提供了创新实践的机会，众多的创新成果通过虚实交互手段升腾成一个个“云朵”，为人类所共享。

### ▶ 人人享受公平的顶级服务

云世界中的顶级智慧服务，是一种软件方式的服务，具有无限扇出能力，即一个人类知识成果成为云世界的组分后，人人可以从“云端”上下载它，享受其智慧服务。例如，将“国际象棋大师”软件上升到“云端”后，人人可以将其下载到计算机中，学习象棋技术；将“医疗专家系统”软件上升到“云端”后，人人可以从中获取个人医疗的顶级服务。由于软件复制的无限扇出能力，分摊到每个个体上的费用极低。因此，物联网、云计算时代，是一个人人可以公平享受顶级智慧服务的时代。

物联网、云计算时代最普及的智慧服务是云存取服务，即真实世界中电子化虚拟云存储与云端资源按需索取的智慧服务。电子化虚拟云存储，包括人类个体周边物品（有效证券、图片、音视频资料等）、社会资源（地图、图书资料、电子期刊、博物馆、各种应用软件、开发工具等）的电子化虚拟云存储，与云端资源按需索取一起，将形成人类个体最普遍的生活方式。

# 附　录　词语解释

## 1. 人类起源与进化发展

### (1) 人类起源

人类有两个起源阶段，即直立人起源阶段与现代人起源阶段。直立人以直立行走为基本特征，与直立人起源相伴的，是知识的萌芽与智力的知识行为演化，随之而来的是漫长的人工生态环境建设。现代人以人、知识、工具的人工生态环境演化为基本特征，在人、知识、工具的人工生态环境中，开始了人类的爆发式演化进程。

### (2) 始祖猿

按照达尔文物种进化学说，人类是从类人猿进化而来的。始祖猿则是具有直立特征并产生了从感觉到思考飞跃的那部分类人猿。始祖猿的出现表明人类的诞生，并且告别了“自然选择”，走上了一条与大自然抗争的进化道路。

### (3) 人类的伴生式起源

人类起源是一种与大自然抗争的伴生式起源。原始人类不会以长途迁移方式来适应季节变化，自身的皮毛也难以抵御寒冷，人类依靠知识与工具的力量对抗大自然，与人类伴生起源的是知识与工具。

### (4) 人类的抗争性进化道路

所有生物都遵循达尔文在《物种起源》中阐明的顺应大自然的自然选择进化道路。唯独人类诞生后，走上了一条与大自然抗争的自我进化道路，称之为“抗争性进化道路”。

### (5) 人类的原始任务

人类能实现抗争性进化的根本原因，是伴随人类起源的知识萌芽。人类随着知识的萌芽，开始了改造大自然的历史进程。认识世界、改造世界是人类抗争性进化道路上的原始任务。

### (6) 三元生态体系

与大自然抗争的唯一途径，是认识世界与改造世界。在“认识世界”中产生知识，依靠工具在“改造世界”中求得生存。因此，人类非裸体起源，伴随人类起源的是知识与工具。人、知识、工具成为人类诞生、演化、发展的三元生态体系。

### 2. 人类知识与知识起源

#### (1) 人类知识

人类知识是人类个体对客观世界中客观事物与客观规律的了解与认识。“知识”包含“知”与“识”两方面的内容，即感性知识与理性知识。感性知识是对客观事物的感觉或表象认识，理性知识是对客观事物的本质或规律性认识。

#### (2) 人类知识起源

人类知识起源于从感觉到思考的飞跃。所有动物都有感觉器官，感觉器官接受外部激励，形成丰富的感觉信息。感觉信息的不断增长，将所有高等动物推向感觉变异的三岔路口。始祖猿在丰富的感觉信息基础上产生了思考变异，萌生了知识。其他高等动物都未能跨越从感觉到思考变异的门槛，仍停留在条件反射阶段。

#### (3) 知识学

知识学是研究人类知识起源、知识内涵、知识形态、知识行为、知识发展史、知识发展规律的科学。哲学是自然科学、社会科学的观念学、方法学。知识学是惠及百姓、指导一切科学与世人行为的源头科学。知识阶层诞生后，先哲们便开始了认识论、知识论的哲学研究，此后，人类对知识学的研究一直停留在哲学领域。进入知识经济时代，人类知识发展达到巅峰，可以纵观人类知识发展进程，总结出知识学原理的基本内容。

#### (4) 知识的三个内涵

主体、客体、进程是知识的三个重要内涵。主体，是人类个体；客体，是客观世界中的客观事物与客观规律；进程，是主体对客体由感觉到思考的过程。

#### (5) 知识的基本特点

知识有四个基本特点，即真实性、依附性、非遗传性与时空无限性。它表明知识真实存在，依附于介质中，不具有遗传性状，却具有无限时空的发展能力。

#### (6) 人类知识的三种基本形态

人类个体大脑中记忆的知识、语言文字记述的知识与工具中集成的知识，是人类知识的三种基本形态，分别称为“记忆态知识”、“记述态知识”与“集成态知识”。集成态知识、记忆态知识，是与人类伴生的两种最古老的知识形态。然而，直到今天，人们普遍认为人类只有记忆态与记述态两种知识形态。

**(7) 记忆态知识特性**

记忆态知识是人类知识的源头。记忆态知识的基本特性，是它的源头性、个体性、非遗传性与板凳效应。

**(8) 集成态知识特性**

集成态知识是集成在工具中的知识形态。集成态知识具有物化性、成果性、传承性、群体性、单一性等特点。

**(9) 记述态知识特性**

记述态知识是随着语言、文字的诞生而发展起来的一种知识形态。记述态知识具有编译性、广泛性、传承性等特点。

**(10) 人类知识发展的五个阶段**

人类知识发展的五个阶段是知识起源阶段、原始知识阶段、原理知识阶段、知识分化阶段与平台知识阶段。

**(11) 知识形态的蝶状迁移**

在人类知识发展进程中，三种知识形态在人类个体的生命节律中呈现出蝶状迁移的交互发展规律。每一个人类个体的生命起点处，都有完整的外部知识环境与人类个体大脑零起点的记忆态知识。从生命周期的起点开始，人类个体不断从外部知识(集成态知识、记述态知识)环境中汲取知识营养；在生命周期结束之前，人类个体将自己创造的知识转移到外部，成为人类知识的增量，从而使人类知识发展呈现出一个个生命节律中知识蝶状动态迁移的现象。

**(12) 人类知识应用**

知识的力量在于知识的行为力量。知识应用是将知识转化成知识行为的过程。不同知识形态的知识应用具有不同的特点。记忆态知识应用直接体现在人类个体的行为之中；集成态知识应用体现在工具使用之中；记述态知识应用体现在知识的接受与行为的转化之中。

**(13) 人类知识应用模式**

人类知识有两种应用方式，即基于原理知识的知识应用与基于知识行为的知识应用。前者是知识化应用，后者是傻瓜化应用。

**(14) 基于原理知识的知识应用**

基于原理知识的知识应用是传统的知识应用。这种知识应用要求知识应用者了解知识原理，并亲自将知识原理转化成知识行为。

**(15) 基于知识行为的知识应用**

基于知识行为的知识应用是在知识平台基础上的知识应用。由于知识平台已经实现了知识原理到知识行为能力的转化，这种知识应用者，既不必了解知识原理，也不必完成知识原理到知识行为的转化，只要启动知识平台的知识行为即可。因此，这是一种知识的傻瓜化应用模式。

**(16) 知识应用能力的转移**

人类个体是知识应用的主体，因为只有人类个体才能实现知识行为的转化。人类可以将知识行为集成到工具中，实现知识应用能力向工具中的转移。具有知识应用能力的工具是智能化工具。有了智能化工具，没有知识应用能力的人类个体也能实现知识应用。

### 3. 人类工具与工具起源

**(1) 人类工具**

在知识学中，人类工具是一种广义的工具概念，即被人工打造并具有特定形态的器物，它包括生产工具、科研设备与生活用具。半导体集成电路诞生后，集成电路器件、计算机、嵌入式系统、计算机应用软件等，也被纳入人类工具的范畴之中。人工打造、知识集成、物化形态是人类工具的三个基本特点。

**(2) 人类工具起源**

工具起源于人类知识的萌芽。人类在认识世界中产生知识，将知识转化成工具，形成改造世界的物质力量。工具是人类知识积累与传承的唯一可靠载体。

**(3) 工具的知识内涵**

在一个完整的工具中，内涵有属性知识、状态知识与内核知识。属性知识是反映工具类型的本征知识；状态知识是保证工具有良好使用状态的赋型知识；内核知识是内核化的本征知识与赋型知识。

**(4) 工具中的知识集成**

工具中的集成态知识，赋予工具特定的形态、结构与功能。人们既看不见也摸不着工具中的集成态知识，因为人们使用工具时，不需要了解工具中的原理知识。但我们可以从工具的特定形态、结构与功能上，来证实工具中存在的知识。

**(5) 工具中的泛性知识集成**

泛性知识集成，是指工具中集成的知识没有明显相同或相似的物化形态与物化结构。原始工具与手工工具中的知识形态，便是实现泛性知识集成的集成态知识。

**(6) 工具中的归一化内核知识集成**

归一化内核知识集成，是指工具中集成的知识有明显相同的物化形态与物化结构。机械化工具中，蒸汽机、内燃机、电动机是归一化动力机械内核的知识集成；智能化工具中，微处理器是归一化智力内核的知识集成。

**(7) 人类工具的四个发展阶段**

人类工具始终伴随着人类的历史进程，经历了原始工具、手工工具、机械化工具、智能化工具四个阶段。在机械化工具与智能化工具阶段之间，还插入一个短暂的自动化工具探索阶段。

**(8) 机械工具**

机械工具是具有动力与动力机构，但没有归一化动力机械内核的工具。蒸汽机诞生以前，所有具有动力与动力机构的工具都是机械工具。

**(9) 机械化工具**

机械化工具是具有归一化动力机械内核的工具。蒸汽机以及随后出现的内燃机、电动机，都是归一化动力机械内核。将归一化动力机械内核集成到工具中，便成为机械化工具。

**(10) 自动化工具**

自动化工具是具有一维知识行为能力的工具。自动化工具中的一维知识行为集成，包括泛性知识行为集成与归一化知识行为集成。半导体集成电路诞生之前，所有自动化工具中都是泛性知识行为集成；半导体集成电路诞生之后，集成电路中的知识行为集成都是晶体管时空量子化基础上的归一化知识行为集成。

**(11) 智能化工具**

智能化工具是具有人类知识行为的工具。智能化工具的知识行为源于工具中微处理器基础上的归一化智力内核集成。智能化工具有两大类别，即通用计算机智力平台类与嵌入式系统智力嵌入类。

**(12) 工具变革与人类文明**

人类工具的发展变革决定了人类文明的更迭。人类工具的四个发展阶段决定了人类的四个文明阶段，即原始工具基础上的原始文明、手工工具基础上的农业文明、机械化工具基础上的工业文明、智能化工具基础上的知识文明。

## 4. 人类智力的知识行为本质

**(1) 知识行为**

知识行为是知识基础的行为表现，是人类独特的智力行为。人类与动物的智力有本质差异。人类的智力表现为知识基础上的知识行为，动物的智力则是感觉基础上的条件反射。

**(2) 知识行为的基本特点**

人类个体没有知识遗传性状，知识基础上的知识行为能力也没有遗传性状。人类知识行为的基本特点，是它的后天性、知识性、工具性、个体性、普遍性与复杂性。

**(3) 知识行为的智力表现**

知识行为是人类独有的智力行为，知识行为的智力表现，是它的正确性、思考性、多维性、应急性、交互性与实时性。

**(4) 知识行为要素**

一个完整的知识行为由四个要素组成，即知识存储、事件激励、信息处理、行为结果输出，统称为“知识行为的四大要素”。其中知识存储是基本要素，事件激励、信息处理、行为结果输出是三个过程要素。根据三个过程要素，可以构建出人类知识行为的过程模型。

**(5) 工具中的知识行为集成**

工具中的知识行为集成，赋予工具知识行为能力。早期具有知识行为能力的工具是自动化工具，具有一维知识行为能力。集成电路器件诞生后，所有集成电路器件都有归一化的一维知识行为能力；半导体微处理器诞生后，所有内含微处理器的工具体系都有人类的多维知识行为能力。

**(6) 工具中的泛性知识行为集成**

泛性知识行为集成，是指不同工具中，实现知识行为的动力机构、行为状态各不相同。早期依靠天然动力形成的自动化工具，实现的是原始的泛性知识行为集成。后来在机械化工具基础上实现的自动化工具，虽然有归一化的动力机构，却没有相同的行为状态，仍属于泛性知识行为集成。

**(7) 工具中的归一化知识行为集成**

归一化知识行为集成，是指不同工具中，实现知识行为集成的动力机构、行为状态完全相同。在半导体集成电路基础上实现的知识行为集成，是归一化的知识行为集成。归一化的动力机构是微电子线路；归一化的行为状态是晶体管的开关进程。

**(8) 工具中的一维知识行为**

工具中的一维知识行为是自动化知识行为，即在工具中预先规定好的线性行为进程。自动化工具中的知识行为都是一维知识行为。

**(9) 工具中的多维知识行为**

工具中的多维知识行为是微处理器基础上的智能化行为。它充分地体现了人类知识行为的思考性、多维性、应急性、实时性与交互性等基本智力特征。

**(10) 智能化工具的知识行为表现**

所有智能化工具内部都嵌入有半导体微处理器。智能化工具的知识行为表现为微处理器基础上的软件行为。智能化工具的知识行为具有归一性、专一性、可靠性、正确性、山寨性、扇出性等特征。

## 5. 人类知识的发展规律

**(1) 原始任务中的二元化基因**

原始任务中的二元化基因,是人类认识世界、改造世界原始任务中的主观世界与客观世界(主与客)、感性知识与理性知识(知与识)、理论与实践(知与行)的二元化基因。

**(2) 人类知识发展规律**

人类进化、社会发展都是在一个人、知识、工具的三元生态体系中进行的。三元生态体系以知识为中心的动态演化,形成了人类知识分离性、集成性、非线性发展的三个基本规律。

**(3) 知识的分离性发展规律**

知识的分离性发展规律,是指在原始任务中的"人类主体"、认识世界的"知"与"识"、改造世界的"知"与"行",总是从原始的混沌状态中不断分离,最终出现彻底分离的发展规律。

**(4) 人类知识发展的三次重大分离**

原始任务的主体分离、知识研究的专业分离、知识行为的主体分离,形成了人类知识发展的三次重大分离事件。原始任务中的主体分离后,诞生了知识阶层,人类进入农耕时代;知识研究中的专业分离后,导致技术科学迅猛发展,引发了18世纪工业革命,催生了资本经济;知识行为中的主体分离后,产生了20世纪现代计算机的智力革命,人类进入知识经济时代。

**(5) 知识分离与人类边缘化进程**

在人类抗争性进化环境中,无论是主体分离,知、识分离,还是知、行分离,知识与知识行为总是会不断地向工具中转移。知识分离后,工具中的集成态知识会不断增长,工具使用者不必了解工具中的知识原理。随着工具中应用界面的不断简化,对工具使用者的知识要求会不断降低,从而导致人类个体在社会生产、生活中被边缘化。这是工具中知识成果与应用界面不断分离所产生的傻瓜化效应。在边缘化发展的同时，人类个体改造客观世界的能力却空前增长。

**(6) 知识的集成性发展规律**

知识的集成性发展规律，是指随着人类知识的发展，人类个体知识成果总要通过工具不断地集成，转化成人类公共知识的发展规律。知识的集成性发展规律本质上是工具中知识、知识行为集成的发展规律。

**(7) 知识集成的一般化进程**

人类工具中知识集成的一般化进程，是从泛性知识集成到归一化知识集成；从归一化知识集成到归一化知识行为集成。原始工具、手工工具时代，是知识的泛性集成时代；18 世纪的工业革命，催生了动力机械内核的归一化知识集成；20 世纪半导体集成电路、微处理器智力内核的诞生，催生了人类工具的归一化知识行为集成。

**(8) 知识的非线性发展规律**

知识的非线性发展规律，是指人类知识总是遵循指数式增长的发展规律。知识的非线性发展，导致与知识相关的一切事物都呈现出非线性增长态势。

**(9) 知识的非线性发展因素**

人类知识的非线性发展因素，包括内部因素与外部因素。知识的结构性加速因素是内部因素，市场经济加速因素、工具变革加速因素与信息革命加速因素是外部因素。

## 6. 现代计算机的知识革命

**(1) 现代计算机**

现代计算机是指微处理器基础上的广义计算机。现代计算机有通用微处理器基础上的通用计算机与嵌入式微处理器基础上的微控制器(或称“嵌入式系统”)两大分支。

**(2) 现代计算机知识革命的三个阶段**

现代计算机知识革命缘于半导体集成电路，现代计算机知识革命的方式是知识平台中知识行为集成的智力革命。现代计算机知识革命经历了三个阶段，即微处理器智力内核的形成阶段、通用计算机与嵌入式系统两大分支的独立发展阶段，以及即将到来的物联网/云计算的智慧地球阶段。

**(3) 集成电路的时空量子化技术**

时空量子化技术是现代计算机知识革命的技术基础。半导体集成电路为人类知识、知识行为集成提供了归一化的时空量子。空间量子是集成电路中的晶体管，时间量子是晶体管的“开”、“关”进程。这是一种 0、1 状态的数字符号量子，与具体物质无关，不会因为半导体晶体管技术走到尽头而消失。

**(4) 知识平台**

知识平台是集成了人类知识行为的广义化工具。知识平台中不仅集成了人类的知识成果，还集成了人类的知识行为能力，体现出知识应用的平台效应。

**(5) 知识平台种类**

知识平台源于集成电路、微处理器的知识与知识行为集成。因此，可以根据半导体集成电路与微处理器智力内核的不同特点，将知识平台划分成集成电路知识平台、通用计算机知识平台与嵌入式系统知识平台。

**(6) 集成电路知识平台**

集成电路中只有一维知识行为能力，不具备人类知识行为的智力特征。因此，集成电路是一个初级状态的知识平台。

**(7) 通用计算机知识平台**

通用计算机知识平台，是在通用计算机上，以通用计算机＋应用软件方式，实现人类知识行为的知识平台。通用计算机是知识行为的硬件基础，应用软件是知识行为的软件形态。

**(8) 嵌入式系统知识平台**

嵌入式系统知识平台，是在嵌入式系统基础上，以嵌入式系统硬件＋嵌入式软件方式，嵌入到对象体系中，实现对象体系知识行为的知识平台。

**(9) 知识平台的基本特征**

无论是集成电路知识平台、通用计算机知识平台，还是嵌入式系统知识平台，都具有行为性、分离性、黑箱性、专业性、黑洞性、商品性、扇出性、山寨性等基本特征。

**(10) 知识平台应用的山寨化现象**

山寨化现象泛指某个知识、科技、产业领域中，普通百姓或弱小企业突然出现专家、精英企业所具有的知识、科技、产业能力的现象。山寨化现象源于半导体集成电路技术，是一种精英与草民捆绑后，草民的特定行为现象。山寨化的根本原因，是知识平台诞生后，知识创新与创新知识应用出现了彻底分离，少数精英从事知识创新，并将创新知识转化成知识平台，使知识平台具有独立的知识行为能力，“草根”们便可以在知识平台上实现知识成果的傻瓜化应用。

## 7. 现代计算机的数字化革命

### (1) 数字化革命

数字化革命，是指人类社会从数字计量、数值计算到知识数字化的革命。数字化革命包括数字化知识集成、数字化知识存储、数字化知识行为集成以及数字化知识变换与传输。数字化革命的基础是半导体集成电路的时空量子化技术。

### (2) 数字化知识集成

数字化知识集成包括电路知识的硬件集成与知识成果的软件集成。电路知识的硬件集成，是指电路知识成果在半导体集成电路中实现的归一化数字集成。知识成果的软件集成，是指专家知识成果在指令系统基础上的应用软件转化。半导体集成电路与软件形式的专家系统都具有知识行为能力。

### (3) 数字化知识存储

数字化知识存储，是指由 0、1 数字化记忆单元实现知识的二值化状态存储、代码存储与数据存储。无论哪种存储方式，最终都体现为一个具有知识内涵的数字化文件。

### (4) 数字化知识行为集成

半导体数字集成电路中的知识行为，是一种具有相同的晶体管结构、相同的 0、1 状态量子化行为进程的数字归一化的知识行为。半导体微处理器诞生前，所有半导体集成电路中集成的数字化知识行为，都是一维知识行为。半导体微处理器诞生后，微处理器将集成电路的一维数字化知识行为集成变革到具有人类智力行为的多维数字化知识行为集成。

### (5) 数字化知识变换与传输

数字化电子系统中，所有数字化存储、转移、变换与传输的都是 0、1 数字化符号或二进制代码，这是一种二值化的存储、转移、变换与传输。数字信号的 0、1 符号化状态，可以在各种物理状态间变换与转移。二值化信息有较宽的定义域，使数字信号有极高的本质可靠性。

### (6) 知识形态的数字化终结

记忆态知识、集成态知识、记述态知识，是模拟世界中人类的三种知识形态。人们可以在数字时空量子化基础上，将这些知识归一化成数字化文件，即记述态知识的数字化存储、集成态知识的数字化集成、记忆态知识的数字化仿真，从而实现人类知识形态的数字化终结。

**(7) 数字化知识的基本类型**

数字化知识的基本类型，包括数字化资信、数字化电路与数字化软件，都归一化成可在计算机上操作的数字化文件。人类知识形态的数字化终结，形成了最广泛、最普遍的数字化知识世界。

**(8) 数字化知识的基本特性**

数字化知识的基础，是微处理器基础上的现代计算机知识革命。数字化知识形态的基本特性，是它的符号性、行为性、归一性、隐蔽性、智能性、可靠性与永存性。

**(9) 数字化知识的行为能力**

数字化知识的行为能力，体现为数字化资信的交互行为能力、数字化电路的功能行为能力、数字化软件的知识行为能力、现代计算机的交互行为能力。数字化资信的知识行为能力体现为读/写的交互能力。数字化电路有一维知识行为能力与交互能力。数字化软件有读/写交互能力与知识行为能力，但其知识行为能力表现在现代计算机的运行之中。

## 8. 知识革命与人类未来

**(1) 人类文明的三次浪潮**

阿尔文·托夫勒将人类文明划分成农业文明、工业文明与知识文明三次浪潮。与三次浪潮相对应的社会形态，是封建社会、资本经济社会与知识经济社会；与三次浪潮相对应的社会生产力，是劳动生产力、资本生产力与知识生产力；与三次浪潮相对应的工具形态，是手工工具、机械化工具与智能化工具。

**(2) 三次文明浪潮的知识革命**

人类在几百万年的演化进程中，一直遵循着认识世界、改造世界的进化法则，从而奠定了人类文明的知识革命内涵。无论是手工工具的农耕文明变革，18 世纪机械化工具的工业革命，或是 20 世纪微处理器的智力革命，都是人类知识发展史上的知识革命。三次浪潮的知识革命表现为，农业文明的生存方式知识革命、工业文明的生产方式知识革命和知识文明的智力方式知识革命。

**(3) 计算机知识革命的基本特点**

计算机知识革命有两个基本特点，即微处理器智力革命的隐蔽性、与动力机械内核革命的相似性。计算机知识革命缘于半导体集成电路。与庞然大物的蒸汽机工业革命相比，半导体微处理器的智力革命更具隐蔽性。然而，它们都是归一化内核的知识革命，有巨大的相似性。

**(4) 计算机知识革命的两大分支**

计算机知识革命缘于半导体集成电路，两种类型微处理器的不同技术发展方向，形成了计算机知识革命的两大分支，即人类社会主观世界与客观世界的知识行为集成。主观世界的知识行为集成，是通用微处理器基础上知识平台的智慧集成；客观世界的知识行为集成，是嵌入式微处理器基础上物理对象的智力嵌入。两大分支历经 30 多年的发展，终于在物联网、云计算阶段找到了相互融合的统一归宿。

**(5) 物联网**

物联网是连接到物理对象的互联网。互联网无法依靠自身的技术力量与物理对象相连，必须借助嵌入式系统。因此，在嵌入式系统发展的高级阶段，嵌入式系统或嵌入式系统局域网普及了互联网接入技术后，互联网迅速变革到物联网。

**(6) 物联网的智慧平台革命**

物联网的智慧平台革命，是集成电路知识平台、通用计算机知识平台、嵌入式系统知识平台在互联网基础上交叉融合的知识革命。物联网与云计算是计算机知识革命的最高阶段。万亿个微处理器，在互联网基础上以通用计算机智力平台方式与嵌入式系统智力嵌入方式，构成一个智慧地球。人类在智慧地球基础上，实现无限时空的云计算服务。

**(7) 物联网的三个源头**

物联网不是互联网的自然延伸，物联网有三个独立的技术源头，即智慧源头、网络源头与物联源头。物联网的智慧源头是半导体微处理器，物联网的网络源头是通用计算机的互联网与嵌入式系统的局域网，物联网的物联源头是嵌入式系统。

**(8) 物联网与物联网系统**

物联网是现代计算机知识革命无限时空领域中的一个大概念——一个技术时代的概念。物联网应用都是在有限时空系统中的应用，物联网有限时空应用中的子系统，称为“物联网系统”。物联网中有无限多个形形色色的物联网系统。

**(9) 物联网系统的基本特征**

物联网系统的基本特征是无人化、智能化及后台隐蔽化。人们可以看到一个无人化、智能化的超市，却看不到一个具体的物联网系统，因为物联网系统只为无人化、智能化超市提供后台技术支持，并呈现出多样性、弥散性、隐蔽性的特点。

**(10) 物联网系统的基本元素**

物联网中有无限多个形形色色的物联网系统。不同物联网系统的结构、体系、组分各不相同,却有共同的元素,称为“物联网系统的基本元素”。物联网系统的基本元素有物储、物感、物控、物管、物互。物储是物联网系统中知识与信息的存储,物感是物联网系统中对物理对象、物理参数的感知,物控是物联网系统中对物理对象、物理参数的控制,物管是整个物联网系统的集中管理,物互则是用来实现物联网系统中人与物、物与物之间的交互。

**(11) 云计算**

云计算是一种软件智慧集成基础上的服务计算。在计算领域,人类社会经历了硬件计算、软件计算、服务计算三个阶段。硬件计算,是在传统计算工具基础上的数字计算;软件计算,是在微处理器基础上,通用计算机与嵌入式系统的智慧计算;服务计算,是网络基础上无限时空的智慧计算。借助于互联网、物联网,可以实现无限时空、虚实交互、全球智慧共享、能力共享的服务计算。云计算的物质基础是物联网。

# 参考文献

[1] (美)阿尔文·托夫勒.第三次浪潮.黄明坚,译.北京:中信出版社,2006.

[2] (美)阿尔文·托夫勒.财富的革命.吴文忠,刘微,译.北京:中信出版社,2006.

[3] (美)托马斯·弗里德曼.世界是平的.2版.何帆,肖莹莹,郝正非,译.长沙:湖南科学技术出版社,2006.

[4] 何立民.从资本经济到知识经济——现代计算机的知识革命.北京:北京航空航天大学出版社,2010.

[5] 何立民.MCS-51单片机应用系统设计.北京:北京航空航天大学出版社,1990.

[6] 何立民.从知识平台角度重新认识集成电路.单片机与嵌入式系统应用,2009(3).

[7] 何立民.集成电路知识平台与山寨产业现象.单片机与嵌入式系统应用,2009(1).

[8] 何立民.物联网时代的嵌入式系统机遇.单片机与嵌入式系统应用,2011(3).

[9] 何立民.微处理器智力内核使一切成为可能.电子产品世界,2009(1).

[10] 何立民.从嵌入式系统看现代计算机产业革命.单片机与嵌入式系统应用,2008(1).